RECUEIL DE VOYAGES

ET DE

DOCUMENTS

POUR SERVIR

A L'HISTOIRE DE LA GÉOGRAPHIE

Depuis le XIIIe jusqu'à la fin du XVIe siècle

PUBLIÉ

Sous la direction de MM. CHARLES SCHEFER, membre de l'Institut
et HENRI CORDIER

XVIII

LA LETTRE ET LA CARTE

DE TOSCANELLI

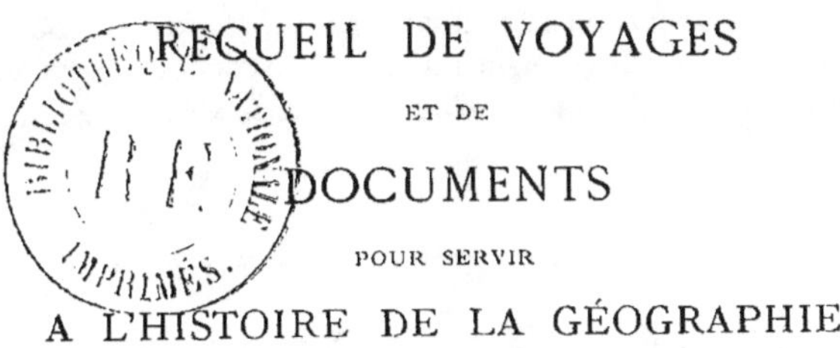

NOTICES

CRITIQUES ET BIBLIOGRAPHIQUES

PREMIÈRE SÉRIE. — L'ANTIQUITÉ, jusqu'à l'an 1er de J.-C. : 31 Notices.

Voyages légendaires au-delà des Colonnes d'Hercule. — Premières navigations des Phéniciens et des Grecs dans l'Atlantique. — Périples supposés de l'Afrique. — Les découvertes au Nord et à l'Ouest : Thulé, les Canaries, les Açores, etc.

DEUXIÈME SÉRIE. — LE MOYEN AGE, de l'an 1er à 1415 : 69 Notices.

Voyages légendaires et fantastiques\ — Expéditions des Scandinaves. — Entreprises des Dieppois et des Normands. — Les voyages des Italiens et des Catalans, etc.

TROISIÈME SÉRIE. — LES DÉCOUVERTES DU PRINCE HENRY ; CELLES DE SON TEMPS ET CELLES DE SES SUCCESSEURS : De 1414 à 1473. 51 Notices.

Exploration des côtes d'Afrique. — La recherche du prêtre Jean. — Les Bulles des papes.

QUATRIÈME SÉRIE. · · LES GRANDES DÉCOUVERTES DES PORTUGAIS ET LES DÉBUTS DE COLOMB, de 1474 à 1491 : 30 Notices.

Date véritable de la naissance du grand navigateur. — Ses premières navigations. — La Guinée, le Congo, le Cap de Bonne-Espérance. — La route des Indes.

LA

LETTRE ET LA CARTE

DE

TOSCANELLI

SUR LA ROUTE DES INDES PAR L'OUEST

ADRESSÉES EN 1474 AU PORTUGAIS FERNAM MARTINS
ET TRANSMISES PLUS TARD

A CHRISTOPHE COLOMB

ÉTUDE CRITIQUE

SUR L'AUTHENTICITÉ ET LA VALEUR DE CES DOCUMENTS

ET SUR LES SOURCES DES IDÉES COSMOGRAPHIQUES DE COLOMB

SUIVIE DES DIVERS TEXTES DE LA LETTRE DE 1474 AVEC TRADUCTIONS,
ANNOTATIONS ET FAC-SIMILÉ

PAR

HENRY VIGNAUD

PREMIER SECRÉTAIRE DE L'AMBASSADE DES ÉTATS-UNIS
VICE-PRÉSIDENT DE LA SOCIÉTÉ DES AMÉRICANISTES DE PARIS, ETC.

PARIS

ERNEST LEROUX, ÉDITEUR

28, RUE BONAPARTE, 28

—

1901

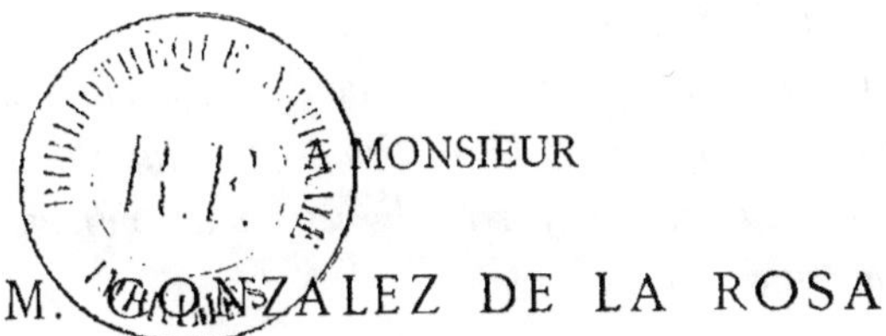

A MONSIEUR

M. GONZALEZ DE LA ROSA

MEMBRE DE LA SOCIÉTÉ DES AMÉRICANISTES DE PARIS, ETC.

MON CHER AMI,

*En vous dédiant cette étude je remplis un devoir de cons-
cience et de gratitude, car la thèse qui y est exposée vous
appartient tout entière et c'est à votre amitié que je dois de
pouvoir la faire connaître avant vous-même. Le premier
vous avez osé soutenir que les pièces attribuées à Toscanelli
sont fausses et si je ne puis admettre avec vous que la supercherie soit définitivement établie et encore moins que Colomb
en soit l'auteur, j'ai du moins acquis la conviction qu'il
y a de solides raisons de croire que ces pièces sont apocryphes.*

*Ce sont ces raisons que je développe ici, à ma manière
et avec les réserves nécessaires. C'est à vous, maintenant,
qu'il appartient de donner la démonstration du faux —*

puisque vous êtes certain de pouvoir le faire — en publiant le livre que vous préparez et où vous montrez sous leur véritable jour, les causes réelles et immédiates de la découverte de l'Amérique.

Personne n'attend ce livre, dont je connais l'objet et l'importance, avec plus d'impatience que celui qui est heureux de vous donner par ces lignes un témoignage de sa cordiale affection.

Henry VIGNAUD.

Ambassade des États-Unis.

Paris, ce 1er août 1901.

LISTE

DES OUVRAGES CITÉS

Toutes les citations faites sont de première main et, à quelques exceptions près, tous les ouvrages cités font partie de la bibliothèque de l'auteur.

N. (Note au Texte). **N. L.** (Note à la Lettre).

Aboulféda, Géographie, traduite de l'arabe, etc., par M. Reinaud. Paris, 1848, 3 vol. in-4°, 60, 89, 92.

Acosta (Jos. **de**), Historia natural y moral de las Indias. Séville, 1590, in-4°. 116.

Alderete (Bernardo de), Varias Antiguedades de España. Anvers, 1614, in-4°. 123.

Alfragan, Muhamedis Alfragani Arabis Chronologica et Astronomica..... Francfort, 1590, in-8°. 6 feuillets non chiffrés et pp. 366. 87-95.

Alguns Documentos dos Archivos da Torre do Tombo... Lisbonne, 1892, in-fol. 64, 67.

Angelis, article : Toscanelli dans Biog. Univer. Paris, s. d., 45 vol. gr. in-8°.

Ammirato (Scipione), Istorie Fiorentine. Florence, 1827, 12 vol. in-8°.

Aristote, De Cælo, dans l'Aristote, Gr. Lat. de Didot, vol. 2, 1850, in-8°.

— Traité du Ciel d'Aristote, trad. B. Saint-Hilaire. Paris, 1866, in-8°. 77.

— Meteorologicorum, édit. Didot, vol. 3, 1854, in-8°.

— Météorologie d'Aristote, trad. B. Saint-Hilaire. Paris, 1863, in-8°. 77.

Asencio (Joaquin Torres), Préface à sa traduction espagnole des Décades de P. Martyr. Madrid, 1892.

Asensio (J. M.), Cristobal Colon su Vida, sus Viajes, sus descubrimientos... Barcelone, 1892, 2 vol. in-fol. 14, 51.

Azurara (Gomes-Eannes),Chronica do descobrimento e conquista de Guiné... Paris, 1841, in-8°. 58.

Baldelli (Boni), Il Milione di Marco Polo. Florence, 1827, 2 vol. in-4°. 19.

Bandini (A. M.), Vita e lettere di Amerigo Vespucci. Florence, 1745, pet. in-4°.

Baratta, Paolo dal Pozzo Toscanelli iniziatore della scoperta dell' America (Bul. soc. Geog. Ital. Rome, vol. XI, 1898.)

Barcia, Historiadores primitivos de las Indias occidentales... Madrid, 1749, 3 vol. in-fol. 16, N. 1 et 32, L.

Barros (Joao de), Da Asia, Lisbonne, 1778-1788, 24 vol. in-8°. 42, 58, 60, 62, 90.

Barros e. Vasconcellos, Lettre à Messieurs les auteurs du Journal des Savants sur la navigation des Portugais aux Indes (1758). Réimpression. Livourne, 1898, in-8°. 32, 72.

Basnage (J.), Histoire des Juifs depuis J. C. La Haye, 1716-1726, 15 vol. in-12. 61.

Becher, The Landfall of Columbus. Londres, 1856, in-8°. 17.

Beazley (C. R.), Prince Henry the navigator. London, 1895, in-8°. 57.

Belly (F.), A travers l'Amérique centrale. 1867, 2 vol. in-8°. 18.

Benzoni, Historia del Mondo nuovo di Girolamo Benzoni... Venise, 1565, in-8°.
— Histoire nouvelle du nouveau Monde... Genève, 1579, in-8°. 116.

Bernaldes (A.), Historia de los Reyes catolicos. Séville, 1870, 2 vol. in-8°. 54.

Bontier et **Le Verrier,** Hist. de la prem. découverte et conqueste des Canaries... Paris, 1630, in-12. 62.

Bossi, Histoire de Christ. Colomb..., trad. par Urano. Paris, 1824, in-8°. 18.
— Vita di Cristoforo Colombo, etc. Milan, 1818, in-8°.

Brownson, The life of Columbus, translated from the Italian of Tarducci. Detroit, 1890, in-8°. 17.

Buache, Mémoire sur Antilia. (Mém. de l'Institut. Litt., vol. VI, 1806). 18.

Caro (Rodrigo), Antiguedades y principado de la ilustrissimo Ciudad de Sevilla. Séville, 1634, in-4°.

Cazal (Ayres de), Corografia Brazilica ou Relaçao Historico-Geografica do Reino do Brazil... Rio de Janeiro, 1818, 2 vol. in-8°. 117, 123.

Churchill, Collection of voyages and travels. Londres, 1732, 6 vol. in-fol. 17.

Cleirac, Us es Coustumes de la mer... Bourdeaux, 1661, in-4°. 118.

Collection de Manuscrits relatifs à la Nouvelle France... Québec, 1883, 3 vol. in-4°. 118.

Collingride (Geo.), The early cartography of Japan (Geog. Journal, mai 1894). Londres. N. 41, L.

Colomb, Journal de son premier voyage : Texte espagnol dans Navarrete : Coleccion de Viages... Madrid, 1825, 5 vol. in-4°, vol. 1 : Texte français dans : Relation des quatre voyages de Colomb. Paris, 1828, 3 vol. in-8°, vol. 1. On le cite sous le titre de *Diario.* 26, 27, 28, 29, 54, 194, 209.

— Notes à l'Imago Mundi dans Scritti et Autografi, de la Raccolta, nᵒˢ 490, 2, 323.

— Lettre d'Haity (1498), Tercer Viage, Navarrete, vol. 1, p. 242-264. Version française (Hist. du Voyage, etc.), dans Relation des quatre voyages, vol. 3. 1-47.

— Lettre Rarissime, 7 juillet 1503. Carta que escribio D. Cristobal Colon, etc. Navarrete, vol. 1, p. 296-313. Version française dans Relation des quatre voyages, vol. 1. 107-165, 195.

Colomb (Fernand), Historie del S. D. Fernando Colombo, nelle quali s'ha particolare e vera relatione della vita e de' fatti dell' Ammiraglio D. Ch. Colombo... Venise, 1571, in-12. 10, 15, 18, 33, 53, 77, 91, 96, 99, 151.

Congrès des sciences géographiques d'Anvers, 1871. Anvers, 1872, 2 vol. in-8°. 31.

Conti (Nicolo **di**), sa Relation dans Ramusio, vol. 1. 26, 28, 74.

— Dans Major (India in the 15ᵗᵉ Century). Londres.1857, N. 23 à la Lettre.

— Dans Valentin Fernandes (Marco Polo. Lisbonne, 1502). N. 28, Lettre.

— Dans Oliva (Poggi Bracciolini Historiæ. Paris, 1723). N. 28, Lettre.

Cordeiro (L.), La part des Portugais dans la découverte de l'Amérique. Lisbonne et Paris, 1876, in-8°. 122.

Cordier (Henri), L'Extrême-Orient dans l'atlas Catalan. Paris, 1895, in-4°. 27, 28, 29. N. 22 L.

— Odoric de Pordenone. Paris, 1891, in-8° jésus. N. 22 et 38, L.

Cotolendy, La vie de Christofle Colomb...... composée par F. Colomb et traduite en français. Paris, 1761, 2 vol. in-12. 17.

Couto (D. Jose Ferrer **de**), Colon y Alonso Sanchez. Madrid, 1857, in-12. 122.

D'Albertis, La Costruzioni navali e l'arte della navigazione al tempe di Cristoforo Colombo (Raccolta, part. IV) Rome, 1893, in-fol. N. 171.

D'Avezac, Iles de l'Afrique. Paris, 1848, in-8°. 30.

— Les Voyages d'Améric Vespuce au compte de l'Espagne. Paris, 1858, in-8°. 20, 186.

— Relation des Mongols. Paris, 1839, gr. in-8°. 59.

— Canevas chronologique de la vie de Colomb... Paris, 1873, in-8°. 10, 20, 30, 38, 39.

— Le Livre de Ferdinand Colomb. Paris, 1873, in-8°. 10.

— Lettre à Uzielli, dans le Toscanelli. Nº 1. Florence, 1893, gr. in-8°. 20.

Delambre, Hist. de l'Astronomie au moyen âge. Paris, 1819, in-4°. 90.

Denis (F.), Portugal. Paris, 1846. 83, 90.

— Article Sanchez (Biog. générale, v. 43, 1864), 11.

Ducéré, Recherches historiques sur la pêche de la morue. Pau, 1893, in-8°. 118.

Dumont, Corps universel diplomatique. Amsterdam, 1729-1747, 19 vol. in-fol. 64.

Duro (C. F.), La Tradicion de Alonso Sanchez de Huelva, Descubridor de Tierras incognitas (Boletin de la Real Academia de la Historia, vol. XXI. Madrid, 1892. 33-53, 118, 121.

— Colon y la Historia postuma... Madrid, 1885, in-12. 121.

— Pinzon en el Descubrimiento de las Indias... Madrid, 1892, in-12. 121.

Eude (Émile), Les compétiteurs de Christophe Colomb.

Revue Britannique, nov. 1892. 118.

Ferreras (J. **de**), Historia de España. Madrid, 1700-1727, 16 vol. in-4. 123.

— Histoire générale d'Espagne... trad. de l'espagnol, par d'Hermilly. Paris, 1751, 10 vol. in-4°. 123.

Fiske, Discovery of America. N. Y. 1892, 2 vol. in-8°. 14, 16, 36, 38, 87. N. 30, Lettre.

Fructuoso (Dr. G.), As Saudades da Terra. Partie inédite dans Historia das ilhas do Porto-Santo, Madeira, Desertas E Selvagens. Edit. Azevedo, Funchal, 1873, gr. in-8°.

Gaffarel, Hist. de la Découverte de l'Amérique. Paris, 1892, 2 vol. in-8°. 14, 18, 122.

Gallo, De navigatione Columbi dans Muratori, Rerum italicarum. Milan, 1733, vol. XXIII, in-fol.

Garcia (Grégorio), Origen de los Indios de el Nuevo Menro y Indias occidentales... Seconde édit. Madrid, 1729, in-fol. 117.

Garcilasso de la Vega, Primera parte de los commentarios Reales .... Lisbonne, 1609-1016, 2 vol. in-fol. — Version française : Le commentaire Royal ou Histoire des Incas... Paris, 1633, in-4°. 115.

Garibay (E.), Los XL libros del compendio historial de las chronicas y universal historia de todos los reynos de España. Anvers, 1751, 4 vol. in-fol.

Gelcich, La scoperta dell America. Goritz, 1890. 32.

Gomara, Historia general de las Indias. Anvers, 1554, in-8°. 60, 115, 131.

Gomes. De prima inventione Guineae, dans Ueber Valenti Fernandez Alema und seine Sam-mlung von Nachrichten.. par le Dr Schmeller (Abhandlungen des Philos-Philolog, Cl. Akademie der Wissenschaften, Munich, 1847, in-4° 63).

Gosselin, Recherches sur la Géographie systématique et positive des Anciens. Paris, 1797-1813, 4 vol. in-4°. 81.

Gravier (G.), Les Normands sur la route des Indes. Rouen, 1880. 11.

Guzman (**Juan Perez**), Precursores fabulosos de Colon : Alonso Sanchez de Huelva (Illustracion Española y Americana. Madrid, 30 mars 1892. 122).

Harrisse (H.), L'histoire de Christophe Colomb attribuée à son fils Fernand. Paris, 1875, in-8°. 11.

— Bibliotheca Americana Vetustissima. New-York, 1866, in-4°. 13, 14.

— Christophe Colomb et Toscanelli. Paris, 1893, in-8°. 13, 37, 38, 52.

— Fernand Colomb. Paris, 1872. 13, 14, 38.

— L'Histoire de Christophe Colomb, attribuée à son fils Fernand. Paris, 1875, in-8°.

— The Discovery of N. America. Paris, 1892, in-4°. 13, 14, 15, 17, 38, 87, 134, 174, 207, 209.

— Don Fernando Colon historiador de su padre. Séville. 1871, in-8°. 14.

— Les Corte Real. Paris, 1883, in-8°. 24.

— Christophe Colomb. Paris, 1884-1885, 2 vol. in-8°. 24, 38. 106, 122, 126, 144, 147.

— The Diplomatie History of America. Londres, 1897, in-12. 57, 64-66.

Henao (Le P. G. de), Averiguaciones de las antiguedades de Cantabria... Salamanque, 1689, 2 vol. in-fol. 118.

Hugues (L.), L'opera scientifica di Crist. Colombo. Turin, 1892, in-8°. N. 172.

Humboldt (A. de), Examen critique de l'Histoire de la géographie du Nouveau Continent. Paris, 1836-1839, 5 vol. in-8°. 19, 23, 36, 54, 90, 91, 92, 122, 206.

— Cosmos. Paris, 1855-1859, 4 vol. in-8°. 20, 28, 91, 207.

Ibn Batoubah, Voyages. Paris, 1879, 4 vol. in-8°. N. 22.

Irving (W.), History of the Life and Voyages of Columbus. London, 1828, 4 vol. in-8°. 19, 122.

— Histoire de la vie et des voyages de Christophe Colomb, par M. Washington Irving, traduit de l'anglais, par C. A. Defauconpret fils. Paris, 1828, 4 vol. in-8°. 19, 122.

Jordan (le P.), Description des merveilles d'une partie de l'Asie (Mirabilia Descripta) dans : Recueil de voyages et mémoires, publié par la Société de géographie. Paris, 1839, tome IV. 60.

Kettel, Personal narrative of the first Voyage of Columbus. Boston, 1827, in-8°. 17.

Kretschner, Die endeckung Americas... Berlin, 1892, in-fol. 179.

Lacouperie, Khan, khakan and other Tartar tiltes. Londres (Babylonian and oriental record, déc. 1888). N. 23, 1..

La Gravière (J. de), Les Anglais et les Hollandais. Paris, 1890, 2 vol. in-12. 22.

Lampillas, Saggio storico apologetico della letteratura Spaniola. Gênes, 1778-1781, 6 vol. in-8°. 32, 84.

La Rosa y Lopez (Simon), Biblioteca Colombina. Catalogo de sus Libros... Séville, 1888-1891, vol. 1 et 2, in-4°. 13, 153, 154.

Las Casas, Historia de Las Indias. Madrid, 1875, 5 vol. in-8°. 15, 18, 29, 33, 34, 52, 53, 106, 115, 123, 125, 196, 201, 205, 206, 261.

Launoii (Joannis), Regii Navarrae gymnasii parisiensis historia, Paris, 1677, 2 vol. in-4°, 106.

Lavigne (Germont de), Christophe Colomb à la baie de Huelva (Revue Bleue, 10 sept. 1892). 136.

Lazzaroni, Christoforo Colombo. Milan, 1892, in-4°. 14.

Leal (Baldomero de Lorenzo), Cristobal Colon y Alonso Sanchez ó el primer descubriento del nuevo mondo. Jerez, 1892, in-8°. 122.

Leibnitz, Codex Juris gentium Diplomaticus. Hanovre, 1693-1700, 2 vol. in-fol. 64.

Lelewel, Géographie du moyen âge. Bruxelles, 1855, 5 vol. in-8°. 20.

Letronne (A.-J.), Œuvres choisies : Géographie et cosmographie, 1883, 2 vol. in-8°. 81.

Lima (Abreu de), Synopsis o deducca ochronologica dans : Memoria sobre as colonias de Portugal. Paris, 1839, 2 vol. in-8°.

Lollis (C. de), Cristoforo Colombo nella Legenda et nella Storia. Milan, 1892. 12, 31.

— Autografi di ch. Colombo (Raccolta Colombiana). Rome, 1895, in-fol. 13, 153.

— Scritti di Colombo. Même collection. Rome, 1892, 2 vol. in-fol.

— Qui a découvert l'Amérique ?

(Revue des Revues, 15 janv. 1898). 31, 39, 43.

Major, The life of Prince Henry the Navigator. London, 1868, in-8°. 57.
— India in the 15 th. century. Londres, 1851, So. Hakluyt·
Martin (Th.-Henri), Examen d'un Mémoire posthume de M. Letronne... Paris, 1854, in-8°. 88.
Marco Polo, Le Livre de Marco Polo. Édit. Pauthier. Paris, 1865, 2 vol. gr. in-8°. 29. N. 38 et 41 à la Lettre.
— The Book of ser Marco Polo, éd. Yule. Londres, 1875, 2 vol. in-8°. 27.
— Marco Polo, éd. Valentin Fernandes. Lisbonne, 1502, in-fol.
Markham, The Journal of Columbus. Londres, 1893, in-8°. 13, 17, 20, 36.
— Christopher Columbus. Londres, 1892, in-12°. 20, 52, 87, 201.
— Notes à son édition anglaise de Garcilasso. Soc. Hakluyt. Londres, 1879, 2 vol. in-8°.
Martins (Oliveira), Os filhos de Joao I. Lisbonne, 1891, in-8°. 26.
Margry (Pierre), Les navigations françaises et la révolution maritime du xiv° au xv° siècle... Paris, 1867, in-8°. 106.
Mariana (le P.), Historia general de España... Tolède, 1601, 2 vol. in-fol.

— Histoire générale d'Espagne, trad. en françois avec des notes par le P. Charenton. Paris, 1725, 6 vol. in-4°.
Migne, Dictionnaire des apocryphes. Paris, 1858, 2 vol. in-4°. 94.
Muller (E.), Hist. de la vie et des découvertes de Christ. Colomb. par Fr. Colomb. Paris, 1879, in-12, 18.
Munster (S.), La Cosmographie universelle. Basle, 1552, in-fol. 60, 61.
Muñoz, Historia del Nuevo Mundo. Madrid, 1793, vol. 1, in-8°. 19.

Navarrete (M. F. de), Coleccio de los Viages y descubrimientos... Madrid, 1825, 5 vol. in-4°. 16, 43, 54, 93, 96, 97, 211.
— Relation des quatre voyages de Ch. Colomb..., trad. française, par Verneuil et La Roquette, du 1er vol. de l'ouvrage précédent. Paris, 1828, 3 vol. in-8°. 54.

Orellana (Pizarre y), Varones ilustres del Nuevo Mundo. Madrid, 1639, in-fol. 123.
Oudin, Tesoro de las lenguas francesa y Española. Paris, 1607. 37.
Oviedo y Valdes, Historia general y natural de las Indias... Madrid, 1851-1855, 4 vol. gr. in-4°. 37, 115, 123.

Pacheco Peireira, Esmeraldo,

situ Orbis. Lisbonne, 1892, in-fol. 62.

Payne, History of the New World. Oxford, 1892-1899, 2 vol. in-8º. 17.

Peragallo, Riconferma dell' autenticita delle Historie di Fernando Colombo. Gênes, 1885, in-8º. 51.

Peschel, Zeitalter der Endeckungen. Leipzig, 1877, in-8º. 39.

Pii II, Pontificus Maximi. Historia rerum ubique gestarum. Venise, 1477, in-fol. 10.

Pina (Ruy de), Chronica do senhor rey D. Affonso V. Dans Colleccao de libros ineditos... Lisbonne, vol. 1, 1790. 43, 68.

Ptolémée, Traité de Géographie de Claude Ptolémée, édit. grecque-française de l'abbé Halma. Paris, 1828, in-4º. 80.

Quevedo de Villegas, Dans Diccionario de la lingua castellana. Madrid, 1726, 6 vol. in-fol. 37.

Raccolta Colombiana. Rome, 1892-1895, 14 parties, in-fol. 14, 15, 94, 95, 177. N. 35, L.

Ravenstein, A Journal of the first Voyage of V. da Gama. Londres, 1898, in-8º. 57.

Reinaud, Introduction o là Géographie d'Aboul - Feda. Paris, 1848, 1 vol. in-4º. 60, 90, 92.

Robertson, W., History of America, London, 1777, 2 vol. in-4º. 122.

— Histoire de l'Amérique par W. Robertson, trad. de l'anglais par MM. Suard et Morellet, 4º édit. revue et aug. par M. de La Roquette. Paris, 1828, 4 vol. in-8º. 122.

Sacro-Bosco, La sfera di Messer Giovanni Sacro-Bosco, tradotta, emendata e distinta in Capitoli da Piervincentio Dante de Rinaldi con molte et utili Annotazioni del medesimo. Revista da frate Egnatio Danti cosmografo del Gran Duca Di Toscana... In Firenza. Nella Stamperia de Giunti 1571. Le colophon porte 1572, pet. in-4º, 6 feuillets non chiffrés et pp. 1-168. 49.

— La Sfera di M. Giovanni di Sacrobosco tradotta Da Pier-Vincentio Dante de Rinaldi, con le Annotazioni del Medesimo. Et con l'aggiunta delle Figure, et d'altre Annotazioni alla seren. regina Gioranna d'Austria, gran Duchessa di Toscana. In Perugia IDLXXIIII. Nella stamperia di Gio. Berardino Rastelli, pet. in-4º, 4 feuillets non chiffrés et pp. 1-61. 50.

— La Sfera di Messer Giovanni Sacrobosco tradotta, emendata, e distinta in capitoli da Piervincenzio Dante de Rinaldi con molte, et utili Annotazioni del medesimo. All' ill. et ecc. sig. il sig Don Giovanni de' Medici. In Firenze

Nella Stamperia de' Giunti, 1579, pet. in-4°, 4 feuillets non paginés et pp. 1-70.

Saint-Martin (V. **de**), Hist. de la Géographie. Paris, 1873, gr. in-8°. 88, 92.

Salembier (abbé), Un évêque de Cambrai (le cardinal d'Ailly), et la Découverte de l'Amérique. Lille, 1892, in-8°. 105.

Santarem, Recherches historiques sur Améric Vespuce. Paris, 1842, in-8°. 23.

Santos (Ribeiro dos), Memorias historicas sobre alguns Mathematicos Portuguezes... dans Memorias de Litteratura Portugueza publicadas pela Academia Real das sciencias de Lisboa. Lisbonne, vol. VIII, 1856.

Sédillot, Hist. des Arabes. Paris, 1877, 2 vol. in-8°. 89, 90.

Sénèque, Questions naturelles, édit. lat.-française de Nisard. Paris, 1838, gr. in-8°. 77, 80.

Solorzano Pereira (Joannes **de**), De Indiarum Jure, sive de Justa indiarum occidentalium... Lyon, 1672, 2 vol. in-fol. 123.

Sonnet, Dictionnaire de mathématiques appliquées. Paris, 1895, in-4°.

Spotorno, Codice Colombiano. Gênes, 1823, in-4°. 169.

Strabon, Géographie, édit. grecque de Meineke. Leipzig. 3 vol. in-12, édit. française de Tardieu. Paris, 1886, 4 vol. in-12. 77, 78, 79, 80.

Tiraboschi (G.), Storia della Letteratura italiana. Florence, 1813, 9 vol. in-8°. 19, 32.

Torquemada, Los Veinte y un libros rituales y monarchia Indiana... Madrid, 1723, 3 vol. in-fol. 117.

Travers (Émile), Alonso Sanchez de Huelva et la tradition qui lui attribue la découverte du Nouveau Monde. Paris, A. Picard, 1892, in-8°. 121.

Uzielli (G.), La Vita e i Tempi di P. Dal P. Toscanelli. Rome, 1894, in-fol. 746 pp. carte, planches. (vol. V de la Raccolta Colombiana). 14, 15, 26, 43.

— Paolo Toscanelli iniziatore della scoperta d'America. Florence, 1892, in-12. 31.

— Epistolario Toscanelliano e i Danti. Rome, 1889. 45, 52.

— Toscanelli, n° 1. Florence, 1893. gr. in-8°. 52, 88.

— Della grandezza della Terra secundo Paolo Toscanelli (Bulletin de la Société de géographie italienne), vol. IX, 1893. 180.

— Ricerche intorno a Paolo dal Pozzo Toscanelli Ricerca 1. Bul. de la Société de géographie italienne. Rome, 1873.

Vasconcellos (Simon **de**), Chronica da companhia de Jesus do estado do Brasil. Lisbonne, 1603, in-4°. Nouvelle édition, Lisbonne, 1865, 2 vol. in-8°. C'est celle qui est citée.

Verneau (Dr.), Migrations des

Éthiopiens. Paris, 1899, in-8°. 62.

Wagner (H.), Die Rekonstruction der Toscanelli Kart, dans : Nachrichten von der kœnigl. gessellschaft der Wissenchaften zu Gœttingen, 1894, n° 3. 180, 185.

White (A. D.), A History of the warfare of science with theology. Londres, 1896, 2 vol. in-8°. 94.

Winsor (J.), Christopher Columbus. Boston, 1891, in-8°. 21, 36.

— Narrative and critical History of America. Boston, 1889, 8 vol. grand in-8°. 20.

Wytfliet, Descriptionis Ptolemaicæ... Louvain, 1598, in-fol.

— Histoire universelle des Indes occidentales..... Douai, 1611, in-fol. 116.

Ximenes (L.), Del Vecchio e nuovo Gnomone Fiorentino... Florence, 1757, in-4°, pp. cxxiv et 336 planches. Cité, 15, 18, 52, 72 et N. L. 5, 6, 7, 15, 28, 41.

Yule, Cathay and the way thither. Londres, 1866, 2 vol. in-8°. 17, 27, 60, 75, 76.

— The Book of ser Marco Polo. Londres, 1875, 2 vol. in-8°. 28.

AVANT-PROPOS

Ce mémoire est un extrait, développé et complété
par plusieurs appendices, d'un ouvrage qui m'occupe
depuis plus de vingt ans sur les entreprises maritimes
qui ont abouti aux deux grandes découvertes géographiques par lesquelles s'ouvrent les temps modernes : celle de la route des Indes par l'Est et celle
du Nouveau Monde à l'Ouest. J'ai lu une partie de
ce travail au dernier Congrès des Américanistes;
mais en résumé et sans les notes et les extraits qui
en sont la justification. Je les donne ici avec les textes
originaux qui sont si nécessaires dans une étude de
ce genre.

La traduction de la lettre est une œuvre collective,
due principalement à M. G. de la Rosa et à M. Sumien,
dont le concours m'a été si utile, non seulement pour
cette traduction, mais aussi pour celle des autres
pièces de l'Appendice. Toutes ont été faites avec le
plus grand soin et s'efforcent de reproduire le langage
même des originaux. Les notes que j'ai mises à la

Lettre à Martins paraîtront peut-être trop longues et trop nombreuses; elles sont cependant nécessaires à la complète intelligence de cette pièce qui fait l'objet même du présent travail; j'espère qu'on ne les trouvera pas sans intérêt. Pour celles relatives à la nomenclature géographique de l'Extrême Orient je dois des remercîments à M. Henri Cordier, de l'École des Langues Orientales, qui m'a fourni, à cet égard des indications précieuses.

Je remercie également M. Sumien qui a bien voulu me communiquer le résultat de ses remarques sur la grammaire et le style du texte latin de la lettre à Martins. Ces remarques ont été faites en dehors de toute préoccupation relative à l'authenticité de cette pièce; mais elles sont suggestives et si le lecteur en tire les conséquences qu'elles comportent, il y trouvera certainement une raison de plus de croire à la supercherie que nous soupçonnons.

Je ne saurais non plus oublier parmi ceux que j'ai plaisir à nommer ici, M. Simon de la Rosa y Lopez, de la Bibliothèque Colombine, à Séville, et M. Césaréo Fernandez Duro, de l'Académie d'Histoire de Madrid, qui ont montré une complaisance dont je ne puis leur être trop reconnaissant, en répondant à toutes mes questions et qui m'ont ainsi fourni des éclaircissements sans lesquels j'aurais été embarrassé.

Je dois aussi exprimer ma gratitude à l'éminent président de notre Société des Américanistes, M. le Docteur Hamy, qui, avec cette bienveillance qu'on est toujours certain de trouver chez les vrais savants, a facilité la publication de mon travail et m'a donné des conseils que j'ai été heureux de mettre à profit.

Enfin, j'ai une nouvelle obligation à mon ami M. G. de la Rosa qui a bien voulu m'aider dans la lecture de mes épreuves. Je lui suis d'autant plus reconnaissant pour cette gracieuseté qu'il est absorbé, en ce moment, par le travail critique sur les fausses légendes colombiennes dont il a entretenu le dernier Congrès des Américanistes. Comme dans ce travail, M. de la Rosa expose des vues et arrive à des conclusions très différentes des miennes, je lui dois de déclarer ici, pour éviter tout malentendu et toute confusion, que les considérations exposées dans cet ouvrage, ainsi que les recherches sur lesquelles elles s'appuient, m'appartiennent en propre aussi bien par le fond que par la forme. C'est mon devoir d'en revendiquer toute la responsabilité et de dégager celle d'un ami, qui, après m'avoir gagné au fond de sa thèse, m'a fourni, avec une rare modestie et un désintéressement scientifique plus rare encore, tant de précieuses indications.

P.-S. — L'attention du lecteur est appelée sur les *Addenda et Corrigenda*, particulièrement sur celui relatif à l'*Imago Mundi*.

TABLE ANALYTIQUE DES MATIÈRES

PREMIÈRE PARTIE

LA LETTRE

SOURCES D'INFORMATION. — BIBLIOGRAPHIE

DEUXIÈME PARTIE

LA CARTE

SOURCES D'INFORMATION. — BIBLIOGRAPHIE

RÉSUMÉ ET CONCLUSIONS

RÉSUMÉ

CONCLUSIONS

APPENDICES

PLANCHES HORS TEXTE

INTRODUCTION

La question de l'authenticité de la lettre fameuse
par laquelle un savant florentin est supposé avoir
conféré avec Colomb, quinze ou dix-huit ans avant
sa mémorable découverte, sur les conditions dans
lesquelles elle pouvait se faire, a une portée bien plus
grande que la simple détermination de la valeur
historique d'un document incontesté jusqu'ici.

Il s'agit en réalité de savoir si le plus grand fait
de l'histoire du Monde, la révélation soudaine de
l'existence d'une moitié du Globe inconnue jusqu'a-
lors, est bien dû à des recherches déterminées par des
prévisions scientifiques dont l'expérience a montré le
bien fondé. Cette question à laquelle on ne peut
répondre négativement sans se mettre en contradiction avec des opinions formées de longue date et
auxquelles toutes nos habitudes mentales sont façon-
nées, oblige, en effet, à se demander si l'histoire de
Colomb, telle que l'ont faite Las Casas et Fernand
Colomb, et telle qu'elle est acceptée depuis quatre siè-

cles, ne repose pas, dans une particularité essentielle, sur une erreur qui, si elle était démontrée, changerait du tout au tout notre conception des causes de la découverte de l'Amérique.

Il n'y a rien de plus difficile à ébranler qu'une opinion qui a pour elle la sanction du temps et du nombre. La croyance que Colomb était un homme qui ne devait qu'à ses méditations et à ses études la conviction qu'il trouverait l'Asie à l'Ouest et qu'il y arriverait sûrement, est si solidement entrée dans l'histoire et s'appuie sur des témoignages à la fois si anciens et si respectables qu'il semble que toute réserve faite sur ce point ait quelque chose de choquant et projette sur ceux qui osent la faire une ombre défavorable.

Il faut bien dire cependant, que plus on étudie les commencements de Colomb, moins cette manière de voir paraît justifiée. A force de lire et de relire les documents, de comparer les faits entre eux, d'étudier les dates, de peser les assertions de Colomb lui-même et celles de ses contemporains qui se rapportent à lui, on finit par soupçonner que les choses ne se sont peut-être pas passées ainsi qu'ils le disent et par se demander si toutes les raisons théoriques qu'on nous donne pour avoir été la source de la détermination du grand Génois et par conséquent la cause de sa découverte, n'ont pas été formulées après cette découverte.

Si l'on s'en rapportait aveuglément au témoignage des contemporains de Colomb et de ceux de la génération suivante, ces réserves ne seraient pas justifiées. Tous, à l'exception du seul Gomara dont l'autorité est malheureusement si contestable, s'attachent à montrer la genèse des idées fondamentales du découvreur du Nouveau Monde comme ayant un caractère scientifique. Mais la critique se défie avec raison du témoignage des contemporains qui est rarement sincère et impartial. Si c'est d'eux que viennent toutes les informations vraies, c'est aussi d'eux que viennent les erreurs les plus difficiles à rectifier. Le chroniqueur qui raconte dans le silence du cabinet les évènements de son temps, résiste rarement à la tentation de les colorer d'une certaine façon. Il habille l'histoire, il la pare pour la postérité. Il arrange les choses comme il voudrait qu'elles fussent. L'histoire, telle que nous la donnent les contemporains, alors surtout qu'ils croient que leurs assertions échappent à tout contrôle, est presque toujours une histoire ainsi arrangée et ce n'est pas la moindre tâche de la critique que d'avoir à découvrir la vérité que cachent ces déformations ou ces dissimulations intentionnelles.

Las Casas qui était un honnête homme et qui a écrit un livre sans lequel nous ne connaîtrions que très imparfaitement l'histoire de la découverte de l'Amérique, a, lui aussi, cependant, arrangé les choses, en ce qui concerne Colomb, comme il a cru qu'elles auraient dû être. La plupart des légendes et des contes dont on a formé l'histoire de la jeunesse du Grand navigateur viennent de lui plutôt que de Fernand Colomb, comme on le croit trop généralement. Grâce aux travaux critiques modernes, grâce surtout à ceux de M. Harrisse, plusieurs de ces légendes sont maintenant détruites et ne trouvent plus place dans aucun ouvrage sérieux. Mais si on n'avait eu la bonne fortune de découvrir au fond des archives privées des notaires italiens la preuve de leur fausseté, elles défigureraient encore bien des livres d'histoire. Personne ne croit plus aujourd'hui que Colomb est né en 1436, qu'il était de famille noble, qu'il comptait des amiraux dans sa parenté, qu'il étudia à l'Université de Pavie et qu'il fit campagne pour le roi René. On peut maintenant aller plus loin. On peut montrer qu'il est né, non de 1446 à 1451, mais exactement en 1451, qu'il n'est arrivé au Portugal qu'à la fin de l'année 1476 ou au commencement de 1477, qu'il a très peu navigué et qu'il n'a jamais fait des ouvertures à Gênes, à Venise, à l'Angleterre et à la France.

Ces rectifications, si importantes qu'elles soient, ne changent rien d'essentiel, à vrai dire, à l'histoire des causes de la découverte du Nouveau-Monde, telle que nous la connaissons. Mais il n'en serait pas de même s'il était démontré que la lettre à Martins est apocryphe, que Colomb n'eût jamais de rapports avec Toscanelli et que, par conséquent, il n'a pu emprunter à ce savant aucune des notions cosmographiques et géographiques qui l'auraient conduit à sa grande découverte. Il faudrait, dans ce cas, rejeter comme erroné tout ce que depuis si longtemps nous croyons savoir sur les circonstances qui ont déterminé Colomb à entreprendre la découverte des Indes et ces nouvelles rectifications ajoutées à celles déjà faites, pourraient bien ne laisser subsister que fort peu de chose de l'histoire de la jeunesse de l'heureux Génois, telle que la tradition l'a faite et telle qu'elle est partout acceptée.

L'examen de la question dont la solution peut avoir, au point de vue de la vérité historique, des conséquences aussi graves que celles qui viennent d'être indiquées, fait l'objet du présent mémoire.

Il serait téméraire de prétendre que nous apportons ici cette solution; mais les importantes questions que soulève ce point d'histoire sont maintenant posées de manière à ce qu'il ne soit plus possible de les éviter ou de les retirer. L'enquête instituée par nous sera reprise et complétée par d'autres qui sauront la mener à bonne fin. Il faut savoir si depuis quatre siècles nous sommes dupes d'une supercherie qui nous voile les véritables origines du plus grand événement de l'histoire du Monde. Il faut savoir si la place à laquelle nous avons mis Toscanelli et

Colomb est celle qu'ils doivent occuper. Ce qu'on peut affirmer dès maintenant, c'est que l'histoire des causes immédiates de la découverte de l'Amérique, telle que la comprenaient Humboldt et Washington Irving et telle que la comprennent encore la plupart des auteurs de notre temps est entièrement à réécrire. Cette grande tâche ne sera pas la nôtre; mais d'autres y pourvoiront.

PREMIÈRE PARTIE

LA LETTRE

SOURCES D'INFORMATION

BIBLIOGRAPHIE

I. LA LETTRE ELLE-MÊME

C'est une lettre datée de Florence 25 juin 1474. Elle
aurait été écrite par Paolo Toscanelli, savant médecin et
astronome de Florence, à un chanoine portugais nommé
Fernam Martins, en réponse à une demande de renseignements que le Roi Affonso V l'avait chargé d'obtenir. On en
possède un texte latin, qui est donné pour être l'original, et
deux anciennes versions, l'une espagnole, l'autre italienne.

1. LE TEXTE LATIN ORIGINAL

Ce texte ne fut découvert et publié qu'en 1871. Au cours
d'un voyage qu'il fit cette année-là en Espagne, M. Harrisse s'empressa de visiter la célèbre Bibliothèque où était
conservée, à Séville, la précieuse collection de livres formée
par Fernand Colomb. L'obligeant conservateur de ce dépôt,
le Senor Don José Fernandez y Velasco, lui mit entre les
mains un des joyaux de la collection : un exemplaire de l'édi-

tion de 1477 de l'*Historia Rerum Ubique Gestarum* d'Æneas
Sylvius (le Pape Pie II), ayant appartenu à Colomb, qui avait
inscrit sur ses marges un grand nombre de notes et d'extraits.
Ces annotations étaient connues. Mais en feuilletant le précieux volume, M. Harrisse découvrit que l'une de ses gardes
portait la transcription d'une lettre latine dans laquelle il
reconnut le texte, mentionné par Las Casas et Fernand Colomb, de la lettre par laquelle Toscanelli envoyait à Colomb
une copie de celle qu'il avait adressée, en 1474, au chanoine
Fernam Martins, lettre dont on ne connaissait alors que la
version italienne des *Historie* et la version espagnole de Las
Casas. M. Harrisse publia aussitôt ce document qui parut,
avec un fac-similé, dans un des volumes de la collection des
Bibliophiles de Séville.

Cette découverte et cette publication rendaient un service
signalé aux études historiques et tous les lettrés auraient dû
en être reconnaissants à M. Harrisse. Il lui arriva cependant
ce qui est arrivé à bien d'autres découvreurs. On prétendit
que ce qu'il avait trouvé était déjà connu et on supposa que
c'était le Bibliothécaire de la Colombine qui lui avait indiqué
le document. Pendant quelque temps ces assertions ne semblent pas avoir fixé l'attention de M. Harrisse. Mais, en 1873,
le Président de la Société de géographie de Paris, D'Avezac,
ayant avancé que l'heureuse découverte de ce document était
due au savant critique américain (*Canevas chronologique de la vie
de Colomb*, Paris, 1873, p. 50, note 4), quelqu'un qui se
disait bien informé lui fit des observations à cet égard, à la
suite desquelles il crut devoir se rétracter, en déclarant qu'il lui
avait été *démontré* que cette découverte était due au bibliothécaire de la Colombine, le trop modeste don José Fernandez
y Velasco. (*Le Livre de Ferdinand Colomb*, Paris, 1873, p. 45
et 46.) M, Harrisse mit celui-ci alors en demeure de s'ex-

pliquer et reçut de lui cette singulière réponse : qu'il connaissait depuis des années le texte latin de la lettre de Toscanelli, mais qu'il n'y avait attaché aucune importance parce qu'il croyait que le texte original était l'italien! De la part d'un bibliothécaire de la Colombine cette déclaration était lamentable. Comment admettre, en effet, que le conservateur de cette collection fameuse ignorait que la lettre de Toscanelli avait été écrite en latin, alors que Fernand Colomb le dit, que Las Casas le dit, que Barcia le dit et que tous les Colombistes cherchaient partout ce texte! De deux choses l'une donc, où cet érudit ne se doutait réellement pas que le Paul, physicien, (*Paulus, physicus*) de la lettre en question était Toscanelli, où c'est un timide qui n'ose pas soutenir contre un critique, ayant la grande situation de M. Harrisse, et dont la dent est dure à l'occasion, qu'il savait à quoi s'en tenir à cet égard.

Quoi qu'il en soit, M. Harrisse se tint pour satisfait; il publia un extrait de la lettre du bibliothécaire de la Colombine dans sa Réponse à D'Avezac. (L'*Histoire de Christophe Colomb attribuée à son fils Fernand*, Paris, 1875, p. 57-58), et considéra l'incident comme clos. Il ne l'était pas.

En 1880, le Président de la Société normande de géographie, M. Gravier, ayant eu l'occasion de parler de Toscanelli dans son mémoire : *Les normands sur la route des Indes* (Rouen, 1880, p. 27), ajouta en note, qu'avant M. Harrisse, le comte de Paris, avait fait copier à la Colombine la lettre de Toscanelli, et il indiquait, comme source de cette information, une lettre communiquée par M. D'Avezac qui, évidemment, persistait à croire que la priorité de la découverte du véritable caractère du document appartenait au bibliothécaire de la Colombine. En mars 1874, il avait, en effet, écrit à M. Uzielli qu'il savait par « des témoignages irrécusables, directs » qu'une copie de la lettre de Toscanelli avait été « faite en décembre 1858, d'après l'autographe de Colomb » et que cela avait « fixé ses convictions sur la découverte de ce document » (*Toscanelli*, n° 1, janv. 1893, p. 7). Il s'agissait, évidemment, de la copie faite pour le comte de Paris à laquelle M. Gravier faisait allusion.

Désirant éclaircir complètement ce petit problème, j'écrivis à ce dernier pour le prier de vouloir bien me donner communication de la lettre qu'il mentionnait. Avec beaucoup de bonne grâce il me répondit aussitôt que cette lettre lui avait été lue par M. D'Avezac qui ne lui en avait pas laissé une copie, mais qu'elle devait se trouver parmi les papiers de ce savant qui étaient actuellement entre les mains de son petit-fils, M. de Frémery, lequel se ferait, sans doute, un plaisir de me satisfaire. M. de Frémery, auquel je m'adressai, se montra, en effet, très obligeant. N'ayant pu mettre la main sur la lettre, il prit la peine de demander à M. Gravier des indications qui faciliteraient ses recherches et s'efforça de retrouver la pièce : il n'y parvint pas. Tout ce qui résulta de cette correspondance, c'est que la lettre cherchée était de l'année 1873, et qu'elle avait été écrite par un secrétaire du comte de Paris.

Je me proposais de poursuivre cette enquête en m'adressant au duc d'Orléans qui aurait peut-être trouvé dans ses papiers quelques notes lui permettant de dire si c'est avant la publication de M. Harrisse, que le comte de Paris visita la Colombine et si, à cette époque, il savait que la lettre de *Paulus Physicus*, du volume de Pie II, était le texte original latin de la lettre de Toscanelli ; mais d'autres occupations me détournèrent de ce dessein. Le point principal est d'ailleurs acquis. Que le bibliothécaire de la Colombine ait ou n'ait pas connu le véritable caractère de la lettre transcrite sur le volume qu'il mit entre les mains de M. Harrisse, il est certain qu'il ne lui parla pas de cela.

C'est donc bien à l'auteur de la *Bibliotheca Americana Vetustissima* que nous devons la révélation de l'existence de ce précieux document et sa publication. Il y aurait cependant quelque intérêt à établir nettement la vérité à cet égard, car, en 1893, le Président de la Société de géographie de Londres, M. Markham, reprenait la thèse de D'Avezac et de M. Gravier (*The Journal of Columbus*, etc. *London*, 1893, *Hakluyt Society*), ce qui obligea M. Harrisse à publier la correspondance citée ci-dessus qui remet les choses à leur point (*Christophe Colomb et Toscanelli. Revue Critique*, 9 octobre 1893). Je dois ajouter que malgré tout ce qui a été dit et publié à ce sujet, l'auteur du Catalogue de la bibliothèque Colombine, M. Simon de La Rosa (*Catalogo*, vol. I, p. 52), le secrétaire perpétuel de l'Académie d'histoire de Madrid, M. Césaréo Fernandez Duro (Lettre particulière) et le Secrétaire de la commission royale qui a publié la *Raccolta Colombiana*, M. Cesare de Lollis (*Autografi di Cristoforo Colombo*, préface p. xiii), continuent à regarder le Senor Velasco comme le premier découvreur du texte latin en question.

C'est l'opinion de M. Harrisse que ce texte a été transcrit sur le volume de la Colombine, où on le trouve, par Colomb lui-même (*Fernand Colomb*, etc., p. 89 et *The Discovery*, etc., p. 380). L'auteur du présent travail a quelques doutes à cet égard. Voir note 148.

Le texte latin de la Colombine qui est rempli d'abréviations souvent difficiles à reconstituer, n'est pas précédé du billet d'envoi de Toscanelli à Colomb que donnent Las Casas et les *Historie*. Après la date vient un paragraphe d'une douzaine de lignes appelé généralement le *Post Scriptum*. Le nom de Toscanelli n'est pas mentionné.

a. REPRODUCTIONS FAC-SIMILÉ

HARRISSE. *Don Fernando Colon historiador de su padre.* Séville, 1871, in-4°, p. 73.

RACCOLTA COLOMBIANA. — Partie I, vol. III : *Autografi di Colombo,* par M. Lollis. Rome, 1892, in-fol. Pl. LXIII, avec transcription figurée en regard.

— Partie V, vol. unique : *Vita e i tempi di P. Dal P. Toscanelli,* par M. G. Uzielli. Rome, 1894, pl. IIII, p. 570.

LAZZARONI. — *Christoforo Colombo.* Milan, 1892, in-4, p. 42.

BARATTA. — *Paolo dal Pozzo Toscanelli,* etc. *Bull. de la Soc. géogr. italienne,* vol. XI. Rome, 1898, p. 246.

b. TRANSCRIPTIONS ET REPRODUCTIONS

HARRISSE. — *Bibliotheca Americana Vetustissima. Additions.* Paris, 1877, pp. XV-XVIII ; avec les abréviations.

— *Fernand Colomb,* 1872. Appendice, VI, pp. 178-180 et *The Discovery.* Paris,, 1892, pp. 381-384 ; avec les abréviations en clair.

FISKE. — *The Discovery of America.* New-York, 1892, vol. II. Appendice A, pp. 572-578 ; avec les abréviations en clair et le texte italien en regard.

GAFFAREL. — *Histoire de la découverte de l'Amérique.* Paris, 1892, t. II, pp. 28 et sq.

RACCOLTA COLOMBIANA. — Partie V, vol. unique. (Toscanelli). Rome, 1894, pp. 571-572. — Partie I, vol. II, p. 364. — Ibid., vol. III, pl. LXIII.

ASENSIO. — *Cristobal Colon...* Barcelone, 1892, 2 vol. in-fol., t. I, p. 250.

2. LE TEXTE ITALIEN

Cette version, la seule qu'on ait connue pendant long-temps, a paru pour la première fois dans le chapitre VIII de l'histoire de Colomb attribuée à son fils Fernand (*Historie del S. D. Fernando Colombo*, etc. Venise, 1571), ouvrage, dit le titre, traduit du manuscrit espagnol. C'est donc une tra-duction faite sur une autre traduction; mais, comme elle vient du fils de Colomb, qui seul connaissait l'original latin, elle emprunte à cette circonstance une importance que la décou-verte du texte primitif n'a pas détruite. Comme dans le latin, Toscaneili n'y est appelé que par son prénom : Paolo. Elle est précédée d'un billet d'envoi de Toscanelli à Colomb dont le texte original n'a pas été retrouvé. Le *Post Scriptum* est allongé par une transposition et la lettre même contient de nombreuses interpolations et quelques suppressions.

Reproductions. — La plupart des ouvrages modernes où ce texte est reproduit le tronquent ou *l'arrangent*. M. Lollis lui-même n'a pas échappé à cette manie; le texte qu'il a donné de cette lettre dans son *Christoforo Colombo*, Milan, 1892, est accommodé à la moderne. On en trouvera une transcription exacte, avec de copieuses et savantes notes, dans *Ximenes : Del Vecchio et nouovo gnomone fiorentino*, Florence, 1757, in-4, pp. LXXXI-XCVI; dans Fiske : *The Discovery of america*, vol. II, pp. 571-578 et dans la *Raccolta colombiana*, vol. sur Toscanelli, pp. 574-575.

3. VERSION ESPAGNOLE DE LAS CASAS

La version connue sous ce nom n'est pas de Las Casas qui, en la donnant dans son *Historia*, etc., Madrid, 1875 (livr. I, ch. II, vol. I, pp. 92 et sq.), déclare qu'il l'a eue avec d'autres papiers de Colomb. On n'en connaît pas l'origine; elle diffère cependant du texte latin, ainsi que de l'italien, par plusieurs changements et des interpolations que M. Harrisse suppose avoir été empruntées à la carte de Toscanelli (*The Discovery*, p. 381), carte qui faisait également partie des papiers de Colomb et qui, comme toutes celles de cette époque, devait contenir quelques légendes explicatives.

Ce texte espagnol, comme l'italien, est précédé du billet d'envoi de Toscanelli à Colomb et est suivi d'une seconde lettre du maître Florentin au grand Génois. Son origine lui donne une certaine valeur. Elle est reproduite dans la *Raccolta Colombiana*, vol. sur Toscanelli, pp. 572-573.

4. VERSION ESPAGNOLE DES ARCHIVES MUNICIPALES DE SÉVILLE

Cette version qui a été publiée dans la collection des *Documentos ineditos dos archivo de indias*, t. XIX, p. 451 et sq. vient des archives de Séville. Je n'en connaîs pas l'origine; elle paraît avoir été un peu modernisée et offre des différences avec les autres versions.

5. VERSION ESPAGNOLE DE BARCIA ET DE NAVARRETE

Barcia la fit sur la traduction italienne des *Historie* et la publia, en 1749, dans le premier volume de ses *Historiadores*, p. 5. Navarrete la reproduisit dans sa collection de *Viages*, vol. II, p. 1 et sq. C'est à peu près la seule que l'on connaisse en Espagne et Humboldt n'en a pas connu d'autre, malheureusement pour lui, car cela lui a fait commettre de graves erreurs, dans lesquelles M. Markham est également tombé.

6. TRADUCTIONS ANGLAISES

CHURCHILL. — 1732. — *Collection of voyages and Travels,* etc., Londres, vol. II, pp. 567-569.

Traduction exacte du texte italien. Reproduction dans la collection Pinkerton. Londres, 1812.

KETTELL. — 1827. — *Personal narrative of the 1ˢᵗ voy. of Columbus.* Boston, in-8, note 1, p. 268. Traduction du texte italien.

BECHER. — 1856. — *The Landfall of Colombus.* Londres, pp. 183-185. Traduction du texte espagnol de Barcia.

YULE. — 1866. — *Cathay,* etc. Londres, t. I, pp. CXCVI-CXCVII. Traduction partielle, faite sur le texte italien.

HARRISSE. — 1892. — *The Discovery,* etc. Paris et Londres, pp. 381-384. Traduction excellente, faite sur le texte latin avec ce texte en regard.

FISKE. — 1892. — *The Discovery,* etc. Boston, vol. I, pp. 356 et sq. Bonne traduction, faite sur le texte latin.

MARKHAM. — 1893. — *The Journal of Ch. Columbus. Hakluyt Society,* Londres, pp. 3-9. Excellente traduction, faite sur le latin, avec notes.

PAYNE. — 1892. — *History of the New World,* etc. Londres, t. I, pp. 102-105. Traduction exacte du texte latin avec quelques notes.

BROWNSON. — 1890. — *The Life of Ch. Columbus, Translated from the Italian of Tarducci,* vol, I, ch. VI.

Traduction faite sur le texte latin.

7. TRADUCTIONS FRANÇAISES

COTOLENDY. — 1681. — *La vie de Crisiofle Colomb... composée par F. Colomb et traduite en français.* Paris, 1681,

2 vol. in-12, t. I, pp. 21-27. Traduction du texte italien; inexacte.

BUACHE. — 1806. — *Mémoire sur Antilia* (*Mémoires de l'Institut*, classe de littérature, vol. VI, 1806, pp. 1-39. Traduction du texte italien. Incomplète et inexacte.

URANO. — 1824. — *Histoire de Christ. Colomb*, traduction de Bossi. Paris, pp. 196-200. Traduction du texte italien; incomplète et inexacte.

GAFFAREL. — 1892. — *Hist. de la découverte de l'Amérique.* Paris, vol. II, pp. 28-33. Traduction exacte, mais un peu libre, faite sur le latin qui est reproduit en note.

MULLER, Eug. — 1879. — *Hist. de la vie et des découvertes de Christ. Colomb*, par Fernand Colomb, traduction de l'italien. Paris, pp. 26-29. Traduction incomplète et inexacte.

BELLY, F. — 1867. — *A Travers l'Amérique centrale*, etc. Paris, 2 vol. in-8, vol. I, pp. 12-14. Traduction du texte italien. Plusieurs erreurs fâcheuses déparent cette traduction, faite en général avec beaucoup de soin.

II. AUTRES SOURCES D'INFORMATION

LAS CASAS. — 1552-1559. — *Historia general de las Indias,* etc. Madrid, 1875, Liv. I, ch. XII, vol. I, pp. 92-96.

FERNAND COLOMB. — 1539-1571. — *Historie*, etc. Venise, ch. VII et VIII.

III. BIBLIOGRAPHIE

XIMENES, Leonardo. — 1757. — *Del Vecchio et nuovo gnomone fiorentino,* Florence, in-4, pp. LXXIII-XCVIII et passim.

BARROS E VASCONCELLOS. — 1758-1898. — Lettre à Messieurs les auteurs du *Journal des Scavants* sur la navigation des Portugais aux Indes orientales, par José Joaquim Soares de Barros e Vasconcellos, de l'Académie des sciences de Prusse, etc., réimprimée en commémoration du centenaire de l'Inde (par Antonio de Portugal de Faria). Livourne, typographie de Raphaël Giusti, 1898, in-8, pp. 20.

L'auteur de cette reproduction était de la famille de Barros sur lequel il donne à la fin de la brochure quelques notes biographiques.

Cette lettre qui parut pour la première fois dans l'ancien *Journal des Savants* (janvier 1758), est une critique des remarques de Ximénès sur la lettre de Toscanelli, remarques dans lesquelles on considère cet astronome comme ayant indiqué aux Portugais la route des Indes orientales. Barros e Vasconcellos montre que Toscanelli fut étranger à ce grand événement ainsi qu'à l'inauguration du commerce des épices.

Muños. — 1793. — *Historia del Nuevo Mundo*. Madrid, vol. I, livre II, in-8, p. 17.

Lampillas. — 1778. — *Saggio storico apologetico della litteratura spagnuola*, etc. Gênes, 1778-1781, 6 vol. in-8, 1ʳᵉ partie, t. II, pp. 143 et sq.

Tiraboschi. — 1772-1781. — *Storia della litteratura italiana*. Édit. de Florence 1807, t. VI, part. I, pp. 216 et 237.

Bossi. — 1818. — *Vita di C. Colombo*. Milan, édition française, Paris, 1824, pp. 10, 134-137, 323, 333-334, 337-343.

Angelis. — 1826. — Article Toscanelli dans la *Biographie* Michaud, 1ʳᵉ et 2ᵉ édition. Sans valeur.

Baldelli. — 1827. — *Il Millione*, vol. I, pp. LV-LXI.

Washington Irving. — 1828. — *Life of Columbus*. Londres, vol. I, ch. VI.

Humboldt. — 1836. — *Examen critique*, etc. Paris, vol. I, pp. 207-256; vol. II, p. 175.

HUMBOLDT. — 1855. — *Comos*. Paris, vol. II, pp. 317, 325, 563, 566-568.

LELEWEL. — 1855. — *Géographie du moyen âge*. Bruxelles, vol. II, pp. 107-130.

D'AVEZAC. — 1848. — *Iles de l'Afrique*. Paris, 2ᵉ partie, pp. 25-36.

Id. — 1868. — *Les Voyages d'Americ Vespuce*. Paris, etc. p. 133.

Id. — 1871. — *Congrès des sciences géographiques d'Anvers*. Anvers, vol. II, p. 3.

Id. — 1873. — *Canevas chronologique de la vie de Colomb*. Paris, in-8, p. 50, note.

Id. 1873. — *Le livre de Fernand Colomb*. Paris, in-8, pp. 45, 46.

Id. 1893. — *Toscanelli*, n° 1, janvier, 1893, pp. 4-7.

HARRISSE. — 1871. — *Don Fernando Colon*, etc. Séville, 1871, passim.

Id. 1872. — *Fernand Colomb*. Paris, pp. 88-90.

Id. 1884. — *Christophe Colomb*. Paris, vol. I, p. 328.

Id. 1892. — *The Discovery*. Paris, pp. 378-385.

Id. 1893. — *Christophe Colomb et Toscanelli*. Paris, 1893, in-8, p. 12. Extrait de la *Revue critique*, octobre 1893.

FISKE. — 1892. — *The Discovery*, etc. Boston, vol. I, pp. 355-376.

MARKHAM. — 1892. — *Christopher Columbus*. Londres, pp. 30-31.

Id. 1893. — *The Journal of Ch. Columbus. Soc. Hakluyt*. Londres, introduction, pp. II-IV.

TARDUCCI. — 1890. — *The Life of Columbus*, vol. I, chap. VI.

WINSOR. — 1889. — *Narrative and critical History of America*. Boston, vol. I, p. 51; vol. II, pp. 30-31, 101.

Winsor. — *Christopher Columbus*. Boston, pp. 7, 108-111.

J. de La Gravière. — 1890. — *Les Anglais*, etc. Paris, vol. I, pp. 224-225.

Barratta. — 1898. — *Paolo dal Pozzo Toscanellni iniziatore della Scoperto dell' America*. (*Bull. de la Soc. géogr. ital.*, Rome, série III, vol. XI, 1898, pp. 246-255.)

PREMIÈRE PARTIE

LA LETTRE

CHAPITRE PREMIER

CONSEILS ATTRIBUÉS A TOSCANELLI SUR LA ROUTE DES INDES PAR L'OUEST

1. **Demande du chanoine Martins.** — Bien avant 1474, dit Humboldt, Toscanelli avait conseillé au Gouvernement portugais la route que Colomb a suivie [1]. Cette assertion, qu'on retrouve sous diverses formes chez des auteurs autorisés [2], repose

[1]. HUMBOLDT, *Examen critique*, vol. I, p. 227. Quelques lignes au-dessus, Humboldt dit : « Il reste indécis lequel des deux, de Colomb ou de Toscanelli, a entrevu le premier la possibilité de cette nouvelle voie ouverte à la navigation de l'Inde », p. 226.

[2]. « Plus de vingt ans avant la découverte de l'Amérique par Colomb, les Portugais s'occupaient de chercher un passage à l'ouest pour arriver aux Indes » (SANTAREM, *Recherches historiques sur Americ Vespuce*, p. 240-241).

« Il est avéré que dès avant l'année 1474, les Portugais médi-

uniquement sur une lettre qu'un astronome de Florence, Toscanelli, aurait écrite à un conseiller du roi Affonso pour recommander à ce prince la route des Indes par l'Ouest, lettre dont on a trouvé une copie dans les papiers de Colomb. Si elle est fondée, si réellement le roi Affonso a eu le dessein d'aller aux Indes en traversant l'Atlantique et qu'il ait conféré à ce sujet avec un célèbre astronome de Florence, il y a là un fait qui tient une place considérable dans la suite des idées dont le développement a conduit à la découverte du Nouveau Monde, et on ne saurait lui accorder une trop grande attention.

Aux termes de cette fameuse lettre un chanoine de Lisbonne nommé Fernam Martins [3] qui entretenait des relations d'amitié avec Toscanelli et qui occupait auprès du roi Affonso V une situation personnellement importante, avait été chargé par ce Prince d'obtenir de son ami quelques indications sur la possibilité de se rendre aux Indes Orientales en prenant par l'Ouest. On voit, par la lettre, que ce sujet avait déjà fait l'objet d'un échange de vues entre Martins et Toscanelli et que celui-ci avait précédemment représenté que la route par l'Occident

taient d'atteindre par mer les côtes orientales de la Chine et du Japon » (HARRISSE, *Les Corte Real*, p. 23). — « Les Portugais méditaient vingt ans au moins avant le célèbre voyage de Christophe Colomb de franchir l'Océan Atlantique dans la direction de l'Ouest » (*ibid.*, p. 40). — Voyez aussi le *Christophe Colomb* du même, vol. I, p. 319.

3. On écrit le plus souvent Martinez qui est la forme espagnole du nom ; en portugais c'est Martins.

était bien plus courte que celle par le Sud-Est. Mais
il paraît que le Roi, qui voulait tenter l'entreprise, ne
se trouvait pas suffisamment renseigné et Martins,
revenant sur la question, demanda de nouvelles indications à son correspondant qui s'empressa de les
donner.

2. **Réponse de Toscanelli.** — Le savant astronome
commence par faire remarquer que bien qu'il sache
que la possibilité de la route qu'il suggère soit démontrée par la sphéricité de la terre, il va rendre la
chose plus claire au moyen d'une carte sur laquelle
il a tracé les côtes du Portugal et les îles d'où il faut
naviguer directement à l'Ouest jusqu'au lieu d'arrivée,
ainsi que la route à suivre, les distances à parcourir et
les points où l'on pourrait faire escale.

Les commentaires dont Toscanelli accompagne
cette carte sont brefs, peu explicites, mais faits pour
éveiller la curiosité [4]. Il s'étend sur la richesse des

4. *Le Marco Polo de Dom Pedro.* — Bien que Marco Polo ne
soit pas nommé dans cette lettre, il est facile de voir que tout ou
presque tout ce qui y est dit de l'Asie Orientale vient de ce voyageur dont la relation quoique encore inédite circulait un peu
partout et occupait beaucoup les esprits curieux des choses lointaines. Cette relation extraordinaire dont les récits étaient dans
toutes les bouches au xve siècle et dont l'influence fut considérable
sur le mouvement géographique de cette époque était, dit-on, bien
connue d'Affonso V. En 1428 son oncle Don Pedro, duc de
Coimbre, en aurait rapporté un exemplaire de ses voyages qu'il
tenait de la munificence de la République de Venise et auquel il
attachait un grand prix. Disons à ce propos que Oliveira Martins
qui, après bien d'autres, rapporte ce fait, cite un passage d'un

contrées de l'Orient auxquelles la route qu'il indique
doit conduire ; il appelle l'attention sur le mouvement
commercial considérable dont les villes du littoral
Asiatique sont le centre, ainsi que sur le grand nombre de navires, de matelots et de marchandises qui
affluent dans leurs ports ; il nomme avec éloge le
Grand Khan, ou roi des rois [5], qui règne sur toute la

document officiel qui semble être d'Affonso V où l'histoire du
cadeau de ce manuscrit à son oncle est confirmée (*Os filhos de
Joao*, I, p. 132, note). Il nous a été impossible cependant de
déterminer l'origine de ce document dont la source n'est pas exactement indiquée. Valentin Fernandez qui publia en 1502, à Lisbonne, une traduction portugaise de Marco Polo dit, dans sa
préface, qui est adressée au Roi Manoel, qu'il a entendu raconter
que Don Pedro avait rapporté de Venise un manuscrit de Marco
Polo qu'on prétend être à la Torre do Tombo. « Si cela est vrai,
ajoute-t-il, votre Majesté doit le savoir mieux que personne. » Cette
dernière phrase montre que Fernandez n'avait jamais vu le manuscrit
de Don Pédro, dont l'existence même lui semble problématique.
Contrairement donc à ce que Oliveira Martins, M. Uzielli et tant
d'autres ont dit, ce n'est pas sur cette copie qu'il a fait sa traduction. Voy. Uzielli, *Toscanelli (Raccolta)*, p. 162.

On a dit que quelques particularités de la lettre à Martins avaient
été empruntées à la relation de Nicolo di Conti, qui pouvait être
connue de Toscanelli. Je ne trouve aucune indication à cet égard ;
mais la relation de Conti était connue à Lisbonne par la traduction portugaise partielle que Valentin Fernandez en avait
donnée, en 1502, dans le même volume contenant sa version de
Marco Polo.

5. Ce personnage a joué un rôle considérable dans l'imagination
des premiers découvreurs. Dès les premières lignes de son journal
de bord, Colomb rappelle, dans les termes mêmes qu'on trouve
dans la lettre de Toscanelli, qu'il a renseigné les rois catholiques
sur le Grand Khan ou roi des rois et sur les ambassades qu'il a
envoyées au Pape (*Diario*, Préambule). On sait que Ferdinand et

région et dont la résidence est la plupart du temps
dans la province de Cathay [6] et il parle avec admiration

Isabelle se laissèrent persuader par ce qu'on leur dit à cette occasion
et qu'ils adressèrent au Grand Khan une lettre que Colomb se
chargea de lui remettre et qu'il s'efforça de faire parvenir à sa
destination lorsqu'il arriva à Cuba, qu'il prit pour une partie du
royaume de Cathay (*Diario*, 21 et 30 octobre 1492). Voir ci-
après la note 23 à la traduction de la lettre : Appendice A.

6. *Cathay.* Ce nom qui paraît ici pour la première fois, tient une
grande place dans l'histoire de la géographie du xive au xvie siècle.
Il paraît avoir été introduit en Europe par Jean Plan Carpin et par
le moine Brabançon Rubruquis ou Ruisbrock (1253) qui le donnèrent à l'ancienne Chine dont c'était la dénomination mongolienne.
D'après Yule, *Khitai* était le nom d'un peuple Tartare qui s'empara
du Nord-Est de la Chine au xie siècle et y fonda un empire longtemps prospère. Les invasions mongoliennes du xiiie siècle mirent
fin à cet empire, mais le nom de *Khitai* dont on a fait Cathay
resta à la Chine. M. Cordier dérive le nom de celui de la dynastie
Tartare des *Ki-tan*, ce qui revient à peu près au même. (Voyez YULE,
Cathay, vol. I, pp. cxvi et sq. et son *Marco Polo*, vol. I, introduction,
pp. 11 et 15. Voyez aussi CORDIER, *Atlas catalan*, p. 6). En Asie
on désignait communément par ce terme la Chine entière. En
Europe l'expression était tantôt prise dans ce sens et tantôt elle
désignait un royaume ou une province de la Chine Septentrionale.
C'est dans ce dernier sens qu'elle est employée par Marco Polo qui
appelle la capitale de cette province *Cambalu* ou *Koubalu*, autrement *Khan-balik*, qui veut dire la ville ou la résidence du Khan,
aujourd'hui Pékin. L'expression eut toujours un caractère un peu
vague ; mais au xve et au xvie siècle on tendait à reculer plus au
Nord-Est la région à laquelle elle appartenait réellement. On s'ima-
ginait que l'Asie se prolongeait de ce côté, bien au-delà de ses
limites réelles et que la Chine Septentrionale, c'est-à-dire Cathay,
s'étendait sur la région de Steppes déserts, à peine occupée par les
Tchoutkis et les Kamchadales, que l'on se représentait comme
couverte de villes florissantes. C'est de cette conception géographique que sont nées tant de tentatives pour la découverte de la

de la ville de Zayton [7] où tous les ans on charge au moins cent navires de poivre, sans compter les autres cargaisons.

La partie la plus importante de cette lettre est le Post-Scriptum [8] qui donne des indications sur la distance à parcourir pour aller du Portugal aux pays des épices. De la ville de Lisbonne à la superbe ville de Quinsay [9] dans la province de Mangi [10] il y a, en allant

route de Cathay par le Nord-Ouest et par le Nord-Est. Le nom de Cathay ne survécut pas à la puissance mongolienne dans l'Extrême-Orient et finit par disparaître ; mais en Europe l'usage de cette dénomination se maintint pendant longtemps.

7. *Zaïlon* ou *Zaylen* de Marco Polo (liv. III, ch. 3, 8 et 70) aujourd'hui *Tchang-Tchéou* (voyez note 22 de la traduction de la lettre). Le 1er novembre 1492 Colomb se trouvant devant Cuba, écrit : j'ai en face de moi Zayto et Guinsay (*Diario,* 1er nov. 1492). Le grand commerce de l'Asie Orientale, dit Humboldt, était partagé au XIIIe siècle entre Quinsay et Zaïton (*Cosmos,* vol. 2, p. 566).

8. On appelle ainsi un paragraphe qui dans le texte latin se trouve après la date. Voyez la traduction de la lettre : Appendice A, note 30.

9. *Quinsay.* — C'est l'ancienne capitale de la Chine méridionale, aujourd'hui *Hang-Tchéou fou* (Vivien de Saint-Martin, Cordier), sur la rivière Tsien-Tankiang, capitale de la province Tché-Kiang. Elle est située par le 30 : 28 de lat. Nord et sous le 117 : 47 de longitude est de Paris. (Humboldt) Marco Polo en fait un éloge pompeux et l'appelle la ville céleste. Yule et Cordier sont d'accord sur ce point que Quinsay est le nom chinois *King-see* qui veut dire capitale (*Marco Polo* de Yule : vol. 2, p. 144, chap. 76 et 77 et l'*Atlas Catalan* de Cordier, p. 25). Toscanelli dit qu'elle a 100 milles de circuit, ce que dit aussi Marco Polo, et ajoute qu'elle a 10 ponts superbes, Marco Polo en compte 12,000. Nicolo di Conti ne donne que 30 milles de circuit à Quinsay (RAMUSIO, vol. 1, p. 340). Voyez note 35. APPENDICE A: Traduction de la lettre.

10. *Mangi* ou *Manzi.* — C'est la Chine Méridionale dont Quinsay était la capitale. Dans Marco Polo c'est Manzi, en chinois Man-

directement à l'Ouest, 26 espaces marqués sur la carte dont chacun est de 250 milles, soit 6,500 milles en tout, ce qui est presque le tiers de la circonférence du Globe. Mais, comme de l'ile Antilia [11] à la fameuse île de Cipangu [12], il n'y a que dix espaces, la partie océanique inconnue qu'il faut franchir n'est pas bien grande; de sorte qu'en faisant escale à Antilia on arrive aisément à la côte asiatique. Ainsi, d'après ces indications, l'espace maritime séparant les deux extrémités du monde était bien moins étendu que

Tsé (PAUTHIER : *Marco Polo*, p. 452, n. 6). A son quatrième voyage, Colomb crut avoir atteint cette province. (*Lettre de la Jamaïque*, 1503). Voy. APPENDICE A, note 38.

11. L'auteur de la lettre n'indique pas la distance d'Antilia aux côtes d'Europe, parce qu'il suppose cette distance connue, mais l'on peut suppléer assez bien à cette lacune. Nous avons indiqué ailleurs (Notice sur *Antilla* dans l'ouvrage sous presse) que d'après les idées des cosmographes du temps de Toscanelli cette fameuse île devait se trouver à environ 10 degrés à l'ouest de Lisbonne. Voyez APPENDICE A, note 40.

12. *Cipangu.* — C'est le Japon de Marco Polo qu'il appelle tantôt *Zipangri,* tantôt *Zipangu,* corruption du nom chinois *Ji pen Koue* (Empire du Soleil Levant) d'où le japonais *Nippon* qui a la même signification. (CORDIER : *L'extrême-Orient, dans l'Atlas catalan.* Paris, 1895. p. 9).

C'est un des noms qui reviennent le plus souvent dans les ouvrages des auteurs du XIVe, du XVe et même du XVIe siècle. On racontait des choses merveilleuses de cette île qui, étant placée en avant de celles produisant les épices, devait être la première qu'on rencontrerait en venant de l'est, et Colomb crut plus d'une fois y être arrivé. Il prit d'abord Cuba, puis Hispaniola pour elle. (*Diario,* 24 déc. 1492, et LAS CASAS, *Historia,* v. 1, p. 361) Toscanelli, d'après Las Casas (*Loc. cit.*, V, 1, p. 360), lui donnait 2,400 milles de tour, soit 600 lieues. Voyez : APPENDICE A, note 41.

l'espace terrestre; c'est-à-dire qu'en prenant la voie
océanique de l'Ouest pour aller aux Indes la route
était bien plus courte qu'en prenant la voie terrestre
par l'Est ou la voie marine du Sud-Est, puisque la
première route ne s'étend que sur 26 espaces, — le
tiers de la sphère — tandis que par l'autre on en
compte 52 [13].

**3. Importance de cette correspondance, si elle est
authentique.** — On voit les conséquences qui décou-
lent de l'existence de cette correspondance entre le
roi Affonso et Toscanelli : si dès l'année 1474, ou
plutôt avant cette date, puisque Toscanelli ne fait
que revenir sur la question, le correspondant de Martins avait recommandé à un roi portugais de prendre
par l'Atlantique, en poussant droit à l'Ouest, pour
aller aux Indes; s'il lui avait envoyé une carte où la
route à suivre pour faire cette traversée était indiquée,
et s'il avait accompagné cette carte d'explications
tendant à montrer que cette route était plus courte
que celle du Sud-Est dite par la Guinée, il est évident que c'est le célèbre astronome Florentin qui a
ouvert la voie à Colomb et qu'on a eu raison de dire
que c'est à lui que revient l'honneur d'avoir pris l'ini-
tiative de la découverte de l'Amérique [14].

13. Pour de plus amples explications sur l'étendue que Toscanelli
donnait à la terre, voyez deuxième partie : *La carte de Toscanelli.*

14. « Cette lettre monumentale assure à Toscanelli le mérite in-
contestable d'initiateur de son siècle à la découverte des Terre Transatlantiques. » (D'AVEZAC, *Canevas chronologique,* etc., 1872, p. 50,
note). L'année d'avant, au Congrès géographique d'Anvers (1871) le

Bien que l'authenticité de cette correspondance n'ait jamais été mise en question, il s'en faut de beaucoup qu'elle soit indiscutable. L'histoire est remplie de faits dont on peut dire, comme de certains individus, qu'ils sont favorisés par la chance. Une longue pratique nous y a habitués; en passant de bouche en bouche et de livre en livre, ils ont fini par acquérir droit de cité historique et nous les acceptons sans même penser qu'ils pourraient être mis en question. Si l'on voulait soumettre à une rigoureuse analyse les faits qui d'un commun accord prennent place dans tous les livres d'histoire, on serait surpris du nombre considérable de ceux dont l'exactitude est rien moins que bien établie. Il en est d'autres, au contraire, qui, sans être plus contestables, trouvent plus difficilement créance. La critique les épluche sévèrement, et met à jour impitoyablement toutes les

---

même critique avait dit que c'est Toscanelli qui « décida de la vocation de Colomb, vocation, ajoute-t-il, beaucoup plus tardive qu'on ne le croit généralement ». (*Congrès Géog. d'Anvers*, 1871, vol. 2, p. 3). M. Uzielli a écrit un livre pour montrer que Toscanelli avait été l'initiateur de la découverte de l'Amérique : *Paolo dal Pozzo Toscanelli iniziatore della scoperta d'America*. Florence, 1892, in-12. Voir aussi du même *Toscanelli*, n° 1, p. 1, et son ouvrage monumental sur *Toscanelli*, formant le vol. V, de la *Raccolta*.

Plus récemment, M. de Lollis s'exprimait comme suit : « Toscanelli fut l'inspirateur de Colomb dans ce sens que ce fut lui qui indirectement d'abord et puis directement, suggéra et persuada à Colomb la possibilité de la navigation transatlantique. » (*Qui a découvert l'Amérique?* dans *Revue des Revues*. Paris, 15 janvier 1898). Précédemment, M. de Lollis s'était exprimé de la même manière dans son Histoire populaire de Colomb. La priorité de cette idée appartient toutefois à Humboldt, voyez note 1.

particularités qui peuvent et qui souvent doivent les faire mettre en doute. Le premier voyage de Vespuce, pour ne citer que cet exemple, est au nombre de ces derniers ; la lettre de Toscanelli à Fernam Martins compte parmi les premiers. Il y a peu de documents qui aient été plus lus, plus étudiés, plus souvent traduits et commentés que cette fameuse lettre ; il n'y en a pas dont l'authenticité ait été plus facilement admise [15].

4. **Production de la Correspondance.** — Avant d'aborder la question de l'authenticité de ce document, rappelons comment il est arrivé à notre connaissance. On a vu que d'après les termes dans lesquels il est

15. On peut dire que cette authenticité n'a jamais été discutée. Le premier, à ma connaissance, qui ait effleuré la question est le jésuite espagnol François-Xavier Lampillas. Dans son ouvrage *Saggio storico apologetico della litteratura Spagniola,* etc. (Gênes, 1778-1781, 6 volumes in-8°), il en a dit quelques mots, mais superficiellement et timidement. (Voyez 1re partie, t. II, pp. 243 et sq.). Tiraboschi a répondu à ses observations (*Storia della litteratura Italiana,* t. VI, part. 1, p. 189).

Le second qui ait appelé l'attention sur quelques-unes des assertions extraordinaires de la lettre à Martins est un Portugais nommé de Barros de Vasconcellos, auteur d'une lettre à ce sujet adressée au *Journal des Savants* et publiée dans ce recueil en janvier 1758. Barros n'ose pas mettre directement en question Toscanelli lui-même et s'en prend à son commentateur : Ximenés. M. Eugène Gelcich, professeur à Pola, en Autriche, a été, paraît-il, beaucoup plus hardi dans un petit volume que nous n'avons pu voir : *La scorperta dell' America,* Goritz, 1890. Au dernier congrès des Américanistes, M. G. de La Rosa a nettement affirmé que cette lettre était apocryphe.

conçu, le Roi Affonso aurait eu, dès l'année 1474, au moins, l'idée d'aller aux Indes par l'Ouest et que c'est pour lui fournir des indications à cet égard que Toscanelli aurait écrit à Fernam Martins la lettre dont il s'agit, en l'accompagnant d'une carte. Quelques années plus tard Colomb qui lui aussi avait fait le projet d'aller aux Indes par l'Ouest, aurait appris l'existence de cette correspondance et se serait empressé d'écrire à Toscanelli pour lui demander conseil; ce serait alors qu'il aurait reçu de lui une copie de sa lettre et de sa carte de 1474. Colomb toutefois n'a jamais parlé de cette démarche que l'on ne connaît que par Las Casas qui la rapporte dans une partie de son *Historia de las Indias*, écrite ou revue vers 1552. C'est dans cet ouvrage que figure pour la première fois la correspondance de Toscanelli avec Colomb, mais sous la forme d'une traduction espagnole dont Las Casas ne nomme pas l'auteur.

En 1571 on publia à Venise, en italien, une vie de Colomb attribuée à son fils Fernand, traduite sensément d'un manuscrit espagnol, connu du seul traducteur, dans laquelle on donna une version italienne de la lettre à Martins, avec la mention qu'elle avait été écrite en latin, qu'elle était accompagnée d'une carte et que ces documents exercèrent une grande influence sur Colomb. Pendant trois siècles on n'a connu la lettre à Martins que par cette version italienne, bien que les manuscrits de Las Casas, qui en contenaient une version espagnole, fussent accessibles aux érudits. En 1871 M. Harrisse découvrit à la

Colombine, dans un volume ayant appartenu à Colomb, une transcription du texte latin de la lettre, que l'on suppose être de la main même de Colomb. Quelques années après, en 1875, le texte entier de Las Casas, resté inédit jusqu'alors, était livré à la publicité.

5. **Rapports supposés de Colomb avec Toscanelli.** — On voit par ce qui précède, et on le verra encore mieux par ce qui suivra, que c'est seulement parce que Colomb aurait reçu de Toscanelli une copie de la lettre de 1474 que nous connaissons ce document. Il est donc nécessaire de bien préciser ce que nous savons des rapports qui sont ainsi supposés avoir existé entre le grand navigateur et le célèbre astronome Florentin. Cela se réduit a bien peu de chose. Las Casas et Fernand Colomb qui, seuls, nous en parlent [16] disent simplement que lorsque Colomb méditait sur les moyens de mettre à exécution son grand dessein il apprit que Maître Paul, médecin, avait correspondu relativement au même sujet avec un chanoine de Lisbonne nommé Martins et que par l'intermédiaire d'un négociant de Florence, habitant Lisbonne [17], il lui écrivit pour lui faire part de son projet et accompagna sa lettre d'une petite sphère explicative. Maître

---

16. Las Casas, *Historia,* liv. I, ch. xii, vol. I, p. 92. — *Historie,* fol. 15. Les deux récits sont faits exactement dans les mêmes termes et sont évidemment copiés l'un sur l'autre.

17. Lorenzo Birardo selon Las Casas ; Lorenzo Girardi d'après les *Historie (loc. cit.).*

Paul, c'est-à-dire Toscanelli, aurait répondu à Colomb
en l'encourageant et lui aurait envoyée, pour l'éclai-
rer, une copie de la lettre qu'il avait précédemment
adressée à Martins, ainsi qu'un duplicata de la carte
qui accompagnait cette lettre [18].

On suppose que Colomb écrivit plusieurs fois à
Toscanelli; nous avons, en tous cas, une lettre attribuée au Maitre Florentin qui est donnée comme une
réponse à une autre communication de Colomb.
Toscanelli se félicite que sa carte ait été comprise; il
répète que le voyage projeté est d'une réussite certaine et engage Colomb à persévérer en insistant sur
les avantages commerciaux qui résulteraient de cette
entreprise et sur le désir que les princes des riches
contrées où il s'agit d'aller, éprouvent de se créer des
relations avec les nations chrétiennes [19].

Ni Las Casas, ni Fernand Colomb, ne donnent la
moindre indication sur la date de cette correspondance, car, bien que la lettre à Martins soit, comme
on l'a vu, datée de 1474, le billet d'envoi de Toscanelli et sa seconde lettre à Colomb ne le sont pas.
Cette absence de toute date à des documents qui
sont considérés comme ayant eu une influence déci-

---

18. Cette première communication de Toscanelli à Colomb ne
comprend qu'une dizaine de lignes; c'est un simple billet d'envoi
de la lettre à Martins. Nous n'en possédons qu'une version espagnole, venant de Las Casas, et une version italienne donnée dans
les *Historie*. Voir APPENDICE E.

19. Comme le précédent billet, cette lettre est sans date ; nous en
avons deux versions l'une espagnole, l'autre italienne données par
Las Casas et dans les *Historie*. Voir APPENDICE E.

sive sur la vie de Colomb, a embarrassé la critique qui a cherché à suppléer à ce silence par des indications tirées des pièces mêmes. On a d'abord été porté à croire que la correspondance entre Toscanelli et Colomb avait eu lieu à l'époque même à laquelle ce premier écrivait à Martins. Une expression du billet d'envoi à Colomb de cette lettre — *ha dias* — littéralement : il y a quelques jours, avait donné lieu à cette interprétation qui eut la haute sanction de Humboldt. Mais on est d'accord aujourd'hui que cette expression ne doit pas être prise dans son sens strictement littéral et qu'elle signifie, non il y a quelques jours, mais il y a bien des jours [20].

20. *Ha dias.* — Le texte latin original de ce billet étant perdu, nous ne pouvons chercher le sens de la phrase relative à la date à laquelle il a été écrit que dans les anciennes versions espagnole et italienne qui en ont été données, alors qu'on possédait ce texte. « En réponse à votre lettre, je vous envoie la copie de celle que j'écrivais *algunos dias ha,* dit l'espagnol, *alquanti giorni fa,* dit l'italien. Littéralement *algunos dias ha,* veut dire : « il y a quelques jours » et c'est ainsi que Humboldt a traduit (*Examen critique,* V. I, p. 224) et Fiske, s'appuyant sur cette grande autorité, ainsi que sur la version italienne qui a exactement le même sens, a aussi traduit par « il y a quelques jours » (*a few days ago*) : The *Discovery of America,* v. I, p. 363). M. Markham traduit de même (*The Journal of Columbus,* p. 3) ainsi que Winsor (*Christ. Columbus,* p. 108). D'autres, élargissant un peu le sens littéral, ont traduit par : « il y a quelques temps », tout en plaçant la correspondance dans l'année même que Toscanelli avait écrit à Martins, c'est-à-dire en 1474. Parmi ceux-là, nommons Baldassar Colombo, Navarrete, Ximenès, Cladera, Tiraboschi, W. Irving, Bonnefous, Roselly de Lorgues, Hoeffer, Major, Sanguinetti. Ces érudits ne se doutaient

C'est donc quelques années au moins après avoir écrit à Martins que Toscanelli est supposé avoir correspondu avec Colomb. Mais combien de temps après ? Une autre phrase du billet d'envoi à Colomb a paru jeter quelque lumière sur ce point. Toscanelli dit que c'est avant les guerres de Castille qu'il communiqua ses vues à Martins, ce qui peut être exact puisque cette communication est datée du 25 juin 1474 et que c'est seulement en mai 1475, qu'Affonso se décida à envahir la Castille. Mais l'emploi des mots : « Avant les guerres de Castille » suppose qu'au moment où on les écrivait, ces guerres étaient terminées. Or, bien que la bataille de Toro, perdue par Affonso en 1476, eut interrompu les hostilités, la guerre ne fut terminée que le 4 septembre 1479,

pas qu'on découvrirait, plus tard, qu'en 1474 Colomb n'avait pas encore quitté Gênes.

Dans son article, extrait de la *Revue critique*, sur *Christophe Colomb et Toscanelli*, 1893, p. 8, M. Harrisse a posé la question dans ses véritables termes en montrant que *Ha dias* ne voulait pas dire « il y a quelques jours », mais : « il y a beaucoup de jours, il y a longtemps » et il a appuyé cette assertion de plusieurs exemples. En voici d'autres qui ne laisseront subsister aucun doute sur le véritable sens de cette locution. *Y sera forzoso que me digan dias ha que nos conocimos* « il faudra qu'on me dise qu'il y a longtemps que nous nous connaissons » (QUEVEDO, dans le *Dictionnaire de l'Académie espagnole* de 1732, tome III, p. 256, col. I). *Dias ha :* « il y a longtemps » (OUDIN : *Tesoro de las lenguas francesa y española*, Paris, 1607). Oviedo, parlant des voyages transatlantiques, dit qu'aucun plaisir n'est comparable à celui qu'éprouvent ceux qui naviguent depuis longtemps : *los que ha dias que navegan*, « quand ils aperçoivent la terre ». *Historia General de las Indias*, t. I, p. 24, col. 2.

date du traité de paix, entre les deux pays. Toscanelli, s'il a écrit à Colomb, ne l'a donc fait qu'après le 4 septembre 1479 [21] et si, comme le disent Las Casas et F. Colomb, ce sont les conseils et indications que le découvreur reçut du célèbre astronome qui fixèrent ses idées sur l'entreprise qu'il méditait, on ne peut guère placer avant l'année 1480 ou même avant

21. — *Époque des rapports de Colomb avec Toscanelli.* Cette démonstration si simple et si évidente par elle-même, n'a pas frappé tous les critiques, bien que d'Avezac l'ait donnée dès l'année 1872 (*Canevas chronologique* et pp. 52-53). M. Harrisse lui-même, qui est revenu à plusieurs reprises sur ce point, n'a aperçu la solution vraie que tout à fait en dernier lieu. En 1872, il trouvait que la phrase : « avant les guerres de Castille » pouvait s'entendre de guerres qui n'étaient pas terminées et il plaçait la correspondance de Colomb avec Toscanelli entre les années 1475 ou 1476 et 1479 (*Fernand Colomb*, p. 92). En 1884, dans son *Christophe Colomb*, il semble revenir sur cette opinion en disant que c'est quelques temps après (le 25 juin 1474) que Toscanelli écrivit à Colomb (tome 1er, p. 249). Plus loin, p. 328, il se corrige et étend jusqu'à l'année 1482 la période pendant laquelle Toscanelli a pu correspondre avec Colomb. En 1892, dans sa *Discovery*, p. 380, et en 1893 dans la *Revue critique* (*Colomb et Toscanelli*, p. 8), il donne à la phrase son véritable sens : « après le traité de 1479. » Ces variantes chez un critique aussi bien armé que M. Harrisse, montrent que les vérités les plus simples ne se laissent pas toujours apercevoir du premier coup. C'est ainsi que M. Fiske, qui n'est pas le premier venu, et qui connaît tout ce qui a été écrit à ce sujet, trouve que la phrase : « Avant les guerres de Castille » ne se rapporte pas à la guerre de Succession de 1475-1479, la seule qui ait eu lieu à cette époque entre la Castille et le Portugal, mais aux guerres civiles qui ont agité la Castille de 1465 à 1474. M. Fiske a consacré à cette petite question une note de trois pages, texte fin, dans laquelle il a déployé une érudition des plus singulières (The *Discovery* of *America*, vol. I, pp. 365-368).

l'année suivante, la correspondance qui leur est attribuée [22].

22. D'Avezac croit que c'est probablement au temps de l'avènement de Joas II qu'il faut placer les premières relations de Colomb avec Toscanelli (*Canevas*, p. 53). Peschel place cette correspondance entre la fin de l'année 1479 et le milieu de l'année 1481 (*Zeitalter der Endeckungen*, p. 110). M. Lollis est plus précis ; selon lui, c'est entre le mois de septembre 1479 et le mois d'août 1481 que Colomb communiqua avec Toscanelli (*Qui a découvert l'Amérique ?* dans *Revue des Revues*, 15 janvier 1898).

CHAPITRE II

1. Disparition des Textes. — Il résulte de l'exposé
qui précède qu'il y avait trois copies autographes de
la lettre de Toscanelli à Martins : celle qui lui avait
été adressée, celle que Toscanelli envoya à Colomb
et celle qu'il avait nécessairement conservée, puisqu'il
put en faire une copie; aucun de ces textes originaux
ou copies n'a été retrouvé. Il en est de même de la
lettre de Colomb à Toscanelli à laquelle celui-ci est
supposé avoir répondu : ni dans les papiers de l'astronome florentin, ni dans ceux du grand navigateur,
on n'en a trouvé trace et il faut dire que le fait même
de l'existence d'une correspondance entre Toscanelli
et Colomb ne repose que sur deux témoignages d'inégale valeur : celui de Las Casas et celui de Fernand
Colomb, dont l'un répète l'autre, ainsi qu'on le fera
voir.

2. La lettre à Martins inconnue aux Portugais. — En ce
qui concerne la lettre à Martins qui, d'après ses termes
mêmes, n'était pas la seule que Toscanelli eut écrite

au confident supposé du roi Affonso sur la question
qui en faisait l'objet, elle est, comme celles auxquelles
elle faisait suite, inconnue à tous les auteurs Portugais du temps. Ni dans les documents de l'époque,
ni dans les livres, autres que ceux écrits sur des indications de source colombienne, il n'en est question.
Le nom même de l'astronome florentin est ignoré
de tous les chroniqueurs qui se sont occupés d'Affonso V et de Joao II. Ruy de Pina, qui vivait à
l'époque où se place cette correspondance, qui devint
le conservateur des archives du royaume et qui fut
l'historien du roi Affonso, ne prononce nulle part le
nom de Toscanelli. Resende, qui occupait une situation confidentielle auprès du roi Joao II et qui était
assurément bien renseigné sur toutes les particularités de la fin du règne d'Affonso, pendant laquelle
Joao II exerça en fait le pouvoir, ne connaît pas davantage le célèbre astronome.

L'intention de chercher une route nouvelle pour
aller aux Indes Orientales, que cette correspondance
suppose chez le roi Affonso, est tout aussi inconnue
aux documents et aux auteurs Portugais que le nom
du savant qui aurait été le promoteur du projet. Aucune pièce de la vaste et riche collection de la Torre
do Tombo, qui est restée intacte jusqu'à nos jours,
n'a été découverte contenant une indication quelconque à cet égard. Non seulement le fait si important d'avoir conçu un tel projet et de s'y être attaché
au point de chercher, jusqu'à l'étranger, des indications sur la manière de le mettre à exécution, n'a

laissé aucune trace dans les documents ; mais il s'est effacé de toutes les mémoires, car, lorsqu'en 1493 Colomb, revenant du Nouveau-Monde qu'il avait découvert, se présenta triomphant devant le roi Joao II, personne ne pensa à rappeler cette circonstance. Il est évident, cependant, que Barros, qui n'est pas favorable à Colomb et qui trouve difficilement de bonnes raisons pour excuser le roi Joao II d'avoir refusé de l'écouter, n'aurait pas manqué de dire que les Portugais connaissaient son projet avant lui, s'il avait su que Toscanelli l'avait déjà proposé au roi Affonso ; et si le fait était vrai, comment Barros l'aurait-il ignoré ?

3. **Martins, personnage absolument inconnu.** — Ce silence complet sur un projet comme celui-là, qui n'a pu être conçu et préparé dans l'ombre, et qu'il y eut depuis tant d'occasions de rappeler, n'est pas la seule chose extraordinaire qu'il y ait à remarquer à propos de cette correspondance entre Affonso et Toscanelli. Le personnage chargé par le roi de consulter le savant Italien, Fernam Martins, est aussi inconnu aux documents et aux auteurs Portugais que le fait même de la correspondance échangée par son entremise. Son nom ne figure pas parmi ceux des chanoines de Lisbonne du temps d'Affonso qu'on a pu relever. On ne le trouve nulle part [23]. Ce devait

23. Je dois cette observation à mon savant ami M. G. de La Rosa qui avec une patience de bénédictin a dépouillé tous les documents du temps, toutes les chroniques, tous les vieux ouvrages où un

être cependant un personnage d'une certaine importance, puisque Toscanelli le félicite d'occuper une
situation confidentielle auprès du Roi [24].

renseignement de ce genre pouvait être consigné et qui n'a trouvé
nulle part la mention d'un chanoine de Lisbonne, contemporain
d'Affonso, nommé Fernam Martins. Il faut cependant faire observer
qu'Affonso avait un aumônier nommé Martyns qui l'accompagna
en France et qui jouissait de toute sa confiance, puisque c'est lui
qu'il prit pour confident de sa résolution de ne plus retourner en
Portugal et de se rendre incognito à Rome pour se mettre en religion (RUY DE PINA, *Chron. Aff. V*, ch. CCII, p. 582). Mais ce
Martyns s'appelait Estevam et non Fernam et il n'était pas chanoine.
On remarque qu'un nommé Fernando Martinez, serviteur (*criado*)
de Colomb figure parmi les témoins à son testament du 19 mai 1606
(NAVARRETE, *Colec. Viages*, V. 2, p. 315).

Lors même, d'ailleurs, qu'il se trouverait qu'un Fernam Martins
a existé, cela ne prouverait pas que Toscanelli lui ait écrit la lettre
du 25 juin 1474. Si cette lettre est apocryphe, il est fort possible
que, pour rendre sa supercherie plus vraisemblable, l'auteur du faux
ait prêté au savant Florentin un correspondant qui vivait réellement
en 1474, et dont il n'y avait plus à craindre un démenti.

24. *Martins et Roritz*. — Il y a une phrase du texte italien de la
lettre à Martins qui a donné à supposer que Toscanelli et lui avaient
eu des relations personnelles, et comme Toscanelli n'a jamais été en
Portugal, on s'est dit que c'est Martins qui est allé en Italie où il
aurait fait la connaissance de Toscanelli, dont même il serait devenu
l'ami. M. Lollis l'affirme après M. Uzielli (*Qui a découvert l'Amérique?*
dans *Revue des Revues*, 15 janv. 1898, p. 148). Sur quoi se base cette
affirmation ? Simplement sur ce fait qu'on a trouvé au bas du testament du Cardinal de Cusa, mort le 6 août 1464, la signature de
Toscanelli à côté de celle d'un certain Fernando de Roritz qui est
désigné comme étant un chanoine de Lisbonne et dans lequel on a
cru retrouver le correspondant et ami de Toscanelli. M. Uzielli
qui a émis cette conjecture (*P. dal P. Toscanelli*, Florence, 1892,
p. 212 et *La Vita e tempi di P. Dal P. Tos. Raccolta*, Part. V, t. I,
p. 261, 263) fait remarquer qu'en Espagne et en Portugal on a

4. Le projet de Toscanelli est inconnu en Italie. — Ce n'est pas seulement en Portugal que cette correspondance et le projet qui en fut l'occasion n'ont laissé aucune trace; il en est de même en Italie. On n'a pas trouvé une ligne à ce sujet dans les papiers de Toscanelli; on n'y a même trouvé aucune carte ou écrit quelconque indiquant qu'il s'était occupé de la route des Indes ou d'une traversée transatlantique. Les contemporains et les amis de Toscanelli sont également muets sur ce point. Cependant, Florence, à l'époque où il y florissait, était un centre scientifique, littéraire et artistique et Toscanelli vivait au milieu d'une élite de lettrés et de savants qui devaient savoir qu'il s'occupait de cette question.

On a vu une indication que la correspondance de Toscanelli avec Martins ou avec Colomb était connue en Italie, dans le fait que le duc Hercule d'Este, en apprenant la découverte de Colomb, chargea immédiatement son ambassadeur à Florence de prier le neveu de Toscanelli qui avait hérité de tous les papiers de son oncle, mort depuis douze ans, de voir s'il ne se trouvait pas, parmi ces papiers, quelques notes se rapportant aux îles qui venaient d'être découvertes

l'habitude de porter plusieurs noms et que cette coutume autorise à croire que le nom entier de ce témoin était Fernando Martinez de Roritz. On se demande pourquoi ce Roritz aurait, contrairement à tous les usages, signé un testament d'une partie seulement de son nom ! M. Uzielli croit cependant que « jusqu'à preuve du contraire » il a établi l'identité des deux personnages. Son ami, M. de Lollis, est évidemment de la même opinion.

pour l'Espagne [25]. On ne connaît pas la réponse que fit ce neveu, mais il est certain qu'il ne trouva rien, puisqu'on n'a jamais rien produit à cet égard. Le fait est assurément extraordinaire et il semble qu'on puisse voir dans cette circonstance une preuve que Toscanelli lui-même avait parlé de ses rapports avec Colomb. Cependant, il n'existe pas la plus petite trace d'une pareille communication chez aucun des contemporains du grand astronome. L'ambassadeur du duc, en Portugal ou en Espagne, aurait-il appris de quelqu'un de l'entourage de Colomb que celui-ci, prétendait avoir été en rapport avec Toscanelli? C'est possible, cela ne prouverait pas toutefois l'authenticité de la correspondance, car, dès cette époque, Colomb ou l'un des siens a pu vouloir s'appuyer sur l'autorité d'un personnage comme Toscanelli, qui à ce moment, était mort depuis longtemps. Il y a là évidemment un point obscur qui crée, peut-être, une présomption en faveur de l'authenticité de la correspondance.

Toujours est-il que le duc Hercule est le seul à avoir recueilli le bruit que Toscanelli s'était occupé de découvertes transatlantiques, alors que bien d'autres, infiniment mieux placés que lui pour être renseignés à cet égard n'en ont rien su. Il faut citer, en première ligne, Pietro Parenti qui, à la date de mars 1493, consigne dans sa Chronique la découverte de

---

25. La lettre par laquelle le duc Hercule chargea son ambassadeur de cette mission, est datée de Ferrare, 26 juin 1494. Elle a été découverte par M. Uzielli qui l'a publiée dans son *Epistolario Colombo Toscanelliano e i Danti*. Rome, 1889, in-8°, pp. 33-34.

Colomb et qui remarque qu'il y a des gens qui prétendent qu'on avait des indications sur l'existence des régions découvertes dans une certaine carte que possédait le cardinal de Nicée, Bessarion [26]. Ce chroniqueur était florentin comme Toscanelli; il avait été son contemporain, puisqu'il fut prieur de la *Signoria* de 1482 à 1502 [27] et il avait causé avec des gens qui discutaient la découverte de Colomb, puisqu'il parle d'une carte qu'ils citaient, et cependant il ne connaît ni Toscanelli ni sa carte !

On peut nommer parmi les autres : le supérieur du couvent des Angeli, Ambroise Camaldolese [28], chez qui se réunissait un cénacle de savants dont Toscanelli, qui était son ami intime, faisait partie; — Francesco Berlinghieri [29] qui publia une curieuse géographie en vers au moment où Toscanelli mourait; — Marcile Fisino [30] qui a laissé tant d'ouvrages sur Platon et qui a parlé de l'Atlantide à l'occcasion de laquelle c'était assurément le cas de mentionner le

26. Jean Bessarion mort en 1472. Vécut en Italie dans l'intimité des papes et de tous les savants ès-lettres de son temps. Était lui-même un profond érudit et un grand collectionneur de manuscrits et de livres.

27. Voir sur ce personnage et sur la carte qu'il mentionne, une note intéressante de M. Uzielli dans son *Toscanelli*, n° 1, p. 34.

28. Ambrogio Traversari, général de l'ordre religieux des Camaldules, dont le nom est toujours réuni au sien. Né en 1386, mort en 1439. Toscanelli avait alors 42 ans.

29. *Géographia di Francesco Berlinghieri*, Florence, Nicolo Todesco, 1480 ?

30. Marsilio Fisino né en 1433 mort en 1499. Ses œuvres ont été réunies et publiées à Basle en 1561.

projet attribué à Toscanelli ; — Dati, qui publia à
Florence même et peu de temps après le retour de
Colomb, son poème sur la découverte du Nouveau
Monde où il parle d'une foule de choses, excepté de
la conception de son compatriote et contemporain
qui avait conduit à cette découverte [31]; — Vespasiano
da Bisticci, savant libraire de Florence, qui voyait tous
les lettrés de la ville et qui a laissé une vie des
hommes célèbres de cette ville où figure Toscanelli,
mais où il n'est pas question de son opinion sur la
route des Indes ; — Zacharie Lilio, auteur d'une géographie où l'on s'attendrait à trouver quelque chose à
ce sujet [32], le savant cardinal Cusa [33], grand ami de
Toscanelli dont il parle avec éloge ; — Christophe
Landino [34], le précepteur de Laurent de Médicis, qui
laissa de volumineux commentaires sur Dante et sur
Virgile, où il est question de toutes sortes de choses
et même de l'intérêt que Toscanelli prenait aux informations relatives à l'extrême Orient, mais pas de ses
idées cosmographiques ; — Alberti [35], le savant
architecte; Machiavel; Politien [36], auteur de nombreux
ouvrages et écrits parmi lesquels on relève des lettres
au Roi de Portugal; — Pic de la Mirandole [37], Be-

31. Guiliano Dati. Né en 1445 mort en 1524.
32. Zacharia Lilius : *Orbis breviarium* etc., Florence, 1493.
33. Né en 1401 mort en 1464.
34. Cristoforo Landino. Né en 1424 mort en 1504.
35. Léon Battista Alberti. Né en 1404 mort en 1484.
36. Angiolo Poliziano. Né en 1454 mort en 1494.
37. Giovanni Pico della Mirandola. Né en 1463 mort en 1494.

roaldo [38], et tant d'autres savants, érudits et lettrés qui connaissaient personnellement Toscanelli ou qui vivaient à ses côtés et qui, pour la plupart, ont parlé de lui, mais qui n'ont jamais dit un mot de ses conceptions géographiques, des idées qu'il s'était faites sur la route des Indes et de la carte qu'il aurait dressée pour indiquer cette route.

5. Publication dans les Historie (1571) des lettres de Toscanelli. — Avant la publication, à Venise, en 1571, du petit livre portant le nom de Fernand Colomb, on ne soupçonnait donc pas que le grand navigateur et le grand astronome avaient été ou avaient pu être en relation épistolaire. C'est par la publication des *Historie*, et par cette publication seule, que le monde savant apprit l'existence de ces relations. Il était à croire qu'une révélation comme celle-là, qui plaçait un illustre Florentin au premier rang dans la grande poussée d'idées qui avait conduit à la découverte de l'autre moitié du Globe, allait réveiller les souvenirs de quelques-uns de ceux, en si grand nombre, qui s'intéressaient à la gloire de Toscanelli et provoquerait quelque communication relative à un fait aussi intéressant et aussi flatteur pour les savants Italiens, particulièrement pour ceux de Florence. Il n'en fut rien. Pas plus avant qu'après la publication des *Historie* il ne se trouva quelqu'un pour dire un seul mot confirmant directement ou indirectement l'existence de relations

38. Beroaldo el Vecchio. Né en 1453 mort en 1505.

quelconques entre Toscanelli et Affonso ou entre lui et Colomb. On fit cependant une tentative dans ce but, une seule, et elle doit être rappelée, car elle tourna à la confusion de ceux qui la risquèrent.

6. **Assertion controuvée d'Egnatio Danti** (1571-1572). — Au moment même où les *Historie* paraissaient à Venise, un savant Italien, le père Egnatio Danti, publia, à Florence même, la ville de Toscanelli, une édition nouvelle d'une traduction italienne, faite par son grand-père, Pier Vincenzo Dante de Rinaldi, d'un petit livre de cosmographie qui eût au moyen âge et jusqu'au xviie siècle, la bonne fortune, peu méritée d'ailleurs, d'être traduit presque dans toutes les langues et réimprimé un nombre considérable de fois : la *Sphère* de l'anglais Holywood, plus connu sous le nom de Sacro-Bosco [39]. Dans cette édition, précédée d'une introduction et accompagnée de notes de Dante de Rinaldi, on trouve deux passages où Colomb est mentionné, mais dont l'un seulement nous intéresse [40]. Il porte. en substance, que l'opinion d'après

39. *La sfera di messer Giovanni Sacrobosco, tradotta, emendata e distinta in capitoli da Piervincentio Dante de Rinaldi con molte et utili annotazioni del medesimo.* Revista da frate Egnatio Danti cosmografo del gran duca di Toscana... In *Firenza*. Nella stamperia de Giunti, 1571. Le colophon porte 1572. Pet. in-4°, 6 feuillets non chiffrés et pp. 1-68.

40. Le premier de ces deux passages se trouve page 15 ; il porte qu'on ne peut encore déterminer exactement l'étendue des surfaces du globe occupées par la terre et par l'eau, et qu'on ne pourra le faire qu'après la découverte entière de la terre, à laquelle travaille

laquelle la zone torride serait inhabitable est controuvée, parce que Colomb découvrit en 1491, des contrées habitées sous cette zone et qu'il informa Toscanelli du fait, dans une lettre datée de Séville que lui, Dante de Rinaldi, a vue [41].

Il ne semble pas qu'aucun auteur du temps ait remarqué cette assertion extraordinaire qui fait revenir Colomb de son premier Voyage un an avant qu'il ne soit parti et qui suppose qu'il écrivait à Toscanelli en 1491, alors que celui-ci était mort depuis 1482. Elle ne passa pas inaperçue, cependant, car dans l'édition suivante de cet ouvrage, publiée en 1574, le passage fut supprimé, sans aucune remarque explicative [42].

Colomb qui a commencé à retrouver un nouveau monde d'où, plusieurs fois déjà, des navires sont revenus en Espagne, chargés d'or, de perles et de pierres précieuses. Ce passage a été maintenu dans les éditions suivantes de la traduction de Sacrobosco par Rinaldi.

41. Voici une traduction littérale de ce passage qui se trouve pages 34 et 35. « Quant à ce que la zone torride et les deux zones « froides ou glaciales soient inhabitables, Christophe Colomb nous « a prouvé que c'était une erreur, puisque étant parti d'Espagne « en 1491 et naviguant vers l'Occident, il a découvert des contrées « comprises dans cette zone et qu'à son retour en Espagne, après « quatre mois de voyage, il a rapporté que ladite zone était très « peuplée ; fait dont j'ai eu la preuve, ayant vu moi-même des lettres « que ledit Christophe Colomb a adressées de Séville au très savant « et expert mathématicien, maître Paolo Toscanella (*sic*) Florentin, « lequel me les a envoyées par l'entremise de Messer Cornelio « Randoli. »

42. Cette édition fut publiée à Pérouse par Bernardino Rastelli. La suivante qui est de l'année 1479 parut à Florence et fut publiée comme celle de 1471 par Guinti. Le paragraphe interpolé n'y figure pas non plus.

·Tout commentaire serait ici superflu. Il est clair que ces quelques lignes n'avaient été imprimées que pour confirmer l'existence de la correspondance entre Toscanelli et Colomb que l'on venait de publier à Venise et que l'auteur de cette interpolation malheureuse, le père Egnatio Danti, évidemment, ne s'était pas aperçu des anachronismes qu'il commettait [43]. D'autres le virent et on s'efforça de faire disparaître le corps du délit ; il subsiste néanmoins et jusque de nos jours il s'est trouvé des érudits pour voir dans ce paragraphe une preuve des rapports de Colomb avec Toscanelli [44].

43. Je dois reconnaître que je n'ai pas toujours considéré cette interpolation comme je le fais aujourd'hui. Avant d'avoir achevé sur les découvertes des Portugais les recherches qui m'ont long-temps occupé j'avais cru que la phrase introduite par Egnatio Danti dans la note de son grand-père lui avait été dictée par quelque vague souvenir de ce que celui-ci avait pu lui dire de ce qu'il savait de la correspondance que Toscanelli aurait échangée avec Colomb, souvenir éveillé par la publication récente des *Historie*, et je crois avoir écrit dans ce sens à M. Uzielli, il y a quelque sept ou huit ans. A cette époque je n'avais encore aucun soupçon sur l'authenticité de la correspondance échangée entre Toscanelli et Colomb.

44. Mons. Prospero Peragallo qui a publié de nombreux écrits sur Colomb, mais chez qui le sens critique ne semble pas très déve-loppé, ayant acheté par hasard un exemplaire de l'édition de 1571 de Sacrobosco y découvrit, avec surprise, le passage en question et y vit, tout naturellement, le contraire de ce qu'il fallait y voir : la preuve des relations de Colomb avec Toscanelli : (*Riconferma dell' autenticità delle Historie di Fernando Colombo*. Genova, 1885, in-8°, et *Cristoforo Colonbo e la sua famiglia*, Lisboa, 1888, p. 104). M. Asensio qui aurait du être mieux renseigné a partagé la singu-lière erreur de M. Peragallo (*Cristobal Colon, su vida*, etc. Bar-

7. La correspondance de Toscanelli inconnue à Colomb. — Parmi les choses extraordinaires que révèle l'étude de la formation de la légende des relations de Colomb avec Toscanelli, il y en a une plus étrange que toutes les autres : c'est que le grand Génois paraît n'avoir jamais connu l'existence de cette correspondance. En effet, celui là même à qui elle aurait été adressée, celui à qui elle aurait été si utile, celui qui selon Las Casas fondait sur elle toutes ses espérances [45], tous ses calculs, celui dont au dire de son fils elle fixa les idées et décida la vocation [46], celui-là n'a jamais écrit une ligne, n'a jamais prononcé un mot, n'a jamais fait une allusion quelconque, qui puisse donner à croire qu'il savait qu'il y avait eu à Florence un savant connu sous le nom de Maître Paolo auquel il devait de si grandes obligations. Et ce qui rend ce silence particulièrement significatif c'est que le grand navigateur n'était pas un de ces esprits renfermés qui développent solitairement leurs conceptions et qui font un secret de la formation de leurs idées. C'était au con-

celone 189, V. I, p. 428 note). On regrette de voir M. Markham s'associer à une telle opinion (*Christopher Columbus*, 1892, p. 147). L'erreur de Dante de Rinaldi a été relevée pour la première fois par Ximenes (*Del Vecchio e nuovo gnomone fiorentino*, 1758, pp. cvii et cxviii). Depuis, nombre de critiques en ont fait justice, entre autres, M. Uzielli (*Epitolario Colombo-Toscanellino*, 1889 et *Toscanelli*, nº 1, janv. 1893, p. 35) et M. Harrisse (*Colomb et Toscanelli*, 1893, p. 7).

45. « Je crois qu'il fonda tout son projet de voyage sur cette lettre (celle à Martins) ». Las Casas : *Historia...* ch. iv, v. i, p. 96.

46. *Historie* ch. viii, fol. 19 recto.

traire un expansif. Il parlait et écrivait beaucoup et, en ce qui concerne les origines de son grand dessein, il s'est montré très communicatif en enregistrant avec soin toutes les particularités qui avaient contribué a former sa conviction. C'est ainsi qu'il nous parle d'Aristote, de Sénèque, de Strabon, de Pline, d'Alliaco [47]; qu'il énumère les diverses tentatives plus ou moins importantes de découvertes dans la direction de l'Ouest et qu'il relève une foule d'indices révélateurs de l'existence de terres inconnues [48]; et dans cette longue énumération de noms et de faits sur lesquels il s'étend visiblement avec complaisance, il omet précisément de mentionner ce maître Paolo qui, à lui seul, avait plus fait pour lui que tous les autres ensemble ! Voilà qui est assurément étrange !

Non seulement Colomb n'a jamais fait l'allusion la plus éloignée à Toscanelli et aux documents ou renseignements qu'il tenait de lui, renseignements auxquels d'après Las Casas il ajoutait une foi absolue [49]; mais on verra plus loin, lorsqu'il sera question de la carte, qu'il y a une circonstance où son langage à cet égard équivaut à une négation. Nous voulons parler de la conférence qui eut lieu le 25 septembre

47. *Historie* ch. vi et vii.

48. Ib. ch. ix.

49. « Colomb prêta une telle foi à la lettre missive (lettre « à Martins) et à la carte nautique, peinte, que lui avait envoyées « le dit Paul, médecin, qu'il ne douta jamais qu'il trouverait les « terres qui y étaient indiquées. » Las Casas *Historia*, tome I, p. 279. Voir aussi pp. 316 et 360.

1492, entre lui et Pinzon au sujet de la situation de certaines îles qu'on ne trouvait pas et qu'indiquait cependant la carte routière de l'expédition. Colomb, en rendant compte de cette circonstance, dans son journal de bord, parle de cette carte en termes qui peuvent donner à supposer que c'est lui-même qui l'avait dessinée, mais qui, assurément, ne permettent pas de croire qu'il s'agissait d'une carte de Toscanelli [50]. Il ne s'agit, ici, il est vrai, que de la carte attri-

50. Voyez sur ce point la deuxième partie, ch. II, paragraphe 3 où les expressions mêmes de Colomb sont rapportées et commentées.

On a vu (HUMBOLDT, *Examen critique,* t. I, p. 213) une réminiscence de la lettre de Toscanelli à Martins dans le passage du début du journal de Colomb où il parle du Grand Khan « dont le nom signifie roi des rois et qui désirait qu'on lui envoyât des docteurs de la foi chrétienne ». (*Derrotas*, dans NAVARRETE, *Viages*, V. I, p. 1, éd. française, V. 2, p. 3). L'identité des idées dans les deux passages est indéniable, mais cela ne prouve pas que Colomb n'exprime pas là ses propres idées qui ont servi plus tard à confectionner la lettre à Martins. Si c'est de Toscanelli que Colomb tient le fait qu'il avance dans ce passage, il cache la source de son information ; on peut même dire qu'il la donne comme lui appartenant en propre. Peut-être pensera-t-on qu'il n'y avait pas lieu là de nommer Toscanelli. Mais il ne le nomme pas davantage lorsque, plus tard, il s'entretint avec Bernaldez de la manière dont il avait conçu la première idée de chercher les terres du Grand Khan en naviguant à l'Ouest ? (BERNALDEZ : *Historia de los Reyes catolicos,* ch. CXXIII). Ici encore Colomb ignore Toscanelli et paraît, au contraire, rapporter à Mandeville la source première de ses idées cosmographiques. Ce chapitre de Bernaldez est très curieux et nous regrettons de ne pouvoir nous y arrêter davantage. Le nom de Mandeville y revient plusieurs fois et on le retrouve dans d'autres passages où Bernaldez parle des origines du projet de Colomb d'après ce que celui-ci

buée à Toscanelli; mais comme cette carte accompagnait la lettre qui en était le commentaire, il est évident que si Colomb ne la connaissait pas en septembre 1492, la lettre lui était également inconnue.

Verra-t-on une preuve de l'authenticité de la correspondance attribuée à Toscanelli dans le fait allégué que Colomb aurait copié de sa main le seul texte latin que nous ayons de la principale pièce de cette correspondance : la lettre à Martins? Admettons pour un instant que ce fait, très contestable [51], soit établi. Comment alors expliquer que Colomb n'ait jamais mentionné cette lettre ni aucune autre de Toscanelli? Dira-t-on que peut-être il a voulu cacher la source véritable de l'inspiration de son grand projet? Si Colomb avait réellement emprunté quelque chose à cette correspondance, l'argument aurait quelque valeur. Mais nous montrerons plus loin que Colomb ne doit absolument rien aux documents attribués à Toscanelli, qu'il n'a pas fait usage de la carte qui est supposée avoir accompagné la lettre à Martins, et qu'il n'a emprunté à cette lettre aucune des idées géographiques et cosmographiques qu'il a exprimées dans la suite. Colomb n'avait donc aucune raison de garder le silence sur les relations que l'on suppose qu'il eut avec Toscanelli.

même lui avait dit. Si l'on s'en rapportait au langage tenu par Colomb en 1496, l'initiateur de la découverte de l'Amérique ne serait donc pas le grand astronome de Florence, Toscanelli, mais le mystificateur : Jean de Mandeville !

51. Voy. sur ce point le ch. VI, § 4, et note 148.

CHAPITRE III

On vient de passer en revue ce qu'on pourrait
appeler les preuves extrinsèques de la non existence
des rapports attribués à Toscanelli avec Martins et
avec Colomb, et cet examen nous a conduit à constater l'absence complète de toutes les indications et de
toutes les circonstances qui accompagnent ordinairement la production des faits réels. Ce n'est là toutefois qu'un résultat négatif. Bien qu'il soit surprenant
qu'un fait aussi important que celui qui nous occupe
n'ait laissé aucune trace, cela n'est pas impossible, et,
pour compléter et confirmer la conclusion qui résulte
de cette circonstance il faut aussi montrer, par la
production de preuves intrinsèques, que le fait allégué
porte en lui-même la présomption de son impossibilité. C'est ce qu'on se propose de faire dans les
paragraphes suivants.

1. **La question de la route des Indes n'était pas encore
soulevée en 1474.** — Si on lit avec attention la lettre à
Martins on y relève tout d'abord une assertion singulière. En juin 1474 — date de la lettre — Toscanelli

dit à Martins que la route des Indes par l'Ouest est bien plus courte que celle que cherchent les Portugais en cotoyant la Guinée. Cela veut dire, évidemment, que dans l'opinion de l'auteur de la lettre, les Portugais cherchaient à arriver aux Indes en contournant le continent africain, qu'ils ont tort de s'obstiner dans cette voie et qu'ils feraient mieux de prendre celle du Couchant. Or, à cette date, les Portugais n'avaient pas la moindre idée de faire le périple de l'Afrique et encore moins d'aller aux Indes. Arrêtons-nous un instant sur ce point qu'il importe de bien établir.

2. **Avant Joao II les Portugais ne cherchaient que l'Inde du Prêtre Jean.** — Il n'y a peut être pas d'assertion qui ait été plus souvent répétée que celle qui attribue au prince Henry le navigateur, dont les premières expéditions commencèrent en 1415, le dessein arrêté d'aller aux Indes par la voie de l'Est. A de rares exceptions près, tous ceux qui se sont occupés, à un titre quelconque, des découvertes des Portugais ont partagé cette erreur qu'on retrouve chez les auteurs les plus autorisés et jusque sous la plume érudite de M. Harrisse, ordinairement si sûre d'elle-même [52].

---

52. HARRISSE : *The diplomatic History of America,* 1897, p. 7. — MAJOR : *Prince Henry,* p. 45. — FISKE : *The Discovery of America,* Vol. 1, p. 318. — RAVENSTEIN : *Journal of the First Voyage of da Gama,* p. XVI. — BEAZLY, *Henry the Navigator,* p. 139-143. Ce dernier prête au prince Henry des conceptions toutes modernes. Ce

Azurara qui est aujourd'hui notre seule source authentique d'information sur les entreprises du prince Henry, a donné une longue énumération de toutes les raisons par lesquelles il avait été déterminé [53], et il n'y est question ni du périple de l'Afrique, ni de la route des Indes, ni du commerce des épiceries qui seul pouvait alors motiver la recherche de cette route. Ce silence du vieux chroniqueur portugais sur un point aussi important que celui-là, silence que garde également Barros qui, comme lui, s'étend avec complaisance sur les mobiles qui faisaient agir Dom Henrique [54] suffirait seul pour montrer que c'est sans fondement qu'on attribue ce grand dessein au promoteur et organisateur des découvertes portugaises, si l'histoire même de ces découvertes ne confirmait cette manière de voir. En effet, dans toute la période si active et si brillante du règne des premiers princes de la maison d'Avis — Joao Ier, Duarte et Affonso V — on ne peut mentionner un seul événement ou relever une seule circonstance autorisant, non pas l'affirmation, mais la simple supposition que les Portugais aient tourné, à cette époque, leurs vues du côté

n'est pas seulement l'intention de faire le périple de l'Afrique qu'il lui attribue, c'est aussi celle de découvrir la véritable forme du Continent et de déterminer sa place dans le monde. Voyez aussi le *Geographical Journal* de mai 1894, p. 399 où M. Beazley parle du projet du prince Henry d'envoyer des navires directement de Lisbonne au Malabar.

53. AZURARA : *Chronica*, ch. VII.
54. BARROS : *Da Asia*, Déc. I, liv. I, ch. II.

des Indes Orientales. Tout ce qu'on a dit à cet égard
vient d'une confusion de termes qu'il eut été facile
d'éclaircir, si les auteurs, au lieu de se copier les uns
les autres, avaient pris la peine de se reporter aux
sources originales.

Les Portugais ont réellement cherché, avec une
ardeur et une persistance extraordinaires, la route de
l'Inde pendant tout le temps que vécut le prince
Henry et même longtemps après ; mais ce n'était pas
la route des Indes Orientales : c'était celle de l'Inde
du Prêtre Jean, ce qui est bien différent, comme on
va le voir :

Au moyen âge, la dénomination d'Inde avait un
sens très vague et très variable. On reconnaissait plusieurs Indes. Il y avait l'Inde supérieure, dite aussi
troisième et antérieure, qui était au-delà du Gange ;
l'Inde moyenne ou secondaire, comprise entre l'Indus
et le Gange et l'Inde première ou moyenne qui em-
brassait l'Arabie, l'Abyssinie, ainsi que toute la région
de la mer Rouge [55]. Mais ces dénominations n'avaient
rien de fixe et la situation des différentes Indes dont
on parlait variait singulièrement selon les époques
et ceux qui les employaient. Du temps du prince
Henry et longtemps après, l'Inde, pour les Portugais,
c'était surtout la région où dominait le Prêtre Jean,
personnage fameux dont la légende courait en Europe depuis le XIIe siècle et dont on parlait comme

---

55. D'AVEZAC : *Relation des Mongols,* p. 546 et les auteurs qu'il
cite. HUMBOLDT, *Examen critique,* v. I, p. 99.

d'un potentat chrétien qui étendait sa domination sur
des contrées lointaines de l'Orient qu'on plaçait, tantôt dans un lieu, tantôt dans un autre, mais qui se
trouvait toujours dans l'Inde. Après avoir fait longtemps voyager ce personnage de contrée en contrée,
on avait fini par lui trouver une patrie fixe dans
l'Éthiopie qui, selon les idées du temps, faisait partie
de l'Inde [56].

56. *L'Inde d'Afrique*. — Au moyen âge on confondait l'Éthiopie
avec l'Inde, ou plutôt on plaçait l'Éthiopie dans l'Inde. Les Arabes
avaient accrédité cette opinion et c'était d'eux que les Portugais
tiraient toutes leurs notions sur l'Afrique lointaine. « Je ferai observer, dit Aboul-Féda, que Sofala est aussi un pays de l'Inde (*Géographie*, vol. I. p. 223). Dans sa savante introduction à l'œuvre de ce
géographe, M. Reinaud fait voir que les écrivains Arabes du moyen
âge et tous ceux qui s'inspiraient d'eux, prenaient le mot d'Inde
dans le sens d'Éthiopie (Loc. cit., *Introduction*, p. ccxlvii). Les
Portugais pouvaient d'ailleurs trouver l'expression de cette opinion
chez des auteurs chrétiens. Vers 1330, le frère Jordan ou Jourdain,
plaçait dans l'Inde troisième le Prêtre Jean, empereur des Éthiopiens. (*Mirabilia descripta* dans la *Collection de voyages* de la Société
de géographie, vol. IV (1839), p. 56). Quelques années plus tard,
en 1338, le franciscain, Jean de Marignolle, envoyé en Orient par
le Pape Benoit XI, parle aussi de l'Éthiopie comme étant la contrée
du Prêtre Jean. (Apud. Yule : *Cathay*, p. 348). Au milieu du
xvie siècle, Gomara s'explique de la manière suivante sur ce point :
« L'Éthiopie qui est aujourd'hui le royaume du Prêtre Jean, s'ap-
« pelle l'Inde parce qu'elle a été peuplée par des gens venus de
l'Inde » (*Historia general*, liv. I, ch. xviii). « C'est ce qui a fait dire
à Aristote et à Sénèque — ajoute-il étrangement, — que l'Inde était
près de l'Espagne » (*Ibid.*). Barros nous fournit un texte encore
plus net. « Au temps du roi Joao II — écrit-il — toutes les fois
« qu'on parlait des Indes on mettait au nombre de ses plus grands
« potentats, le Prêtre Jean » (*Da Asia* D. I, liv. III, ch. iv). Vers la
même époque, Munster, décrivant le royaume du « prêtre Jehan,

3. **Preuve par les actes du prince Henry.** — Au commencement du xve siècle les opinions étaient à peu près arrêtées à cet égard, et les Portugais qui avaient entendu parler par les Maures et les Arabes d'un Roi chrétien de l'Afrique lointaine, dont la renommée et la puissance étaient considérables, ne doutaient pas que ce potentat ne fût ce mystérieux Prêtre Jean, dont la légende avait pris tant d'empire sur les imaginations. La détermination bien arrêtée d'entrer en rapport avec un personnage aussi important et de contracter avec lui quelque alliance qui permettrait d'étendre les bienfaits du christianisme sur les régions barbares de l'Afrique et d'assurer au Portugal les avantages politiques qui résulteraient de cette alliance, devint l'un des objets principaux des entreprises du prince Henry. Les Portugais n'avaient qu'une vague idée de la situation de l'empire Indien du Prêtre Jean ; mais les renseignements indéterminés et confus recueillis par eux à cet égard, leur avaient donné à penser que, par un côté, cet Empire confinait à l'Atlantique et que l'on pourrait découvrir, sur la côte occidentale de l'Afrique, quelque contrée qui en dépendait par où il serait possible de pénétrer jusqu'au

vulgairement appelé prestre Jehan » nous apprend qu'il y a deux Indes « l'une en Asie, l'autre en Éthiopie » (*Cosmographie*, édit. de 1552, p. 1426). Enfin, Basnage fait remarquer que les anciens historiens de l'église « donnent souvent le nom d'Indes à l'Éthiopie. » *Hist. des Juifs*, vol. VII, p. 108).

Cette erreur géographique ne fut dissipée que par les expéditions du roi Joao II.

Potentat mystérieux avec lequel ils étaient si désireux d'établir des relations [57].

C'est dans cette singulière conception géographique qu'il faut chercher l'origine de nombre d'expéditions ordonnées par le prince Henry, et il y a tout lieu de croire que ce Prince mourut avant d'avoir pu reconnaître son erreur; il n'est pas douteux, toutefois, que c'est à cette erreur même que les Portugais doivent la longue suite de découvertes qui les porta jusqu'au golfe de Guinée et au delà.

La première instruction que le Prince donnait aux navigateurs qu'il commissionnait c'était de toujours

57. Qu'elle vînt des Arabes ou non, la notion que la domination du Prêtre Jean se prolongeait considérablement à l'ouest était très répandue au xve siècle. Sur la mappemonde du musée Borgia, qui date du commencement ou du milieu du xve siècle, le royaume du Prêtre Jean est placé à une bifurcation du Nil et s'étend jusqu'au détroit des Colonnes et au fleuve d'Or. Les chapelains de Béthancourt, parlant de l'expédition qu'il méditait au cap Bojador, disent que de là on pourrait avoir des nouvelles du prêtre Jean (*Hist. de la Prem. découverte, etc.*, ch. lii). Voyez ce que disent à ce sujet Barros (D. I, L. III, ch. iv, et Pacheco : *Esmeraldo*, chap. i).

Si les Portugais se trompaient en étendant la domination du Prêtre Jean jusqu'à l'Atlantique, il paraît certain, cependant, que les Ethiopiens ou Abyssins ont, anciennement, essaimé dans la direction de l'ouest, aussi bien que dans celle du sud et du nord, car les explorations modernes ont retrouvé leur type — plus ou moins altéré par les croisements — jusque dans la Sénégambie, dans la Haute-Gambie et même dans le voisinage de l'Océan. Voyez sur ce point : R. Verneau, *Les Migrations des Ethiopiens*. Paris, Masson, 1899, pp. 9 et 20. Il n'est donc pas surprenant que les gens du littoral, avec lesquels les Portugais étaient en relations aient entendu parler du souverain de l'Afrique orientale dans lequel on reconnaissait le Prêtre Jean.

s'informer du Prêtre Jean et des moyens d'arriver jusqu'à lui [58]. Nous savons qu'on se conformait à cette instruction et que les informations ainsi obtenues étaient encourageantes puisque, plus d'une fois, les Portugais se crurent sur le point d'atteindre le but qu'ils poursuivaient. En 1455, par exemple, on donna un interprète Indien à Gomes qui allait explorer la Gambie, pour le cas, dit il, « où nous arriverions aux Indes [59].

4. **Preuve par la Bulle de 1454.** — Sans nous arrêter à relever toutes les circonstances qui montrent que le prince Henry n'eut jamais la pensée d'aller aux Indes orientales en faisant le périple de l'Afrique et que l'objet principal de ses préoccupations était de se mettre en communication avec le Prêtre Jean, arrivons à un document qui précise nettement ce que les Portugais avaient alors en vue : la Bulle du pape Nicolas V du 8 janvier 1454. Par cette Bulle fameuse, qui est la source de toutes les concessions territoriales faites par le Saint-Siège au Portugal, le pape Nicolas sanctionne les conquêtes faites ou à faire par les Portugais dans les parties jusqu'alors inconnues du monde qu'ils exploraient depuis vingt-cinq ans et réserve à leur seule activité la région tout entière depuis les caps Noun et Bojador jusqu'à la Guinée et « les plages éloignées du Sud ». Comme dans tous les documents de ce genre, le Souverain

58. Azurara, *Chronica*, p. 94.
59. Gomes, *De Prima inventione Guinea*, p. 29.

Pontife motive son acte et explique que la donation qu'il fait au Portugal est justifiée par les efforts du prince Henry pour ouvrir un chemin dans des régions inconnues jusqu'alors, tant vers le Sud que vers l'Ouest, et pour se mettre en communication avec « le peuple de l'Inde qui passe pour honorer le « Christ », dans l'espoir de le « porter à venir en « aide aux Chrétiens contre les Sarrasins et autres « ennemis » [60].

Voilà, exposé en termes clairs et sans aucune équivoque possible, le but que les Portugais poursuivaient. Ce n'était pas à ce que nous appelons aujourd'hui les Indes qu'ils voulaient aller, c'était à l'Inde d'Afrique, à l'Inde du Prêtre Jean, celle qu'habitait un peuple chrétien dont on espérait obtenir le concours pour agir sur les populations païennes du Continent, c'est-à-dire à l'Éthiopie des auteurs anciens, l'Abyssinie des modernes. Des Indes proprement dites, du périple de l'Afrique il n'est pas dit un seul mot dans cette Bulle qui est, comme nous l'avons fait remarquer, l'acte fondamental des concessions du Saint-Siège au Portugal, celui auquel les Papes, successeurs de Nicolas, se rapportent pour en confirmer les dispositions [61].

---

60. Cette Bulle, très connue, se trouve dans toutes les collections diplomatiques. DUMONT, v. III, part. I, p. 200. — LEIBNITZ. *Codex,* v. I, n° 165. — Le *Bullarum collectio de Lisbonne,* 1707, pp. 18-20. — *Alguns Documentos,* Lisbonne, 1892, p. 14, 16.

61. *Vrai sens des concessions faites par la Bulle.* — Dans sa *Diplomatic History of America,* M. Harrisse a lu la Bulle de 1454 tout

A la mort du prince Henry, les expéditions des
Portugais dans la direction du Sud subirent un temps

autrement que nous. Selon lui le Pape concède à Affonso V toutes
les régions découvertes ou à découvrir au Sud des caps Bojador et
Noun, vers la Guinée, ainsi que toutes celles qui sont sur la côte
Sud et la côte Orientale (*On the South coast and on the east side,
loc. cit.*, p. 6). A la page suivante, M. Harrisse dit que comme cette
Bulle mentionne le Sud et l'Est « de l'Afrique » on doit en conclure
que déjà en 1454, c'est à dire plus de trente ans avant l'expédition
de Bartholomeu Diaz, les Portugais nourrissaient le projet de tourner
le continent Africain au Sud et d'atteindre par cette voie ce qu'ils
appelaient les régions de l'Inde (*loc. cit.*, p. 7).

A l'appui de cette manière de voir, l'éminent critique cite un passage de la Bulle commençant par ces mots : *per huiusmodi Oceanum,*
etc. (p. 158). Mais ce passage ne se trouve pas dans la partie disposi-
tive de ce document : il est dans celle rappelant les efforts du Prince
pour faire connaître l'Océan, tant vers le Sud que vers l'Est. Voici
la traduction du paragraphe entier.

« L'Infant, sachant depuis longtemps que jamais, ou que de
« mémoire d'homme du moins, cet Océan n'avait été exploré par
« des navigateurs, soit vers le Midi soit vers l'Orient, et qu'il était,
« par conséquent, inconnu de nous, les Occidentaux (*nobis occiduis
« adeo foret ignotum*) qui ne savaient rien de certain relativement
« à ces régions et aux gens qui les habitaient, crut faire œuvre
« agréable à Dieu en consacrant ses efforts à rendre navigable cet
« Océan jusqu'au pays des Indiens, qu'on dit professer la foi du
« Christ (*usque ad Indos qui Christi nomen colere dicuntur*) afin de les
« amener à prêter aide aux Chrétiens contre les Sarrasins. »

On voit qu'il n'est nullement question ici des côtes Australes et
Orientales de l'Afrique. Ce que la Bulle entend par *Oceanum mare
versus meridionales et orientales plagas,* c'est la partie de l'Atlantique
qui baigne les côtes de ce que l'on appelait alors la Guinée et qui, au
sud du cap Vert, incline, puis s'avance directement vers l'Est. Il ne
faut pas oublier qu'en 1454, date de la Bulle, les Portugais n'avaient
pas encore pénétré dans cette partie de l'Atlantique et que le golfe
de Guinée, qu'ils ne pouvaient atteindre qu'en se portant à l'Est, était

d’arrêt. Le roi Affonso, malgré son surnom d’Africain, avait les idées tournées ailleurs qu’aux découvertes et les traitants auxquels il abandonna le soin de continuer la reconnaissance de la côte d’Afrique n’y mirent pas beaucoup d’ardeur. Ils descendirent toutefois jusqu’au golfe de Guinée, mais s’occupèrent

réellement pour eux une mer Orientale. M. Harrisse complète sa citation par la phrase suivante qui semble donner raison à sa manière de voir : *Declaratio, tum soptam, tum reliquam Africam, a promontoriis Baradoc et Nam ad Guineam vel etiam ultra ad Antarticum.....* Mais cette phrase ne fait pas du tout partie de la Bulle, c’est simplement une partie du sommaire que l’éditeur du document a placé en tête pour en indiquer le contenu. La suite de la Bulle, celle mentionnant la donation faite aux Portugais, montre qu’il ne s’agit que de l’Afrique Occidentale.

Le Pape, en effet, après avoir achevé l’exposé des découvertes du prince Henry dans « les mers et régions maritimes situées au Midi et vers le pôle Antarctique » jusqu’à « la province de Guinée » et jusqu’à « l’embouchure d’un grand fleuve que l’on suppose être le Nil » (le Sénégal), déclare, qu’en raison de ces faits, tout ce que le Roi Affonso a déjà occupé ou acquis ou qu’à l’avenir il occupera ou acquerrera appartient au dit Roi, à ses successeurs et à l’Infant. Plus loin le Pape précise que cette donation comprend les « conquêtes commençant aux caps » Bojador et Nam jusque et y compris toute la « Guinée » (*conquestam quam a capitibus de Bojador et de Nam usque per totam Guineam*) et s’étendant au delà vers les plages éloignées du Sud (*et ultra versus illam meridionalem plagam extendi*).

Il est bien question ici des plages éloignées du Sud et des parages du pôle Antarctique comme direction ou comme limites du champ des explorations des Portugais ; mais ce que la Bulle dit de la Guinée et du Nil montre qu’on ne saurait donner aucun sens géographique précis à ces expressions, qui trahissent l’incertitude où l’on était alors relativement à la forme et à l’étendue de l’Afrique Australe ; on ne saurait surtout y voir une allusion à la route des Indes.

plus de commerce que d'explorations et ne semblent pas avoir du tout pensé au Prêtre Jean et à son empire Indien.

5. **Preuve par le traité de 1479.** — Dans les dernières années du règne, en 1479 et 1480, le Portugal et la Castille conclurent, après une guerre désastreuse, le fameux traité d'Alcaçovas qui délimita, pour la première fois, le champ réservé aux découvertes futures de chacune des deux puissances, et qui montre ainsi quelles étaient alors leurs aspirations à cet égard. Par ce traité, qui trancha la question des droits respectifs des deux couronnes sur les territoires du continent africain et sur les îles de l'Atlantique, objet de leurs contensions rivales, la Castille abandonna aux Portugais toute la vaste région africaine connue sous le nom vague de Guinée, ainsi que toutes les îles découvertes et à découvrir de cette région, moins le groupe des Canaries, auquel le Portugal renonçait [62]. Au point de vue qui nous occupe, c'est tout

62. Le traité de 1479, arrêté le 4 septembre à Alcaçovas, signé le 8 à Evora pas le Portugal et définitivement par la Castille le 6 mars 1480, à Tolède, n'a jamais été imprimé intégralement. Il résulte de documents et d'indications que M. Basto, l'obligeant conservateur des Archives de la Torre do Tombo, a bien voulu me fournir, que ce traité forme deux actes, relatifs, l'un, à la question dynastique, l'autre aux conditions générales de la paix. La clause de ce dernier acte stipulant l'abandon de la Guinée au Portugal et des Canaries à la Castille, se trouve dans les *Alguns documentos,* Lisbonne 1892, pp. 45 et 46. M. F. Duro m'a très gracieusement envoyé un texte de provenance espagnole de cette même clause, tiré de la collection Vargas Ponce.

ce qu'on trouve dans cet acte, où il n'est pas une seule fois question de l'Afrique Australe et des Indes. De la vaste région Atlantique, s'étendant à l'Ouest des îles du cap Vert, des Canaries et des Açores, il n'est pas non plus dit un seul mot dans ce premier partage entre les deux puissances, des terres nouvelles alors connues ou dont l'existence était soupçonnée [63].

63. *Le Traité de 1479.* — Les historiens portugais et les auteurs espagnols qui rendent compte de ce traité, Ruy de Pina surtout qui le premier en a parlé, disent tous, comme lui, que par cette transaction le droit fut reconnu au Portugal de continuer ses découvertes et ses conquêtes depuis les caps Noun et Bojador jusqu'au pays des Indiens inclusivement. (*Dos cabos de Nam e do Bojador atée os yndïos.* — PINA, *Chronica d'Affonso V*, ch. 106 dans *Coll. de livros ineditos*, etc.,Vol. I, p. 591). Si cette phrase, ou tout autre expression équivalente se trouvait dans le traité, on aurait raison de croire que par cet acte les Portugais s'assuraient le droit d'aller aux Indes Orientales et que, par conséquent, ils y pensaient au moins depuis cette époque. Mais ni le mot *inclusivement*, qui paraît être une addition de Barros, ni les mots soulignés qui viennent de Pina et que tout le monde a copiés depuis, ne se trouvent dans le traité. Personne, cependant, ne pouvait connaître les véritables dispositions de cet acte mieux que Ruy de Pina. Toutefois, ce chroniqueur écrivait sous le roi Manouel, alors que les Portugais étaient déjà arrivés aux Grandes Indes, et on comprend qu'il ait inconsciemment introduit dans son résumé du Traité une disposition qui n'y était point textuellement inscrite, mais qu'il pouvait considérer comme y étant implicitement contenue, puisque moins de huit ans après la signature de cet acte, les Portugais doublaient la pointe australe du continent Africain et tournaient la proue de leurs caravelles vers les Indes Orientales.

Mais au moment où l'on négociait et concluait le Traité il n'était question de rien de semblable. Depuis longtemps les Portugais vivaient dans l'espoir de trouver une voie de communication avec l'empire du Prêtre Jean et, plus ils s'avançaient vers le Sud, plus cet

Voilà, il semble, une preuve décisive qu'à la date de la conclusion de ce traité, 1479, les Portugais ne pensaient ni à faire le périple de l'Afrique ni à chercher la route des Indes orientales, soit par l'Est soit par l'Ouest. Si, quatre ou cinq ans auparavant, comme cela résulte de la lette à Martins, le roi Affonso cherchait déjà à se rendre à cette région et s'il était alors tellement décidé à trouver une route qui y conduisît, qu'il avait même pensé à prendre celle, alors absolument inconnue de l'Ouest, il est évident que ce projet lui tenait à cœur et qu'il n'aurait pas manqué de faire inscrire dans le traité quelque réserve à cet

espoir augmentait. Pour eux, en 1479, comme en 1474 et comme en 1471, époque à laquelle ils franchirent la ligne, toute la région vague appelée *Guinée*, dont les limites se prolongeaient vers le Sud, on ne savait jusqu'où, était la partie de l'Afrique qui devait nécessairement toucher à cet empire Indien qu'ils cherchaient et auquel ils pouvaient se croire, maintenant, à la veille d'atteindre. C'était précisément cette partie du Continent que la Castille abandonnait, c'est-à-dire celle comprise entre les caps Noun et Bojador, point de départ des découvertes des Portugais et la région inconnue de la Guinée — ou voisine de la Guinée — que l'on pouvait croire occupée par ces Indiens qui connaissaient le Christ, assurait-on. En réalité donc, lorsque les Castillans inscrivaient au Traité que ce qui appartenait ou appartiendrait aux Portugais c'est tout ce qu'ils avaient découvert et tout ce qu'ils pourraient découvrir dans les limites de la Guinée, ils se retiraient, en fait, de l'Afrique entière et ouvraient bien, sans le savoir, la route des Indes à leurs rivaux. A la lumière de ces différentes considérations on s'explique comment Pina a pu dire que le traité de 1479 reconnaissait aux Portugais la possession de toute la région s'étendant jusqu'au pays des Indiens : *Atée os indios*, trois mots qui, comme on l'a dit, ne se trouvent pas dans le traité, mais qui en indiquent bien la portée.

égard, surtout s'il avait l'idée de traverser l'Atlantique, où tout le monde, alors, croyait qu'il existait des terres et îles non encore découvertes. Les Rois catholiques auraient souscrit sans difficulté à une clause de ce genre, car ils n'avaient à ce moment aucune prétention sur les régions nouvelles et n'étaient soucieux que de faire reconnaître, par la seule puissance qui pouvait y faire obstacle, l'ordre dynastique nouveau qu'ils fondaient en Castille.

A l'avènement du roi Joao II, en 1481, on reprit les projets du prince Henry et on recommença à chercher le Prêtre Jean ainsi que les moyens d'arriver à ses États. Nous n'avons pas à mentionner ici ces mémorables expéditions qui en quelques années révélèrent aux Portugais que cet empire, qu'ils avaient si longtemps cherché, était sur la côte orientale de l'Afrique, qu'on ne pouvait y arriver qu'en faisant le périple du Continent, qu'ils n'avaient plus aucun intérêt à y aller et que, désormais, tous leurs efforts devaient être dirigés vers la découverte des Indes Orientales. Tous ces faits sont bien connus et n'ajouteraient rien à la démonstration qui précède : que l'idée d'aller aux Indes par la voie maritime ne prit corps chez les Portugais qu'après que leurs découvertes les eurent portés jusque sur les côtes de l'Afrique Australe.

6. **Erreur sur le commerce des épices.** — Pourquoi, d'ailleurs, les Portugais auraient-ils cherché la route des Indes en 1474 ? Pour faire le commerce des

épices ? C'est évidemment ce que l'on suppose. Mais
ce commerce n'existait pas alors en Portugal ou n'y
avait aucune importance. On ne trouve pas un mot
dans Azurara et dans les chroniqueurs qui ont raconté les premières entreprises des Portugais le long
de la côte d'Afrique, indiquant qu'ils se préoccupaient
du commerce des épices. En fait, avant la découverte
du golfe de Bénin, où les Portugais trouvèrent la
malaguette, qui devint un article important de leur
trafic avec les Noirs, ils ne paraissent avoir connu
d'autre épice que le poivre. C'était, en tous cas, le seul
dont ils faisaient une consommation assez grande.
Imaginer qu'en 1474 ils attachaient une telle importance au commerce de ces épices que pour arriver
aux contrées qui les produisaient ils étaient décidés à
tenter même la redoutable traversée de l'Atlantique,
c'est faire une supposition contraire à toute vraisemblance et aux faits les mieux établis. En 1474 les
Portugais ne pensaient pas plus au commerce des
épices qu'à la route des Indes, soit par l'Est, soit par
l'Ouest. Ils n'avaient aucun motif pour cela et ces
motifs ne pouvaient naître chez eux qu'à la suite de
leurs découvertes de l'Afrique Australe et du développement des intérêts commerciaux qui fut la conséquence de cette découverte. Ce n'est que sous le roi
Joao II que cette évolution s'accomplit. C'est alors
seulement que les Portugais commencèrent à se
préoccuper du commerce des épices et qu'ils com-
prirent l'importance qu'il y avait pour eux à trouver
une route qui les conduirait aux véritables Indes

qu'on avait fini par distinguer de celle du Prêtre Jean. Comment donc, Toscanelli, à l'époque où il est censé avoir écrit, pouvait-il attribuer aux Portugais l'intention de chercher alors la route des Indes [64]?

Cette assertion seule trahit la main d'un homme qui connaissait mal l'histoire des découvertes des Portugais et qui leur prêtait, en 1474, un dessein qu'ils ne pouvaient avoir alors et qu'ils ne formèrent que bien plus tard.

7. **Combinaisons politiques d'Affonso.** — Cette date de 1474 appelle une autre observation. Elle nous reporte à une époque où Affonso ne pensait à rien moins qu'à des découvertes ou à des explorations maritimes. En 1469 il avait affermé le commerce, ainsi que les navigations de la Guinée, et ne s'occupait plus qu'indirectement de ces expéditions lointaines qui avaient passionné son neveu le Prince Henry et auxquelles lui-même, pendant un temps, s'était beaucoup

64. Ximenès que l'assertion de la lettre à Martins sur la recherche de la route des Indes en 1474 embarrassait un peu, a supposé que, dès cette époque, les Portugais se préoccupaient du commerce des épices (*Del Vecchio e del Nuovo gnomone fiorentiono*, Florence, 1757, note 4 D., à sa reproduction de la lettre). Barros e Vasconcellos, dans sa lettre au *Journal des Savants*, 1758, a le premier relevé cette erreur. « Il faut remarquer, dit-il, que ce n'est qu'après que les Portugais eurent pénétré au-delà de la Guinée que les rois du Portugal se sont proposés de faire découvrir le passage aux Indes (p. 9 de la réimpression)... « Ce monarque (Joao II) est le premier qui ait fait connaître ses vues sur le commerce des Indes des épices » (*ibid.*, p. 10). On cite ce passage à cause de sa date, l'erreur qui y est signalée est manifeste.

intéressé. D'autres idées l'occupaient maintenant ; il aspirait à réunir sur sa tête les deux couronnes de Portugal et de Castille en épousant sa nièce la princesse Joanna, fille et héritière du roi Henri IV de Castille, et cette combinaison politique, qui déchaîna une longue et cruelle guerre entre les deux pays, après la mort du roi Henri IV, en décembre 1474, ne cessa d'absorber toute l'attention et toutes les ressources du roi Affonso, jusqu'au moment où les événements l'obligèrent à y renoncer et à signer avec les Rois Catholiques le traité de 1479. Ni en 1474, ni dans les années qui précédèrent et qui suivirent de près celle-là, le roi de Portugal ne fut en situation de s'occuper de la recherche d'une nouvelle route maritime et de consacrer à cette recherche une partie de ses ressources. Il n'y a d'ailleurs, comme on l'a déjà fait remarquer, pas un mot qui se rapporte à ce sujet dans les documents et auteurs portugais du temps.

8. Singulière erreur géographique. — Mais, en admettant que le roi Affonso ait conçu le vaste dessein de traverser l'Atlantique pour aller au pays des Aromates, et qu'il ait consulté sur l'exécution d'un tel projet un des plus célèbres savants de l'Italie, conçoit-on que ce savant réponde à une pareille demande par une lettre comme celle à Fernam Martins ? Car, si on l'examine de près cette fameuse lettre, on n'y trouve rien qui dénote qu'elle émane d'une des plus hautes autorités scientifiques de son temps. A part les quelques indications contenues dans le P.-S. et sur lesquelles on reviendra, Toscanelli ne donne au roi aucun renseignement sérieux sur la question au sujet de laquelle on fait appel à ses lumières; il se borne simplement à lui faire une peinture extravagante des richesses des contrées de l'Extrême-Orient, et cette peinture dont les détails, aussi puérils qu'exagérés, étonnent sous la plume d'un savant habitué aux méthodes des sciences exactes, il les emprunte au seul Marco Polo dont la relation datait de plus d'un siècle et demi, alors qu'il pouvait puiser dans celles d'Odoric de Pordenone qui avait habité la Chine plusieurs années et qui était de retour en Italie en 1330, de Bartolomeo Fiorentino qui revint en 1424 des Indes où il avait voyagé vingt-quatre ans; de Nicolo di Conti qui passa quarante années en Orient et qui était de retour à Florence en 1439, et de plusieurs autres, toutes bien connues à Florence, qui était à cette époque le centre intellectuel de l'Italie, toutes, riches en renseignements sur l'Orient lointain, plus récents et aussi authentiques que ceux donnés par Marco Polo. Est-ce là ce qu'un roi comme Affonso V devait ou pouvait attendre d'un homme comme Toscanelli?

Ce n'est pas tout. En envoyant au roi de Portugal des renseignements géographiques empruntés à Marco Polo, voyageur du XIIIe siècle, l'auteur de la lettre à Martins l'induisait en erreur. En effet, pour encourager Affonso V dans l'entreprise qu'il méditait, il lui décrit les pays et les villes qu'on est certain de trouver à l'extrémité de la route : la grande province

de *Cathay,* résidence ordinaire du *Grand Khan,* empereur suprême de rois tributaires; celle de *Mangi* qui
lui est voisine; la riche ville de *Zayton* et la belle ville
de *Quinsay.* Or, ces dénominations appartiennent
toutes à la période de la puissance Mongole en Chine,
fondée par Gengis Khan, en 1206, et terminée en 1368
par l'avènement de la dynastie des Ming. C'est pendant cette période que Plan Carpin, que Rubruck et
que Marco Polo visitèrent la Chine et c'est par eux
que l'on apprit en Europe les noms de Cathay et
autres mentionnés dans la lettre à Martins. Mais, en
1474, date de cette lettre, il y avait plus d'un siècle
que la Chine n'était plus gouvernée par un Grand
Khan, que le pays ne s'appelait plus Cathay, que la
province de Mangi n'existait plus et que les villes de
Combelec, de Zayton et de Quinsay portaient d'autres noms. Toutes ces dénominations avaient disparu et n'avaient même laissé aucune trace [65], de sorte

65. *Dénominations Mongoles.* — Non seulement, dit Yule, ces
anciennes dénominations étaient oubliées; mais on avait même
oublié que les villes, connues maintenant sous de nouveaux noms
en avaient eu d'autres. Voici le passage entier où Yule décrit cette
transformation géographique qui suivit la chute de la puissance
Mongole. « A dark mist has descended upon the farther east, cove-
« ring *Mangi* and *Cathay* with those cities of which the old travellers
« told such Wonders, *Cambalec* and *Cansay* and *Zayton* and *Chin-*
« *kalan.* And when the veil rises before the Portuguese and Spa-
« nish explorers a century and a half later, those names are heard
« of no more. In their stead we have *China* and *Peking, Hangcheu*
« *Chincheu* and *Canton.* Not only are the old names forgotten, but
« the fact that those places had been known before is utterly for-

que si le voyage impossible conseillé par Toscanelli avait pu se faire, les pilotes portugais n'auraient trouvé à l'extrémité de la côte asiatique aucun lieu portant les dénominations que le célèbre astronome avait si complaisamment énumérés. La géographie de l'auteur de la lettre de 1474 retardait donc de plus d'un siècle.

9. Origine de l'hypothèse de la possibilité du passage aux Indes par l'Ouest. — Examinons maintenant ce document au point de vue des données cosmographiques qui y sont exprimées. La lettre à Martins est basée sur l'hypothèse que l'espace à parcourir pour aller aux Indes par l'Ouest n'était ni considérable ni entravé par aucun obstacle. C'était deux idées fausses qui auraient pu cependant être considérées, à l'époque, comme importantes si elles avaient été nouvelles. Mais elles n'appartenaient pas à Toscanelli et ne pouvaient rien apprendre à des princes instruits, comme les fils et les petits-fils de Joao Ier, dont les vues étaient particulièrement tournées vers les découvertes océaniques et dont l'un s'était tellement occupé des questions de cosmographie et de navigation qu'on a pu comparer le palais où il préparait ses expéditions maritimes à une académie navale. L'idée de la possibilité et même de la facilité du passage aux Indes, en partant des côtes de l'Ibérie ou de celles d'Afrique, était pour ainsi dire courante dans l'anti-

« gotten also » (*Cathay and* the *Way thither*. London 1866, 2 vol. in-8°, vol. I, pp. cxxxiv et v).

quité. Aristote [66], Ératosthène [67], Posidonius [68], Sénèque [69] et d'autres l'avaient exprimée, et on n'exagère rien en avançant qu'elle n'a jamais cessé d'être présente à l'esprit des penseurs grecs et latins. Les

66. *Opinion d'Aristote.* — Aristote parle seulement de l'opinion de ceux qui croyaient que le pays situé aux Colonnes d'Hercule va se rejoindre à ceux qui sont vers l'Inde, et dit que cette supposition n'est pas trop incroyable, parce qu'elle s'appuie sur ce fait qu'on trouve des éléphants aux deux extrémités de cette zone (*Ciel*, II, 14, 15). Aristote ne repousse pas cette opinion, mais il n'y est pas favorable, car il dit, ailleurs, qu'on peut parcourir la terre habitable tout entière, dans le sens de la longitude, si l'immensité de la mer ne l'empêche quelque part (*Météorologie*, II, V, 13). Plus loin il dit que « les parties qui sont en dehors de l'Inde et des Colonnes d'Hercule ne semblent pas, à cause de la mer, pouvoir se rejoindre, de telle sorte que toute la terre habitable soit absolument continue » (*ibid.*, II, V, 15). Il résulte néanmoins de ces textes qu'Aristote ne croyait pas que l'espace maritime qui séparait les deux extrémités du monde habitable était considérable, mais il ne dit pas, comme F. Colomb le lui fait dire, qu'on peut franchir cet espace en peu de jours (*Historie*, ch. VII, fol. 14).

67. Selon Ératosthène la zone habitable de la terre formait un cercle, « si bien qu'on pourrait aller sur mer depuis l'Ibérie jusqu'à l'Inde, en suivant toujours le même parallèle, n'était l'immensité de l'Atlantique » (ÉRATOSTHÈNE, dans STRABON, liv. I, ch. IV, § 6, et trad. Tardieu, vol. I, p. 109).

68. « Un vaisseau qui partirait du couchant ou de l'extrême Occident avec l'Eurus en poupe (vent de l'Est) atteindrait le rivage de l'Inde » (POSIDONIUS dans STRABON, liv. II, ch. III, § 6 et trad. Tardieu, vol. I, p. 168).

69. *Questions naturelles.* Préface. — On met aussi Strabon parmi ceux qui pensaient que le passage aux Indes par l'Ouest était praticable ; mais le passage de cet auteur que l'on cite à ce propos s'applique au pourtour de la surface de la Terre habitée en suivant ses côtes et non au périple du Globe. (Voy. liv. I, ch. I, § 8 et trad. Tardieu, vol. I, p. 168.)

Portugais instruits connaissaient aussi bien que Toscanelli cette ancienne opinion, reproduite sous diverses formes par les auteurs du moyen âge, et n'avaient pas à être renseignés à cet égard. La lettre à Martins n'ajoutait donc rien à ce qu'ils savaient relativement aux théories avancées par les anciens sur la possibilité de passer de l'Europe en Asie en traversant l'Atlantique. En est-il de même des données numériques, c'est-à-dire des indications de distances qu'on trouve dans cette lettre? On va voir que celles-là, comme les autres, sont empruntées à l'antiquité.

Dans le sens de la longueur, c'est-à-dire de l'Est à l'Ouest, les anciens donnaient généralement au monde habitable une étendue correspondant au tiers environ de la circonférence totale. C'était l'opinion classique, traditionnelle, qu'Ératosthène avait un des premiers exprimée, que Strabon avait adoptée et qui prévalut pendant bien longtemps [70]. Mais comme Ératosthène donnait 252,000 stades au pourtour de la terre et qu'il trouvait 70,800 stades des extrémités de l'Occident à celles de l'Orient, sur le parallèle de la plus grande longueur de la terre habitée, selon les anciens, — soit, celui d'Athènes qui dans son système ne comptait pas tout à fait 200,000 stades, — son Atlantique mesurait, au grand cercle, 181,200 sta-

---

70. Strabon, expliquant les mesures d'Ératosthène, dit que, d'après lui, l'Atlantique représentait environ les deux tiers de la circonférence du Globe sur le parallèle d'Athènes. L'autre tiers était formé par l'espace continental s'étendant à l'Est de l'Ibérie jusqu'à l'Inde. (Liv. I, ch. IV, § 6. Trad. Tardieu, vol. I, p. 110.)

des [71], et au 37ᵉ parallèle, environ 129,000 stades.
Strabon augmenta cette distance en réduisant la longueur du monde habitable à 70,000 stades, ce qui
laissait un intervalle maritime inconnu de 182,000
stades [72], au grand cercle. Posidonius ramena ces mesures à des proportions bien plus restreintes en donnant au Globe une circonférence de 180,000 stades,
mesure que Ptolémée adopta et qui finit par être généralement acceptée. Mais, bien qu'il réduisit la circonférence du Globe, Posidonius ne diminua pas l'étendue du monde habitable, au contraire, car il trouvait
que sur le parallèle moyen, sur lequel on le mesurait,
le monde avait en longueur 70,000 stades, « soit la
moitié du cercle entier » dit Strabon [73]. Voilà donc
une mesure précise : des côtes occidentales du vieux
monde à ses côtes orientales, il y a, vers le 36ᵉ parallèle [74], 70,000 stades, dans un sens comme dans

71. Les indications que Strabon rapporte sur la longueur qu'Ératosthène donnait à la Terre habitable ne permettent pas de préciser
exactement quelle était, selon lui, cette longueur. Il est certain,
toutefois, qu'Ératosthène comptait 70,800 stades de l'Indes aux
Colonnes d'Hercule, mais à ces 70,800 stades il paraît qu'il ajoutait
plusieurs autres distances qui pouvaient former ensemble 10,000
stades, de sorte que la Terre habitable mesurait certainement pour
lui 70,800 stades, mais plus probablement d'avantage. (STRABON,
liv. I, ch. IV, § 5 et trad. Tardieu, vol. I, pp. 108-109.)

72. STRABON, liv. II, ch. V, § 6. Trad. Tardieu, vol. I, p. 185.

73. STRABON, liv. II, ch. III, § 6. Tardieu vol. I, p. 168.

74. Les anciens mesuraient la Terre habitable sur le parallèle de
Rhodes ou d'Athènes et comme à cette latitude le cercle de la
Terre est bien moins grand que sur l'équateur, les 70,000 stades de
Posidonius revenaient bien à la moitié du cercle comme le dit Stra-

l'autre, soit 12,150,000 mètres, à raison de 185 mètres par stade, Sénèque, sans donner aucun chiffre, croyait que quelques jours seulement de navigation conduiraient un navire de l'Ibérie aux Indes [75].

10. **La lettre à Martins est basée sur le système de Marin de Tyr.** — A la fin du premier siècle un cosmographe, dont malheureusement aucun ouvrage ne nous est parvenu, mais dont nous connaissons suffisamment bien les travaux par Ptolémée, Marin de Tyr, apporta un changement considérable dans les mesures de Posidonius. Il accepta celle de 180,000 stades, pour la circonférence du Globe, mais étendit beaucoup celle de la terre connue, qu'il porta à 225 degrés sur 360, ce qui ne laissait à l'espace inconnu, occupé par la mer, que 135 degrés [76] et encore peut-on réduire

bon. Quel que soit le parallèle dont il parle, Posidonius dit formellement qu'un vaisseau qui partirait de l'extrême Occident et qui ferait juste 70,000 stades atteindrait les Indes. (STRABON, liv. II, ch. III, § 6. Tardieu, vol. I, p. 168.)

75. « Quelle distance y a-t-il des côtes extrêmes de l'Espagne à « celles de l'Inde ? A peine quelques jours de navigation par un « un vent favorable. » (*Questions naturelles ;* Préface.) Santarem et, après lui, M. Bourne, ont pensé que Sénèque avait voulu parler de la route de l'Est ; mais cette opinion est tout au moins fort contestable.

76. « Marin de Tyr — dit Ptolémée — renfermait la longueur de la Terre entre deux méridiens qui embrassaient un intervalle de quinze heures » (PTOLÉMÉE : *Géog.,* liv. I, ch. XI, édit. gr.-française de Halma, p. 28). Marin divisait la terre en 360 degrés, comme le fit Ptolémée, mais il plaçait ses méridiens, au nombre de 24, de 15 degrés en 15 degrés, de façon que chaque intervalle comprenait une des heures de la révolution diurne du globe. Son premier méri-

cet intervalle à 130 degrés, en reprenant les calculs mêmes de Marin, tels que les donne Ptolémée [77].

Ainsi, quatorze siècles avant Toscanelli, un cosmographe que Ptolémée a fait connaître en discutant longuement ses idées, avait donné au continent ancien la même extension vers l'Est que l'auteur de la lettre à Martins et avait réduit, exactement comme lui, l'espace qui sépare les deux extrémités de ce continent. On ne saurait voir là une simple rencontre. L'auteur de cette fameuse lettre a évidemment reproduit le système de Marin de Tyr, comme il reproduit les idées courantes dans l'antiquité sur la proximité des régions de l'Asie orientale à celles de l'Europe occidentale, ainsi que les opinions qu'on se faisait au moyen âge sur les îles de l'Atlantique. Il n'est pas admissible, en effet, qu'il ait déduit lui-même les indications numériques qu'il avance de données nouvelles, car outre qu'elles lui manquaient, une pareille opération était assez compliquée, et si Toscanelli s'y était livré, il aurait laissé voir d'une manière ou d'une autre que sa lettre avait une base scientifique qui lui appartenait en propre, tandis qu'il parle

dien était pris aux îles Canaries et le 15ᵉ passait par Sera, capitale des Sines — les Chinois —, par Thinae et par Catigara, métropoles de l'Inde, c'est-à-dire à la 15ᵉ heure, soit 225 degrés, de sorte que l'intervalle qui séparait les deux extrémités du monde habitable était de 9 heures ou 135 degrés.

77. Voyez : GOSSELIN, *Recherches sur Marin de Tyr* dans ses *Recherches sur la Géog. des anciens*, vol. 2, p. 51 et LETRONNE : Œuvres, *Géog. et Cosmog.*, vol. I, p. 318.

et raisonne tout le temps comme si les données qu'il interprète étaient connues ou acquises. Il faut donc reconnaître que, pas plus dans sa partie scientifique que dans sa partie géographique, la lettre à Martins ne contenait rien de nouveau et que l'indication la plus importante qu'on y trouvait, la seule même ayant alors quelque valeur, celle qui donnait à l'Atlantique une largeur de 130 degrés environ, venait de l'antiquité, comme l'idée même de la possibilité de franchir cet espace.

Cette idée des anciens que les deux extrémités du monde étaient assez rapprochées pour qu'on pût passer de l'une à l'autre avait été si souvent exprimée, qu'il n'est pas surprenant que l'auteur de la lettre à Martins l'ait connue. Mais il n'en est pas de même du système de Marin de Tyr. Seul, ce cosmographe avait avancé que l'Asie Orientale se prolongeait jusqu'au 225e ou 230e degré, ce qui ne laissait à l'Atlantique, comme on vient de le dire, qu'une largeur de 130 à 135 degrés, et seul Ptolémée avait rapporté cette opinion. Or, en 1474, date de la lettre à Martins, Ptolémée n'était pas imprimé. Ce n'est qu'en 1475 qu'une traduction latine de cet ouvrage, due à Jacques Angelo, fut imprimée à Vicence [78]; le texte grec parut plus tard encore. La traduction d'Angelo date, il est vrai, de 1409 ou

---

78. Nous n'ignorons pas qu'il y a une édition de Ptolémée qui porte la date de 1462. Mais tous les bibliographes s'accordent à dire que cette date est erronée ou fausse. Cette prétendue première édition de Ptolémée est probablement la troisième ou la quatrième.

1410 et, comme cet helléniste vivait à Florence, il n'y aurait rien d'impossible à ce que Toscanelli ait connu son travail; il y avait d'ailleurs des manuscrits grecs de Ptolémée à Florence. En tous cas, c'est seulement par quelque manuscrit de Ptolémée que Toscanelli aurait pu connaître, en 1474, les idées de Marin de Tyr que reproduit la lettre à Martins. Le fait est peu probable, parce que de pareilles recherches supposent des travaux spéciaux de géographie et de cosmographie et que rien ne nous autorise à croire que Toscanelli se soit occupé de ces questions d'une manière particulière.

Il y a, d'ailleurs, une raison décisive qui ne permet pas de croire que Toscanelli ait connu ce que Ptolémée rapporte de Marin de Tyr. C'est que les indications de distances au moyen desquelles ce dernier géographe arrive à compter 225 degrés entre le cap sacré d'Ibérie et Sera, capitale des Seres, sont erronées et que Ptolémée le démontre [79]. Par conséquent, si c'est Toscanelli qui a écrit la lettre à Martins, il faut choisir entre deux alternatives : ou il n'a pas compris les rectifications de Ptolémée ou il a basé le plan de traversée Océanique, qu'il recommandait au roi Affonso, sur des données géographiques dont l'inexactitude lui était démontrée; deux hypothèses également inadmissibles. On conçoit, au contraire, qu'une personne qui n'avait pas le savoir de Toscanelli, mais qui avait un intérêt quelconque

---

79. PTOLÉMÉE, *Geog.*, liv. I, ch. XI à XV.

à attribuer à un savant, comme lui, les idées exprimées dans la lettre à Martins, ait emprunté celles
qui appartenaient à Martin de Tyr, soit à l'une des
éditions de Ptolémée postérieures à 1474, sans se
rendre compte de leur peu de valeur scientifique et
de l'imprudence qu'il y avait à les donner pour être
de Toscanelli, soit à Colomb lui-même qui les connaissait, lui, par Aliaco, comme on le montrera
plus loin.

Ainsi, plus on examine de près cette fameuse lettre
plus il semble difficile d'admettre qu'elle ait pu être
écrite à Florence, en 1474, par un savant placé
comme Toscanelli l'était. On va voir que ce ne
sont pas les seuls motifs qu'il y ait de mettre en
doute l'anthenticité de ce document [80].

80. *Les Portugais et les cartographes Italiens.* — Lampillas qui, le
premier, s'étonna de certaines assertions de la lettre à Martins, a fait
observer que les Portugais ne pouvaient penser, en 1474, à demander
conseil à des cosmographes étrangers sur la navigation de l'Atlantique qu'ils connaissaient mieux que personne, attendu que depuis
cinquante ans ils étaient les seuls à y naviguer et à y faire des
découvertes. (LAMPILLAS, *Saggio,* etc., t. II, part. I, p. 143). L'objection n'est que spécieuse. Les Portugais connaissaient l'Atlantique
mieux que les autres navigateurs ; mais dans certaines régions seulement. A l'ouest ils n'avaient pas dépassé le méridien des Açores et
la partie qu'il s'agissait de franchir pour gagner les Indes par cette
route leur était absolument inconnue. Les Italiens, au contraire,
connaissaient sinon la région maritime intermédiaire qu'il fallait
franchir, au moins la région terminus : Cathay et le pays des épices
qu'on avait en vue, sur lesquels ils étaient renseignés par leurs
voyageurs : Marco Polo, Nicolo di Conti et autres, ainsi que par leurs
marchands qui, de longue date, faisaient le commerce des denrées

de l'Orient. Loin de se passer des connaissances cosmographiques et nautiques des Italiens, les Portugais y avaient constamment recours, car il n'est pas douteux que c'est à l'aide de leurs cartes qu'ils firent la plupart de leurs découvertes. Quinze ans avant la lettre à Martins ils avaient chargé Fra Mauro de leur fournir une carte qui est devenue célèbre. Si donc Affonso eut réellement l'idée d'aller aux Indes par l'Ouest, il ne serait pas surprenant qu'il se fut adressé à un cosmographe italien pour obtenir quelques conseils sur ce projet.

CHAPITRE IV

LES IDÉES COSMOGRAPHIQUES DE COLOMB ; ELLES SONT
IDENTIQUES A CELLES EXPRIMÉES DANS LA LETTRE
ATTRIBUÉE A TOSCANELLI

Il reste une dernière remarque à faire sur l'origine des idées cosmographiques dont on trouve l'expression dans la lettre à Martins, et ce n'est pas la moins curieuse : c'est que Colomb les donne toutes pour lui appartenir en propre. Ces idées, on vient de le voir, se réduisent aux propositions suivantes :

La terre est plus petite qu'on ne le croit. Le continent asiatique s'étend bien plus vers l'Orient que ne le supposait Ptolémée [81]. L'espace maritime compris entre les deux extrémités du monde habitable forme environ le tiers de sa circonférence et ne dépasse pas 130 degrés. A l'extrémité de cet espace maritime on trouve d'abord l'île de Cipangu, puis les

---

81. Ces deux idées ne sont pas *exprimées* dans la lettre à Martins ; mais elles résultent de ce qui y est exprimé. On ne peut pas réduire à 26 espaces ou 130 degrés la distance qui sépare les deux extrémités du monde ancien, sans donner à l'Asie une extension considérable vers l'Est et, si le tiers de la circonférence du globe ne mesure que 26 espaces de 250 milles chacun, la terre est plus petite que ne la faisait Ptolémée. Voir la seconde partie : *La carte*, ch. I.

grandes provinces chinoises de Cathay et de Mangi, les riches villes de Zayton, de Quinsay, etc. Or, ce sont là les idées mêmes de Colomb, telles qu'on les trouve dans ses divers écrits et telles que nous allons les exposer.

1. **La mesure de la terre de Colomb : Alfragan.** — Pendant son séjour en Portugal, Colomb aurait fait dans les mers de Guinée plusieurs voyages dont nous savons fort peu de chose, mais qui paraissent avoir eu une certaine importance pour lui. Ce serait au cours de ces voyages, qu'on peut placer vers l'année 1482 ou 1483 [82], qu'il aurait fait des observations astronomiques qui tiennent, en effet, une grande place dans ses conceptions cosmographiques.

Au moyen âge, et même jusqu'après la découverte de l'Amérique, on peut dire qu'il n'y avait qu'une opinion sur la mesure de la circonférence du globe et sur l'étendue du monde habité : c'était elle qu'avait fait prévaloir l'autorité alors indiscutée de Ptolé-

82. Colomb nè donne pas de date à ces voyages ; mais comme il parle du fort de Saint-George de la Mine, qui fut le but de l'un d'eux, tout au moins, il ne peut guère y être allé avant la fin de l'année 1482, puisque c'est seulement à cette époque que Diogo d'Azambuja, qui construisit ce fortin, renvoya en Portugal les hommes qui y avaient travaillé. Markham suppose que Colomb accompagna ce navigateur qui mit à la voile à la fin de l'année 1481 (*Columbus*, p. 33). Fiske imagine qu'il fit partie de l'expédition de Santarem et d'Escobar en 1471. (*The Discovery of Am.*, vol, I, p. 352.) Mais à cette époque Colomb n'avait pas encore quitté ses foyers. Les voyages de Colomb à la côte de Guinée doivent avoir eu lieu de 1482 à 1483.

mée, d'après laquelle les 360 degrés du grand cercle, de 500 stades chaque, donnaient une circonférence équatoriale de 180,000 stades, soit 22,500 milles, à raison de 62 milles et demi au degré, qui était la manière de compter généralement en usage [83]. Si l'on admet que le stade olympique équivaut, en chiffres ronds à 185 mètres [84], cette mesure donnait au pourtour de la terre 33,300,000 mètres, au lieu de 40,007,520 [85], c'est-à-dire que Ptolémée réduisait la circonférence du globe de près de 7 millions de mètres [86].

Si l'on s'en rapporte à Colomb, les observations qu'il aurait faites au cours de ses voyages de Guinée l'aurait conduit à cette conclusion : que le degré équatorial est égal à 56 milles 2/3, comme l'avait déter-

83. Uzielli : *Toscanelli,* n° 1, p. 10. L'évaluation du degré à 62 milles 1/2 était tirée de Ptolémée que tout le monde suivait alors. Ce cosmographe donne à chaque degré 500 stades dont il fallait 8 pour faire un mille italien, soit 62 milles 1/2 au degré ou 15 5/8 lieues. Mais dans la pratique les navigateurs comptaient 4 milles à la lieue, soit 60 milles au degré.

84. Démonstration faite par Th. Henri Martin dans son savant *Mémoire sur la circonférence du globe* et généralement acceptée. Nous n'ignorons pas que des fouilles récentes ont donné lieu de supposer que le stade auquel se rapportaient les auteurs anciens mesurait davantage ; mais cette supposition paraît mal fondée.

85. Détermination de M. Faye, 1894.

86. Vivien de Saint-Martin a avancé l'opinion que le stade dont se servait Ptolémée était un stade factice différent des autres (*Hist. de la géogr.,* pp. 101-103). Mais s'il y a un point bien établi aujourd'hui, c'est que toutes les évaluations grecques de la circonférence du globe se rapportent à un stade unique. (Voir le *Mémoire* précité de M. Th. H. Martin, pp. 67-68.)

miné l'astronome arabe Alfragan, nous dit-il[87], et
comme l'avaient établi, nous assure-t-il aussi, des

87. *Alfragan.* — Le cardinal d'Ailly, que Colomb copie, appelle
Alfragan, un astronome arabe du IXe siècle dont le véritable nom
était Ahmed Ben Kébir (SÉDILLOT, *Hist. des Arabes,* vol. II, p. 269),
mais auquel on donna, à cause du lieu où il était né, le surnom
d'Al Fergani dont on a fait Alfragan ou Alfergan. Il attribua en effet
une longueur de 56 milles 2/3 au degré, non d'après ses propres
observations, mais d'après une mesure d'un méridien terrestre que
fit exécuter le calife Almamoun, qui régna de 813 à 833. Almamoun, qui avait fait traduire l'Almageste et la Géographie de Ptolémée, voulut s'assurer si la mesure de la terre qu'il donnait était
exacte et fit faire dans ce but, vers l'année 827, deux opérations
simultanées qui donnèrent des résultats différents. D'après l'une, le
degré était de 56 milles, d'après l'autre, il était de 56 milles 2/3.
« On s'accorda, dit Aboulfeda, à adopter la mesure la plus grande »
(*Geographie,* vol. I, p. 17). Il y a quelque incertitude sur la correspondance exacte de ce module avec nos mesures modernes, et quelques érudits ont pu également croire, les uns qu'elle augmentait,
les autres qu'elle diminuait le volume de la terre. Mais la publication de la Géographie d'Aboulfeda, avec les savants commentaires
de M. Reinaud, semble avoir éclairci ce point en montrant que pour
les Arabes le mille ancien et le mille moderne avaient « une valeur
identique » (*Géog.,* vol. I, p. 18). Et comme, d'un autre côté, il
est bien certain que ce qu'Aboulfeda appelle le mille moderne est le
mille romain ou italien qui équivaut à 1,480 mètres — en chiffres
ronds — le module arabe de 56 milles 2/3 qui donne 20,400 milles
pour le pourtour du globe, correspond à 30,192,000 mètres. Malgré
leur respect pour Ptolémée qui, d'après eux, donnait au pourtour
de la terre 24,000 milles, parce qu'ils comptaient son degré à raison de 66 milles 2/3 (ABOULFEDA, *Géog.,* vol. I, p. 17), soit 7 milles
et demi par stade, les arabes réduisaient donc réellement la mesure
véritable de la circonférence de la terre du géographe Alexandrin
qui est de 22,500 milles à raison de 8 stades par mille. Leur opération faite entre des points que l'on croyait à tort être sous le même
méridien, ne pouvait, d'ailleurs, donner que des résultats erronés.

vérifications faites par le juif Joseph [88] et par lui-même [89]. En admettant cette mesure, Colomb rédui-

(Voyez sur cette opération : REINAUD, *Introduction* à la géographie d'*Aboulfeda*, pp. CCLIX et sq.)

L'ouvrage d'Alfragan (*Chronologica et astronomica elementa*), traduit par Jean Hispalensis au XIIe siècle, fut imprimé pour la première fois à Ferrare en 1493, et réimprimé à Nuremberg en 1537. En 1590 il en parut une autre traduction à Francfort donnée par Christman (SÉDILLOT, *Hist. des Arabes*, vol. II, p. 270). L'édition de 1472 dont parle Bartolozzi (*Ricerche*, p. 133), paraît ne pas avoir existé. Delambre a donné une longue analyse de cet ouvrage. (*Hist. de l'astronomie au moyen âge*. Paris, 1819, in-4º, pp. 63-69.) C'est au chapitre x qu'Alfragan donne la mesure de la terre.

Colomb n'a connu la mesure d'Alfragan ni par ses ouvrages imprimés ni par des manuscrits ; il a emprunté ce qu'il en sait à l'*Imago Mundi* du cardinal d'Ailly, lequel avait lui-même copié dans l'*Opus majus* de Roger Bacon (1267) tout ce qu'il dit d'Alfragan ; Humboldt a donné les deux textes qui établissent le plagiat (*Ex. crit.*, vol. I, pp. 65-67). Colomb a annoté plusieurs passages de l'*Imago Mundi* où il est question d'Alfragan et de sa réduction du degré à 56 milles 2/3.

88. Ce Joseph ou Josepe ou Jose était medecin et astronome du roi Joao II. Barros et Las Casas ajoutent à son nom le mot *Judio*. C'était d'après GARÇAO STOCKER : (*Ensaïo historico sobre a origen e progresso das mathematicas en Portugal*), un astronome distingué. Apud DENIS, *Portugal*, 1846, p. 135. Santos dit que c'est lui et Rodrigo qui furent les auteurs des Tables de déclinaisons solaires qui furent si utiles à la navigation. *Memorias hist.*, etc., etc., p. 163. Il paraît qu'il fut l'un de ceux auxquels, plus tard, le roi Joao II renvoya l'examen des projets de Colomb et qui n'y furent point favorables. (BARROS, D. I, liv. III, ch. XI.)

89. *Observations faites par Colomb.* — Voici comment Colomb s'exprime sur ce point : « En navigant fréquemment de Lisbonne à la Guinée, dans la direction du Sud, je relevai avec soin la route suivie, ainsi que les marins ont l'habitude de le faire. Je pris à différentes reprises la hauteur du soleil, au moyen du quadrant et d'autres instruments, et je trouvai, comme Alfragan, que chaque degré cor-

sait encore davantage la circonférence de la terre, telle que la donnait Ptolémée, puisque l'évaluation du degré équatorial à 56 milles deux tiers équivalait, au grand pourtour du globe, à 20,400 milles, au lieu des 22,500 de l'astronome grec, et à moins encore à la hauteur des Canaries.

Colomb fit-il réellement des observations astronomiques qui lui permirent de constater l'exactitude de la détermination d'Alfragan? Non, évidemment, puisque cette détermination était erronée. Les opérations mathématiques ayant pour objet la mesure ou la vérification d'une mesure d'un degré terrestre sont d'ailleurs très compliquées, et ce n'est pas trop s'avancer que de dire que Colomb ne fut jamais en position de les exécuter. Peut-être se borna-t-il, comme le soupçonne Humboldt, à comparer les latitudes obtenues aux résultats de l'estime et qu'il fut trompé par une longue suite de calculs erronés [90].

respondait à 56 milles et 2/3, de sorte que l'on peut se rapporter à cette mesure. Nous pouvons dire, par conséquent, que la circonférence équatoriale du globe est de 20,400 milles. Un résultat semblable a été obtenu par maître Joseph, médecin et astronome qui, avec plusieurs autres, fut chargé de ce soin par le gracieux roi de Portugal » (Note à l'*Imago mundi : Raccolta : Scritti*, n° 490, *Autografi*, ibid.).

C'est évidemment à cette note que F. Colomb se rapporte quand, après avoir cité le Journal du premier voyage de Colomb, il dit que son père s'est exprimé ailleurs comme suit : « J'ai souvent remarqué en navigant de Lisbonne à la Guinée qu'un degré terrestre correspond à 56 milles et 2/3 », *Historie*, ch. IV.

90. *Examen critique,* vol. I, p. 83 ; *Cosmos,* vol. II, pp. 325 et 566.

Peut-être était-il déjà imbu de l'idée que le monde
était plus petit qu'on ne le croyait, quand il rencontra
le texte d'Alfragan qui, en apparence, donnait une
base scientifique à son opinion. Toujours est-il qu'en
adoptant la mesure rapportée par l'astronome arabe
il faisait le globe plus petit de 3 millions de mètres
que ne l'avait fait Ptolémée, ce qui portait à 10 millions de mètres la différence en moins sur les dimensions réelles du globe [91].

91. *Le mille d'Alfragan, sa mesure du globe.* — Pour atteindre ce
résultat, Colomb supposait avec raison, que le mille d'Alfragan était
égal au mille italien dont il se servait lui-même (*Journal*, 13 août
1492), lequel équivaut, en chiffres ronds, à 1,480 mètres chaque. On
obtient alors pour la circonférence du globe les chiffres suivants :

    Ptolémée, 22,500 milles = ou 33,300,000 mètres.

    Alfragan, 20,400   — = ou 30,192,000   —

    Faye,   = ou 40,007,520   —

Humboldt qui a examiné cette question fait un calcul qui lui
donne lieu de croire que, loin de diminuer le pourtour de la terre,
Alfragan l'augmentait. (*Exa. crit.*, vol. II, pp. 325 et 326.) Pour des
raisons différentes Vivien de Saint-Martin a cru aussi que les Arabes
augmentaient le pourtour de la terre (*Hist. de la géog.*, p. 252).
Cette opinion ne saurait prévaloir contre l'assertion d'Aboulféda qui
explique que le mille ancien, — c'est-à-dire le mille romain — et
le mille moderne — c'est-à-dire le mille arabe — ont une valeur
identique (*Géographie*, t. I, p. 18), et qui déclare nettement que
les arabes réduisaient l'étendue de la circonférence du globe :
« Cette étendue, dit-il, est plus grande chez les anciens que chez les
« modernes » (*Ibid.*, p. 17). Le savant traducteur et commentateur
d'Aboulféda, M. Reinaud, dit la même chose : « La circonférence
d'un grand cercle, d'après les anciens était de 8,000 parasanges ;
d'après les Arabes, elle ne fut que de 6,800 » (*Introduction* à la
Géogr. d'Aboulfeda, p. CCLXXII). Il ne s'agit pas ici, comme l'a
pensé V. de Saint-Martin, d'une circonférence établie d'après la

Colomb attachait, avec raison, une grande importance à cette mesure, car elle forme la clé de voûte de son système cosmographique. Il est évident que s'il a adopté l'évaluation d'Alfragan dès l'époque de ses voyages en Guinée, cette évaluation erronée dut, en raison même de cette erreur, exercer une grande influence sur la formation de son dessein et a pu devenir ainsi l'une des causes déterminantes de sa découverte. En tous cas, elle lui a fourni l'argument décisif de son projet, celui qui est fondé sur le petit volume de la terre [92] et sur les conséquences qui se déduisent de l'admission de ce fait.

2. **L'espace maritime inconnu : Esdras.** — Ce n'est pas seulement le volume de la terre que Colomb diminuait, il réduisait aussi l'espace maritime qui séparait les deux extrémités du Continent. Au cours de ses lectures, il avait trouvé un texte biblique d'où il tirait cette conclusion; c'était celui de deux versets d'Esdras où il est dit qu'un septième de la terre est seul couvert

longueur d'un degré, pris sur un parallèle moyen, mais bien de la circonférence équatoriale.

92. Colomb était tout à fait imbu de cette idée. « Aristote dit que ce monde est petit et qu'il y a peu d'eau », écrit-il dans sa lettre d'Hispaniola (1498), NAVARRETE, *Viages,* vol. I, p. 261. « Le monde est peu de chose », dit-il encore, dans sa lettre du 7 juin 1503 ; un peu plus loin il insiste : « Je vous le répète, le monde n'est pas si grand que le vulgaire l'imagine : Un degré mesure à l'équateur 56 milles 2/3 ; c'est là une chose qu'on peut faire toucher du doigt. » (NAVARRETE, *ibid.*, p. 300.)

par les eaux [93]. Colomb, auquel l'absence d'esprit critique a fait commettre de singulières erreurs de jugement, et qui croyait aveuglément à l'Écriture, prenait ce texte d'Esdras à la lettre et en inférait que si les parties solides de la terre en occupaient les six septièmes, l'espace maritime qui s'étendait à l'Ouest de la côte d'Europe ne pouvait être bien grand [94].

93. *Versets d'Esdras.* — Ni d'Ailly ni Colomb ne citent les passages d'Esdras dont il parlent. Le premier renvoie au quatrième livre, le second aux livres 3 et 4. C'est au chapitre VI de ce dernier livre, versets 42 et 47 qu'on les trouve. Esdras raconte la création dans une invocation qu'il adresse à Dieu :

« V. 42. Le troisième jour vous commandâtes aux eaux de se rassembler dans la septième partie de la terre, vous mites à sec les six autres parties et vous en destinâtes quelques-unes d'entre elles à être cultivées de nos propres mains.

« V. 47. Le cinquième jour vous dites à la septième partie dans laquelle les eaux s'étaient rassemblées, de produire des animaux terrestres, des poissons et des oiseaux et cela fut fait. » (MIGNE, *Dictionnaires des apocryphes,* vol. I, pp. 604 et 605.)

Le IVᵉ livre d'Esdras n'est pas canonique, mais les Pères de l'Église lui accordaient une grande autorité et Colomb ne manque pas de le dire. Voyez sur ce livre la *Dissertation* de Dom Calmet dans sa grande *Bible,* vol. III, pp. 253 et sur les versets cités : HUMBOLDT, *Examen critique,* vol. I, pp. 186-191. — A. D. WHITE : *A History of the Warfare of science with Theology,* vol. I, pp. 111-112.

94. *Opinions d'Esdras, de d'Ailly et de Colomb sur le peu d'étendue des eaux.* — Au chapitre VIII de l'*Imago Mundi,* intitulé *De quantitate terre habitabilis,* d'Ailly développe l'idée que la terre habitable a une grande étendue, par rapport à celle couverte par les eaux, et il cite à l'appui de cette opinion Aristote, Averrhoes, Pline et particulièrement Esdras, qui a écrit que six parties de la terre sont habitées et que la septième seule est occupée par les eaux. Colomb a littéralement couvert les marges de la page de l'*Imago* consacrée à ce

Colomb trouva donc dans les deux extraits d'Al-fragan et d'Esdras dont il eut connaissance — nous verrons plus loin comment — la base essentielle de sa théorie géographique : la petitesse du globe et la

sujet d'un commentaire, où il note surtout le langage d'Esdras et s'attache à montrer que son assertion sur le rapport d'étendue des terres et des mers est fondé. Ce commentaire et la page entière de l'*Imago* qu'il encadre sont transcrits et reproduits en fac-similé dans le volume de la *Racolta Colombiana : Autografi* sous le n° 23, p. 70 et une autre transcription est donnée au vol. *Scritti* sous le même numéro p. 376.

Dans sa relation de son troisième voyage, Haiti, 1498, Colomb reprend ce sujet et s'y étend assez longuement. Le passage mérite d'être reproduit tout entier.

« Le maitre de l'Histoire scolastique dit, en écrivant sur la Genèse,
« que les eaux sont peu abondantes ; que lorsqu'elles furent créées,
« elles ne couvraient toute la terre que parce qu'elles étaient vapo-
« reuses et comme des brouillards et que lorsqu'elles furent devenues
« solides et réunies, elles occupèrent très peu de place. Nicolas de
« Lira exprime la même opinion. Aristote dit que ce monde est
« petit et qu'il y a peu d'eau, et qu'on peut passer facilement
« d'Espagne dans les Indes ; Avenruyz (Averrhoes) confirme cette
« manière de voir et le cardinal Pedro de Aliaco (Pierre d'Ailly) le
« cite en appuyant cette opinion, qui est conforme à celle de Sénèque,
« en disant qu'Aristote a pu connaître beaucoup de choses secrètes
« sur le monde, par Alexandre-le-Grand, et Senèque par Cesar-
« Neron, et Pline par des Romains ; le même cardinal accorde à ces
« écrivains une autorité plus grande qu'à Ptolémée et autres Grecs
« ou Arabes et pour confirmer ce qu'ils disent sur le peu d'abon-
« dance des eaux et sur la faible proportion de terres recouvertes par
« elles, en comparaison de ce qui est rapporté sur l'autorité de Pto-
« lémée et de ses disciples, il trouve un passage dans le troisième
« livre d'Esdras où cet écrivain sacré dit que des sept parties du
« monde, six sont à découvert et l'autre couverte d'eau, et cette
« assertion (*la qual autoridad*) est approuvée par de saints person-
« nages, tels que saint Augustin et saint Ambroise, dans son *Exa-*

faible proportion de celles de ses parties encore re-couvertes par les eaux, par rapport à celles restées à découvert. Un troisième auteur, Marin de Tyr, lui fournit les éléments nécessaires pour donner à son système une forme raisonnée et scientifique.

3. Extension de l'Asie vers l'Est : Marin de Tyr. —

Marin de Tyr, comme on l'a dit ailleurs [95], plaçait ses méridiens d'heure en heure, c'est-à-dire que l'espace compris entre chacun d'eux était de 15 degrés, repré-sentant une heure de la révolution diurne. Son pre-mier méridien passait par les îles Fortunées, qu'il sup-posait être à deux degrés et demi à l'Ouest du cap Saint-Vincent et le 15e à Sera et à Thinae, soit à 225 degrés à l'Est, de sorte qu'il ne restait plus que 135 degrés pour achever le pourtour du globe, les-quels étaient attribués à la partie maritime. Ptolémée,

« *meron* qui accordent du crédit au troisième et quatrième livres « d'Esdras. » (Navarrette, *Viages*, vol. I, *Tercer Viage letera* de 1498, pp. 261.)

Dans la lettre dite rarissime, qui est de 1503, Colomb affirme encore son opinion sur ce point, sans toutefois nommer Esdras. « Le monde, dit-il, est petit étant composé de six parties sèches et d'une septième qui seule est couverte d'eau » (NAVARRETE, *ibid.*, vol. I. Lettre du 7 juillet 1503, p. 300). Enfin, l'auteur des *Historie*, énumérant les raisons qui influencèrent son père, rapporte que Pedro de Aliaco, dans le chap. VIII du traité ci-dessus mentionné, et plu-sieurs autres auteurs ont affirmé que l'Europe et l'Asie sont voisines et que l'espace maritime qui s'étend entre elles n'est pas très consi-dérable. (*Historie*, ch. VII, fol. 15 recto.)

95. Voyez ci-après, 2e partie : *La carte*, et ci-dessus, ch. III, § 10 et notes 76 et 77, voyez aussi note 97.

qui rend compte du système de Marin, montre qu'il
s'était trompé en donnant cette grande étendue au
monde habitable et ramena ses 225 degrés à 180, ce
qui divisait le globe en deux parties égales de 180 degrés chacune, l'une attribuée à l'élément solide, l'autre à l'élément liquide [96]. C'était encore beaucoup
trop, puisqu'il n'y a que 130 degrés des côtes Occidentales de la péninsule Hispanique aux extrémités
orientales des Indes. Colomb, rejette catégorique-
ment la rectification apportée par Ptolémée aux
dimensions données à la terre connue par Marin
de Tyr, et déclare que les navigations des Portugais ont montré que Marin était dans le vrai ou
que du moins il avait approché de très près la vérité [97]. Loin de diminuer l'étendue du monde connu,

96. PTOLÉMÉE, *Géographie*, liv. I, ch. XI à XII. Sur Marin de Tyr.
Voyez GOSSELIN, *Recherches sur le système Géog. de Marin de Tyr*, dans
ses *Recherches*, etc. Paris, an VI, v. II, pp. 31-74.

97. *Limites du monde connu d'après Marin de Tyr et Colomb.* —
Colomb, *Lettre rarissime* 1503. NAVARRETE, vol. I, p. 300. Édit.
française, vol. III, pp. 118-119. Voici le texte espagnol de cet important passage :

« Tolomeo creyo de haber bien remedado à Marino y ahora se
« falla su escritura bien propincua al cierto. Tolomeo asienta Cati-
« gara à doce lineas lejos de su occidente, que el asentó sobre el
« cabo de san Vincente en Portugal dos grados y un tercio. Marino
« en quince lineas constituyó la Tierra e terminos. Marino en
« Etiopia escribe al indo la linea equinocial mas de veinte y cuatro
« grados, y ahora que los Portugueses le navegan le fallan cierto. »

Ce texte est assez obscur et il a fait le désespoir des traducteurs.
L'abbé Morelli qui a donné une version italienne de la lettre entière,
M. Urano qui, le premier, la traduite en français, M. de la Roquette
qui en a fait une autre traduction et M. Pinart qui l'a de nouveau

telle que l'avait déterminé Marin de Tyr — 225 degrés — Colomb l'étend encore davantage. Il fait remarquer que la plus grande partie de la terre a été
parcourue ; que du côté de l'Occident les Portugais
ont poussé leurs navigations jusqu'aux Açores et aux
îles du Cap Vert et que, du côte de l'Orient, Marin
lui-même n'a pas connu les dernières limites du Continent ; de sorte qu'en réalité il ne reste à franchir
pour connaître le globe entier que la section maritime qui s'étend entre les extrémités Orientales des
Indes et les îles des Açores et du Cap Vert, section
qui ne peut pas être plus grande qu'un tiers de la
circonférence entière du globe, puisque Marin connaissait déjà 15 heures sur 24 de cette circonférence
et qu'en raison des découvertes faites depuis il ne
devait rester à connaître que huit heures au lieu de
neuf [98].

traduite, n'ont pu lui donner un sens intelligible, faute de ne pas
s'être rendu compte du système géographique de Marin de Tyr et
des modifications que Ptolémée y avait apportées. Nous le rendons
de la manière suivante :

« Ptolémée croyait avoir corrigé exactement Marin ; mais main-
« tenant il se trouve que ce que Marin a écrit est à peu près certain.
« Ptolémée plaçait Catigara à douze heures (— *lineas,* lignes horaires
« —) après son Occident (c'est-à-dire après son premier méridien)
« qu'il faisait passer à 2 degrés 1/3 au-dessus du cap Saint-Vincent
« (c'est-à-dire plus à l'Ouest, aux Canaries). Marin renfermait les
« limites du monde (le monde habitable, le Continent) dans quinze
« heures (*lineas*). Il plaçait l'Ethiopie des Indes (l'Abyssinie) a
« plus de 24 degrés en deçà de l'équateur. Et maintenant que les
« Portugais naviguent là ils ont constaté que cela était exact ».

98. Cette dernière partie du système cosmographique de Colomb

4. Origine des idées cosmographiques de Colomb : La correspondance de Toscanelli n'y est pour rien. — Ajoutons aux traits qui viennent d'être tracés les diverses indications données par Marco Polo sur les îles et les contrées de l'Extrême Orient et on aura, dans ses rapports avec son grand dessein, tous les éléments essentiels du système cosmographique et géographique que Colomb s'était formé [99]. Il n'y a pas autre chose dans la lettre à Martins. La cosmographie de Toscanelli — si c'est lui qui est l'auteur de cette lettre — était donc identique à celle de Colomb. En lui-même ce fait ne constitue pas une présomption contre l'authenticité de cette lettre, puisqu'on nous la donne pour avoir exercé une influence déterminante sur Colomb et que, dans ce cas, il est tout naturel d'y trouver les idées dont le grand navigateur se serait inspiré. Mais la question change de face si c'est ailleurs que dans la correspondance de

est exposé par son fils dans le chapitre VI des *Historie*, chapitre qui appartient bien à Fernand Colomb puisque Las Casas, qui le reproduit dans son chapitre V, dit qu'il le lui a emprunté. Fernand Colomb, dans ce chapitre, s'étend sur les raisons qu'avait son père de croire que l'espace maritime qu'il se proposait de franchir n'était pas bien grand et dit qu'il invoquait, à l'appui de cette manière de voir, les opinions de Strabon, de Ctesias, de Néarque, de Pline, d'Onésicrite et d'Alfragan. (*Loc. cit.*, fol. 13.)

99. Pour compléter l'exposé du système géographique de Colomb il faudrait parler de ses idées sur la forme de la terre et sur la situation du paradis terrestre qui sont si singulières. Mais ces idées, ou plutôt ces rêveries, sont sans valeur scientifique et ne tiennent aucune place dans l'ensemble des spéculations qui ont pu exercer quelque iufluence sur les déterminations pratiques de Colomb.

Toscanelli que Colomb a pris sa théorie cosmographique, et on va voir que c'est là le cas.

Colomb, qui n'était pas un érudit et qui connaissait mal le latin, ainsi que le fait remarquer Bernaldez, n'a connu de première main aucun des auteurs qu'il cite ; nous savons, néanmoins, et par lui-même, comment il a appris ce qu'il rapporte de leurs opinions.

C'est par l'*Imago Mundi* du cardinal d'Ailly, dont il avait un exemplaire qu'il a couvert de notes, qu'il a su que l'astronome arabe Alfragan faisait le globe plus petit de 3 millions de mètres que ne le faisait Ptolémée.

C'est par le même ouvrage qu'il a connu l'opinion d'Esdras que la partie du globe couverte par les eaux était peu considérable par rapport à celle occupée par les Continents.

C'est encore le même petit traité qui lui enseigna que Marin de Tyr ne comptait que 135 degrés entre les deux extrémités du monde.

C'est la connaissance qu'il avait personnellement des découvertes des Portugais à l'Ouest, qui lui ont fait réduire ces 135 degrés à environ le tiers de la circonférence du globe.

Ce sont les opinions avancées par les anciens et reproduites un peu partout qui lui ont donné la conviction que cet espace pouvait être franchi aisément.

Enfin, c'est Marco Polo, dont il existe un exemplaire annoté par lui, qui l'a renseigné sur l'existence des îles et des contrées de l'Asie Orientale qu'il mentionne si souvent et qu'il chercha vainement à chacun de ses voyages.

Voilà, d'après Colomb lui-même, les origines de ses conceptions cosmographiques et ce qu'il dit à cet égard, ou ce qu'il laisse voir, ne saurait être mis en doute parce qu'il révèle les sources mêmes de ses emprunts, alors que la correspondance de Toscanelli ne donne aucun nom. La lettre à Martins et la carte qui l'accompagnait ne sont donc pour rien dans les conceptions géographiques fondamentales de Colomb.

5. **La cosmographie de la lettre à Martins est empruntée à Colomb.** — Si Colomb ne doit rien à la correspondance attribuée à Toscanelli et si cependant, comme cela est indéniable, les idées cosmographiques exprimées dans cette correspondance et celles qui appartiennent en propre à Colomb, sont absolument semblables, comment expliquer cette singulière identité ?

L'auteur de la lettre à Martins aurait-il puisé directement aux mêmes sources que Colomb a connues par l'*Imago Mundi* et serait-il arrivé quinze ou vingt ans avant lui à former le même système cosmographique ? On le croira difficilement. Pour Colomb la tache était relativement facile, puisqu'il trouva tous les éléments de son système dans le livre du cardinal d'Ailly. Il n'en était pas de même pour Toscanelli qui est supposé avoir écrit en 1474, avant la publication de l'*Imago Mundi* et avant l'impression de Ptolémée, source unique de tout ce que nous savons de Marin de Tyr. Bien que s'inspirant des mêmes documents, Colomb et lui ne seraient point arrivés, d'ailleurs, à des résultats absolument identiques. Toscanelli, par exemple, n'avait aucune raison de réduire à 130 les 135 degrés que Marin de Tyr donnait à l'espace maritime, non encore franchi, ce que fait l'auteur de la lettre à Martins, tandis que Colomb qui connaissait les découvertes des Portugais, était justifié à corriger ainsi le chiffre de Marin de Tyr.

Il faut donc rejeter l'hypothèse que Colomb et l'auteur de la lettre à Martins ont, chacun de leur côté, puisé aux mêmes sources et en ont tiré exactement la même chose. C'est Colomb qui a copié la lettre à Martins ou c'est l'auteur de cette lettre qui a copié Colomb et, comme nous avons montré que le copiste ne pouvait être Colomb, il faut bien que ce copiste soit l'autre. D'où il suit encore que cet autre n'était pas Toscanelli, puisqu'il mourut en 1482, époque à laquelle Colomb n'avait pas encore formé son système cosmographique, ainsi qu'on va le faire voir.

6. **Le système cosmographique de Colomb est postérieur à sa découverte.** — Si Colomb ne doit rien aux documents attribués à Toscanelli qui portent une date antérieure à sa découverte, et si c'est par lui-même qu'il a acquis les notions dont il forma son système cosmographique, une autre et très importante ques-

tion se pose ; celle de savoir à quelle époque remonte ce système. La question n'est pas de simple curiosité ; elle a un grand intérêt pour l'histoire du développement des idées qui ont conduit à la connaissance du monde. Il importe en effet à la critique de savoir si le grand événement, qui après des milliers d'années de civilisation est venu soudainement révéler à l'homme qu'il ne connaissait que la moitié de ce globe dont il se croyait le maître, est le résultat d'un hasard heureux, né d'indications fortuites non raisonnées, recueillies par le découvreur, ou la conséquence logique de l'application voulue d'une conception cosmographique, erronée ou non. En un mot Colomb a-t-il été guidé dans son premier voyage par une idée scientifique ou par des indications de pilotes ?

Pour répondre à cette question, il faudrait pouvoir déterminer à quelle époque Colomb a acquis les notions qui forment la base de son système. Malheureusement cela n'est pas facile. Voyons cependant ce qu'on peut dire à cet égard.

En ce qui concerne la partie purement géographique de ce système, c'est-à-dire tout ce qui se rapporte à Cipangu, à Zayton, au Grand Khan et autres détails de ce genre empruntés à Marco Polo, Colomb devait être renseigné dès l'époque où il conçut l'idée de son entreprise. Il avait un exemplaire du livre de ce voyageur qu'il a annoté, et nous voyons par les premières lignes de son Journal, août 1492, qu'il était déjà familiarisé avec ces questions. Mais Marco

Polo, observateur exact et véridique, n'était ni savant ni théoricien et Colomb ne pouvait trouver chez lui que des indications d'un caractère pratique ; ce sont les seules, en effet, qu'il lui emprunte.

Pour la partie scientifique de son système, qu'il doit presque entièrement aux citations faites par l'*Imago Mundi,* elle est certainement de formation plus récente [100]. Comme on l'a montré ci-dessus, c'est par

100. L'*Imago Mundi* du cardinal d'Ailly (Petrus Aliacus ou Pedro de Aliaco), est un recueil de douze petits traités, écrits par le cardinal, et de quelques morceaux dus à Gerson. Quatre des douze traités de d'Ailly sont relatifs à la cosmographie. Le premier et le plus important, qui a donné son titre à l'ouvrage, est l'*Imago Mundi* ; le second est intitulé *Epitome Mappe Mundi.* Ce sont ces deux traités qui ont fixé l'attention de Colomb, et il a littéralement couvert leurs marges de notes, dont la lecture montre que c'est là qu'il a trouvé son système géographique. Voici, d'ailleurs, ce que Las Casas dit à ce sujet. Après avoir parlé des auteurs anciens, que Colomb aurait étudiés, il arrive aux modernes et s'exprime ainsi :

« En première ligne vient ce que le cardinal Pedro de Aliaco (Pierre d'Ailly) dit dans ses livres d'astrologie et de cosmographie. Je crois fermement que ce docteur a eu plus d'influence dans les résolutions de Colomb que les auteurs que nous avons déjà cités. Son livre était si familier à Christophe Colomb qu'il l'avait entièrement annoté de sa main, en latin, et l'avait couvert d'écritures sur les marges, y insérant une foule de choses qu'il avait lues et recueillies dans d'autres ouvrages. » (Las Casas, *Historia,* liv. I, ch. xi, vol. I, p. 89.)

Comme l'a remarqué Humboldt (*Examen critique,* vol. I, p. 61), il est probable, pour ne pas dire certain, que c'est également à cet ouvrage qu'il a emprunté tout ce qu'il dit des opinions avancées par les anciens sur les points qui l'occupaient. Ce précieux volume passa à Fernand Colomb et fait aujourd'hui partie de la Colombine, à Séville. Varnhagen, le premier, appela l'attention sur les annotations qu'il porte. Elles sont toutes aujourd'hui à la portée des tra-

cet ouvrage que Colomb connut les auteurs qui lui ont suggéré les idées fondamentales de sa théorie cosmographique : Alfragan auquel il a emprnnté sa mesure de la terre, Esdras et Marin de Tyr qui lui ont fourni sa thèse du peu d'étendue des mers relativement à celle des Continents, Sénèque, Aristote et les autres auteurs anciens qui l'ont convaincu que l'espace maritime par lequel les deux extrémités de la terre étaient séparées pouvaient être facilement franchi. Si nous connaissions la date exacte de l'impression de ce traité auquel Colomb eut si souvent recours, nous saurions à quelle époque il a pu l'avoir entre les mains pour la première fois et cette indication serait précieuse pour la détermination de la genèse des idées du grand navigateur. Mais ce petit problème bibliographique qui aurait ici un grand intérêt n'a pas encore été résolu. Tout ce qu'on peut dire, c'est que l'*Imago Mundi* n'a pu être imprimé avant 1480 [101]. C'est donc à cette époque, au plus tôt,

vailleurs. M. Lollis les a reproduites intégralement, en fac-similé, avec une transcription en regard, dans son volume *Autografi di Colombo* de la *Raccolta Colombiana,* et en a donné une autre transcription, avec le texte des passages de d'Ailly qui ont motivé les annotations, dans le volume *Scritti di Colombo* de la même collection.

101. Il n'y a eu qu'une édition de l'*Imago Mundi* et elle fut imprimée à Louvain par Jean de Westphalie. Tous les bibliographes s'accordent à penser que la date de l'impression ne peut être antérieure à 1480, ni postérieure à 1490 ou 1492. L'auteur du Catalogue de la Colombine, M. S. de la Rosa, la place entre les années 1480 et 1483. *Catalogo,* vol. I, p. 51 et vol. II, p. xxiii. L'abbé Salembier, à qui l'on doit une savante thèse et une intéressante étude sur le cardinal d'Ailly et qui a visité la plupart des biblio-

que Colomb a pu écrire sur les marges de ce volume les notes qui témoignent des emprunts qu'il y a faits. Mais ces notes peuvent être bien postérieures à cette date et il y a quelques raisons de croire qu'elles le sont en effet. Ainsi, c'est seulement dans les derniers écrits de Colomb qu'on le voit se référer aux idées qui forment le fond de sa cosmographie; c'est dans la lettre de 1498 qu'il parle d'Esdras, d'Aristote et de plusieurs autres; c'est dans la lettre dite rarissime, écrite après son quatrième voyage, qu'il donne l'opinion de Marin de Tyr et qu'il cite plusieurs autres auteurs à l'appui de son affirmation sur la petitesse de la terre.

Si Colomb avait connu l'*Imago Mundi* avant son premier voyage, il est plus que probable que dans le volumineux journal qu'il a écrit de ce voyage, il aurait fait quelque allusion soit aux auteurs auxquels il devait ses idées, soit à ces idées elles-mêmes. Il n'en a rien fait. Cette circonstance autorise à croire que Colomb n'a connu l'*Imago Mundi* que tardivement et que, par conséquent, les idées par lesquelles se résument son système cosmographique — la petitesse du globe et la grande étendue des terres par

théques où l'on trouve un exemplaire de l'*Imago Mundi,* pense que c'est vers l'année 1480 qu'il a été imprimé (*Un évêque de Cambrai,* Lille, 1892, p. 10). Margry recule cette édition jusqu'à l'année 1472 (*Navigations,* p. 101). La date acceptée par Humboldt (*Examen critique,* vol. I, p. 62) et par M. Harrisse (*C. Colomb,* vol. II, p. 190), est celle de 1490 donnée par Jean de Launay (JOANNIS, *Launoii, Regii Navarræ,* etc. (1677), vol. II, p. 478.

rapport aux mers — ne sont nées chez lui que postérieurement à son premier voyage.

7. **Résumé : La lettre à Martins qui reproduit les idées
de Colomb est postérieure à la découverte du Nouveau Monde,
puisqu'à cette époque Colomb n'avait encore aucune théorie
scientifique.** — La première remarque que suggère
l'exposé des faits qui précède, c'est que Toscanelli
n'est pour rien dans la rédaction d'une correspondance dont toutes les idées ont été empruntées à
Colomb, qui lui-même ne les a formulées que longtemps après la mort de l'astronome Florentin.

La seconde remarque qu'il importe de faire, mais
dans un autre ordre d'idées, est du plus grand intérêt :
c'est que, contrairement aux données de la tradition
reçue, Colomb, lorsqu'il s'embarqua pour son mémorable voyage, n'avait pas encore formé son système
cosmographique et n'était guidé, par conséquent, par
aucune conception scientifique. Il avait un plan évidemment, puisqu'il le soumit au Portugal d'abord et
à l'Espagne ensuite. Mais en dehors de ses propres
assertions, telles que Las Casas et Fernand Colomb
nous les ont fait connaître, il n'y a pas l'ombre d'une
preuve que ce plan était basé sur les considérations
cosmographiques que le découvreur a exposées plus
tard. S'il est vrai que dès l'année 1483, date approxi-
mative de ses voyages à la côte de Guinée, il avait
connu la mesure du globe d'Alfragan et avait acquis
la conviction que le monde était relativement petit,
on peut admettre, à la rigueur, que la conception gé-

nérale de son système remonte à cette période de sa vie, puisqu'il découle tout entier de cette première notion fondamentale et qu'en fait Las Casas et Fernand Colomb assurent que Colomb fit lui-même cette déduction [102]. Cela est cependant bien invraisemblable. Une conception cosmographique comme celle qui a été esquissée ne se forme pas d'un seul coup. De l'idée fondamentale, que le monde est plus petit qu'on ne le suppose, à celle que l'espace encore inconnu de la sphère terrestre n'en forme que le tiers et ne dépasse pas en étendue 130 ou 120 degrés, il y a encore loin. L'esprit humain ne procède pas par sauts et il serait contraire à toute logique d'imaginer que Colomb est arrivé d'un trait à des conclusions qui, bien que renfermées dans des prémisses connues, n'en peuvent être déduites sans une longue suite d'efforts suscités par des observations multiples et des considérations d'ordre divers.

Il est donc permis de croire qu'une grande partie tout au moins des considérations théoriques que Colomb a fait valoir pour expliquer comment il a conçu et formé son projet de découverte, pourraient bien avoir pris naissance après cette découverte. Il

---

102. « De cette opinion — celle d'Alfragan et de Colomb lui-même que le degré ne mesurait que 56 milles 2/3 — Colomb inférait que la sphère entière étant petite, la partie qui en forme le tiers et que Marin regardait comme inconnue devait nécessairement être petite également et était navigable dans un plus court espace de temps. Las Casas, *Historia*, ch. v, vol. I, p. 57. Le paragraphe correspondant des *Historie* se trouve ch. vi, fol. 13.

n'y aurait là d'ailleurs rien de surprenant ou d'illégitime en soi. C'est un procédé naturel à l'esprit humain que de vouloir quand même donner la raison des choses et Colomb était en droit de chercher dans les auteurs qu'il connaissait des considérations et des arguments qui étaient la justification de son entreprise. Il ne faut pas oublier non plus que Colomb avait des adversaires, des ennemis, que de son temps même on disait, — nous verrons plus loin sur quels fondements — [103] que ce qu'il avait trouvé lui avait été indiqué et que ces critiques devaient le porter naturellement à exagérer la part que ses conceptions théoriques pouvaient avoir eue à ses découvertes et à diminuer celle que le hasard y avait prise.

Si l'on écarte la correspondance avec Toscanelli et les idées que lui suggérèrent la lecture de l'*Imago Mundi* du nombre des choses qui contribuèrent à engager Colomb dans la carrière qu'il devait suivre, il ne reste comme source d'informations à laquelle il puisa pour former sa conviction, que les récits qui avaient cours de son temps au Portugal, relativement aux terres ou îles que l'on croyait avoir aperçues dans les régions inexplorées de l'Atlantique. Voilà vraisemblablement la principale source des idées d'où sortirent les projets de Colomb. On n'est pas fondé à chercher leur origine dans les spéculations cosmographiques des auteurs anciens ou du moyen âge, qu'il ne connut que tardivement, ou dans ses pré-

103. Voir ci-après, ch. v.

tendues communications avec Toscanelli, dont il n'a jamais soufflé mot; il est infiniment plus probable que ce sont tous ces récits de pilotes et de matelots, toutes ces indications révélatrices de l'existence de terres inconnues, situées sur la route maritime séparant les extrémités occidentales du monde de ses extrémités orientales, qui lui donnèrent la conviction que cet espace pouvait être franchi et qui éveillèrent en lui l'ambition de tenter l'entreprise.

On n'oserait cependant conclure que la grande entreprise de Colomb n'a été motivée que par des renseignements recueillis sur l'existence de nouvelles terres à l'Ouest et sur la possibilité d'y arriver. Ces renseignements ne lui sont pas tous venus à la fois, et il n'a pu leur donner un corps qu'en les méditant et en les soumettant à une sorte d'analyse critique, qui suppose certaines études ou tout au moins des comparaisons avec les données que les navigateurs et les cosmographes possédaient alors. On ne se hasarde pas trop, toutefois, en disant qu'il y a tout lieu de croire que lorsque Colomb entreprit son premier voyage de découverte, les données sur lesquelles il s'appuyait étaient surtout d'ordre pratique et non théoriques.

Nous résumons donc ce chapitre de la manière suivante :

Les idées cosmographiques exprimées dans la correspondance attribuée à Toscanelli et dans les écrits de Colomb sont exactement les mêmes.

Colomb n'a rien emprunté à cette correspondance : nous connaissons les sources où il a puisé.

Toscanelli n'aurait pu puiser aux mêmes sources et, s'il avait pu le faire, il n'en aurait pas tiré les mêmes conclusions.

La cosmographie de la lettre à Martins est empruntée à Colomb même.

Le système cosmographique de Colomb est postérieur à ses découvertes.

L'auteur de la lettre à Martins, n'ayant pu le lui emprunter qu'après cette époque, ne peut être Toscanelli qui mourut en 1482.

Colomb lorsqu'il s'embarqua pour sa grande entreprise n'avait aucune théorie scientifique.

CHAPITRE V

LES MOTIFS POSSIBLES DE LA SUPERCHERIE

1. **Nécessité d'un motif à la fraude soupçonnée** — Si probantes qu'elles soient, toutes les objections relevées contre l'authenticité de la correspondance de Toscanelli avec Martins et avec Colomb perdraient beaucoup de leur force si on ne pouvait assigner aucun motif à la supercherie. C'est un principe à la fois juridique et logique que toutes les actions humaines sont déterminées et qu'on ne recourt pas à la fraude, par exemple, sans objet. Il faut donc chercher les raisons qui ont pu suggérer l'idée de supposer l'existence d'une correspondance dans laquelle un célèbre astronome aurait indiqué à Colomb les motifs d'ordre scientifique qui militaient en faveur de la route des Indes par l'Ouest, de préférence à celle par l'Est.

Il n'est pas douteux que si le faux existe, il a été commis dans l'intérêt de Colomb. Cela résulte du fait que c'est à Colomb que Toscanelli est censé avoir envoyé une copie de sa lettre à Martins; que c'est sur un volume lui ayant appartenu qu'on en a trouvé le texte latin, et que les biographes attitrés du grand génois, Las Casas et Fernand Colomb — ou les auteurs quels qu'ils soient des *Historie* — sont les seuls à parler de cette correspondance ; aucune autre hypothèse n'est recevable.

Il n'est pas si facile de déterminer quel était cet intérêt. Si cependant on se reporte à la lettre à Martins on voit que, dans son caractère général, elle a la prétention d'être une théorie cosmographique, d'où se déduisent la possibilité et la facilité d'atteindre les Indes Orientales par l'Ouest, sans avoir recours à aucune indication de pilotes. Il se pourrait donc que cette lettre ait été imaginée pour montrer que Colomb ne devait pas sa découverte à un hasard heureux ou à des renseignements positifs qu'il aurait recueillis ; mais à l'application d'une théorie scientifique que ses études et son expérience nautique lui avaient permis de formuler, et qu'un savant comme Toscanelli lui avait confirmée.

2. Le Pilote qui aurait renseigné Colomb. — Ce qui donne une grande probabilité à cette supposition c'est que Colomb a été réellement accusé d'avoir obtenu d'un pilote, que les hasards de la mer avaient conduit à l'une des Antilles, des renseignements qui lui auraient rendu sa découverte facile. Dans les premiers temps de la découverte c'était, en effet, une opinion très généralement accréditée, parmi les compagnons mêmes de Colomb, que la route des Indes lui avait été indiquée par un pilote qui y était allé et qui mourut avant d'avoir pu lui-même mettre sa découverte à profit. Il faut ajouter, à ce propos, qu'on remarque chez Colomb une préoccupation constante à faire valoir son expérience comme navigateur et ses connaissances comme cosmographe, préoccupation qui semble avoir eu surtout pour objet de montrer que son entreprise différait de toutes les autres du même genre, en ce qu'elle avait été déterminée par des considérations d'ordre théorique.

Il est donc dans les choses possibles, que les amis et parents de Colomb, nous ne disons pas Colomb lui-même, aient voulu répondre à l'accusation, si préjudiciable à la gloire du grand navigateur, qu'il devait tout à un obscur et malheureux pilote, en inventant une correspondance qui faisait de lui l'émule d'un savant renommé, et non l'heureux bénéficiaire du secret d'un inconnu. Mais cette hypothèse ne serait pas recevable si ce que l'on disait de Colomb n'était justifié, en apparence tout au moins, par des faits véritables. La fabrication de la correspondance attribuée à Toscanelli suppose la réalité de l'aventure du pilote qui aurait renseigné le découvreur. Il importe donc, avant d'aller plus loin, d'étudier l'histoire de ce pilote dans ses sources et de voir jusqu'à quel point elle est fondée. C'est ce que nous allons faire.

3. **L'histoire du pilote, telle que nous la connaissons.** — Les auteurs du temps dont les témoignages sont

discutés ci-après, Oviédo [104], Las Casas [105], Gomara [106] et Garcilasso de la Véga [107], rapportent l'his-

104. Oviedo. — 1535. — *La Historia general de las Indias*, Séville,
1535, liv. I, ch. II et ch. IV, vol. I, p. 13 et p. 18 de l'édition
complète de Madrid, 1851-55, 4 vol. gr. in-4°.

Oviedo est le premier qui ait imprimé l'histoire du Pilote, mais
non le premier qui l'ait notée.

105. Las Casas. — 1527. — *Historia*, etc. Madrid, 1875, 5 vol.,
liv. I, ch. XIV, tome I, p. 105 et sq.

Ce chapitre est tout entier consacré au sujet. Las Casas commença
son livre en 1527, au plus tard, mais il connaissait l'histoire du
Pilote bien avant car il dit que c'est à Hispaniola qu'il l'a recueillit,
au moment même ou il venait d'y arriver (p. 103), c'est-à-dire en
1502. C'est le document le plus ancien et le plus important que
nous ayons sur cette tradition. Voir, ci-après : l'examen des sources.
Il a échappé à presque tous les auteurs qui ont traité le sujet.
Washington Irving a même écrit que Las Casas n'en avait rien dit.

106. Gomara. — 1553. — *Historia de las Indias*, chap. XIII, XIV
et XV.

C'est le second récit imprimé et le premier, celui de Las Casas
excepté, où l'authenticité de l'histoire est affirmée. Gomara est
supposé, sans raisons valables, avoir copié Oviedo. Ecrivain crédule
et sans critique, d'ailleurs, mais dont le témoignage est ici précieux.
Voir ci-après l'examen des sources.

107. Garcilasso de la Vega. — 1609. — *Primera parte de los commentarios Reales*. — Lisbonne, 1609, liv. I, ch. III.

Garcilasso raconte l'histoire du Pilote inconnu, qu'il est le premier
à nommer, avec des détails ignorés de ses prédécesseurs. Il assure
qu'étant encore enfant il l'apprit de son père et des amis de son père
qui la tenaient, eux-mêmes, des premiers découvreurs. Garcilasso
né en 1540 perdit son père à l'âge de vingt ans. Ce serait donc vers
1550 ou 1555, alors qu'il avait dix à quinze ans, qu'il aurait entendu
ces récits. Il y avait à cette époque soixante-dix ans que l'événement
avait eu lieu. Mais le père de l'Ynca pouvait, comme il le dit, avoir
connu des contemporains et même des compagnons de Colomb.
Garcilasso est le dernier qui donne des renseignements originaux
sur cette histoire.

toire du pilote qui aurait renseigné Colomb de la manière suivante [108] :

108. Ces quatre chroniqueurs ne sont pas les seuls qui rapportent l'histoire. Plusieurs autres auteurs, quelques uns plus anciens mêmes que Garcilasso, l'ont donnée, mais leurs récits semblent empruntés à Oviedo et à Gomara et ne contiennent que quelques particularités insignifiantes de plus. Ce sont par ordre de date :

Benzoni.— 1565. — *La Historia del Mondo Nuovo*, liv I, ch. v. Édition française de 1579, pp. 32-40. Éd. anglaise de la Soc. Hakluyt. Londres, 1857, pp. 14-16.

Rapporte le récit de Gomara, qu'il accuse d'obscurité intentionnelle. Il ne le cite pas exactement, d'ailleurs.

Colomb (Fernand). —1571. — *Historie*, ch. ix, dernier paragraphe.

Ce chapitre est emprunté tout entier à Las Casas, moins le dernier alinéa, qui y a été ajouté par une main inconnue, certainement par celle de F. Colomb, et où il est dit que l'aventure dont parle Oviedo est celle de Vincente Dias.

Garibay (E.).— 1571. — *Los xl libros del compendio historial de las chronicas y universal historia de todos los reynos de España*. Anvers, 1571, 4 vol. in-fol., liv. XVIII, ch. xxx, édit. de 1628, vol. II, p. 650.

Copie Gomara.

Acosta (José de)— 1590. —*Historia natural y Moral de las Indias*. Séville, liv. I, ch. xix.

Une simple mention ; croit à l'Histoire.

Fructuoso (G.). — 1590. — *Saudades da Terra*. Liv. I, ch. xxii.

Même récit que Gomara. Cet ouvrage est en partie manuscrit. Mais M. Azevedo a publié le passage ci-dessus indiqué, en note, à son édition de la partie des *Saudades* de Fructuoso consacrée aux îles Portugaises. Funchal, 1873, in-8°, pp. 659-60.

Wytfliet. — 1598. — *Descriptiones Ptolemaicæ*. Louvain, 1598, pp. 3 et 4, éd. française de 1611, p. 2.

Admet l'histoire sans discussion.

Mariana (le P. J.).— 1601. — *Historia general de Espana...* Toledo 1601, liv. XXVI, ch. iii. L'édition de Tolède est la première où parut le livre XXVI. Dans l'édition française le passage sur le Pilote

En 1483 ou 1484 [109], un pilote dont le nom est
très douteux, ainsi que la nationalité, mais qu'on
suppose être un marin de Huelva appelé Alonso
Sanchez [110] serait parti de l'un des ports de la

inconnu se trouve au même livre XXVI, § 9, vol. V, p. 126. Mariana
n'ajoute rien aux récits précédemment connus et croit à l'histoire.

VASCONCELLOS (SIMOA DE) — 1603. — *Chronica da companhia de
Jesu do estado de Brasil.* Lisbonne, 1603. Liv. I, Noticias, p. XXVIII,
édition de 1865.

GARCIA (GREGORIO).— 1607. — *Origen de los indios.* Liv. I, ch. IV,
§ 1.

Croit à la tradition.

TORQUEMADA. — 1613. — *Monarquia Indiana,* 2ᵉ édit., Madrid,
1723, 3 vol., in-4º, liv. XVIII, ch. I, vol. III, pp. 283-284.

Copie Oviedo et Gomara.

109. *Date.* — Las Casas, Oviedo et Gomara ne donnent aucune
date mais parlent de l'événement comme s'il avait eu lieu pas bien
longtemps avant la découverte du Nouveau Monde. Fructuoso
(1590) est le premier qui indique une date précise, celle de 1486,
qui est inacceptable puisque, aux termes mêmes de la légende
c'est pendant qu'il était encore en Portugal que Colomb apprit l'histoire (*Saudades da Terra,* p. 569). Les auteurs Portugais que Ferdinand Denis a consultés, pour son article *Sanchez,* de la *Biographie
générale,* disent : 1480; mais ces auteurs sont tous modernes et ne
peuvent émettre sur ce point que des conjectures. Garcilasso donne
seul une date qui se concilie avec ce que nous savons de la vie de
Colomb en Portugal. « Vers 1484, dit-il, un an après ou un an avant »
(*Commentaire Royal,* liv. I, ch. III). A défaut d'une autre indication
nous acceptons celle-là. Si l'aventure est vraie elle n'a pu avoir
lieu que dans les dernières années du séjour de Colomb en Portugal.

110. *Nom du pilote.* — Ni Las Casas, ni Oviedo, ni aucun des
auteurs qui ont mentionné cette histoire avant Garcilasso, c'est-
à-dire avant 1609, ne donnent le nom de ce pilote, Gomara, Acosta
et Fructuoso assurent même qu'on l'ignore. Tous ceux qui ont écrit
après Garcilasso disent, comme lui, qu'il s'appelait Alonso Sanchez.
Le P. Ayres de Cazal lui donne cependant le prénom de Francesco.

péninsule hispanique [III] pour un voyage de com-

(*Corografia,* vol. I, p. 2.) Quant à la nationalité, Garcilasso est aussi le premier qui affirme qu'il était de Huelva, c'est-à-dire Andalous. Oviedo, Gomara et Fructuoso rapportent que les uns le croyaient Andalous et les autres Portugais ou Basque. Les auteurs Portugais modernes sont assez enclin à voir en lui un des leurs et le font originaire de Cascaes, en Portugal, mais ne donnent aucune preuve à l'appui de cette assertion. M. Eudes qui a cherché dans les archives portugaises quelques indications sur ce personnage n'y a rien trouvé. L'origine basque de ce pilote a aussi ses partisans. Cleirac n'hésite pas à dire que « les Castillans ont pris à tâche de dérober les français de la première atteinte de l'isle athlantique qu'on nomme Indes occidentales », et que « le pilote, lequel porta la première nouvelle à Christophle Colomb et luy donna la connaissance et l'adresse de ce monde nouveau, fut un de nos basques terre-neufiers » (*Us es coustumes de la mer,* 1661, p. 152). Le Père G. de Henao dit aussi que ce pilote était Biscayen et qu'il fit ses confidences à Colomb à Madère, en revenant de la pêche de la morue. (*Averiguaciones de las antiguedades de Cantabria. Salamanque,* vol. I, 1689 ; liv. I, ch. IV, pp. 25-30.) Enfin, dans l'une des pièces de la *Collection de manuscrits relatifs à la nouvelle France,* publiée à Québec, en 1883, il est question d'un manuscrit intitulé : « Description de la mer Oceane » dans lequel il est dit que le nouveau monde fut découvert par un pilote français de Saint-Jean-de-Luz qu'une violente tempête avait jeté à la côte américaine. Revenant en Europe il « communiqua la route qu'il avait faite à Coulon chez lequel il mourut » (*Loc. cit.,* vol. I, nº III, p. 7). Tout ce qu'on nous dit de ce manuscrit, c'est qu'il figurait au catalogue d'un nommé Alexis Montreuil, imprimé à Paris au XVIIe siècle. Mentionnons enfin que, d'après M. Ducéré, il y en a qui croient que ce pilote était Juan de La Cosa, qui était de Santona, et qui accompagnait Colomb à son premier voyage (*Recherches historiques sur la pêche de la morue,* Pau, 1893, p. 29). Les partisans de l'origine basque de ce pilote paraissent cependant moins convaincus que les gens de Huelva et de Cascaes qui, il y a quelques années, se proposaient d'élever une statue à Sanchez dans chacune de ces deux villes.

III. Las Casas dit qu'il partit de l'un des ports d'Espagne ; mais

merce dont la destination était l'Angleterre et les
Flandres [112]. Son navire était chargé des marchandises
que l'on portait alors dans ces contrées (Las Casas),
ainsi que de provisions (Oviedo). Son équipage
se composait de dix-sept personnes. (Garcilasso).
Arrivé en pleine mer, un fort vent d'Est s'éleva (Gomara), qui entraîna le navire au loin. Ce vent ayant
continué pendant 28 ou 29 jours (Garcilasso), les
navigateurs furent portés jusqu'à une région inconnue qui n'était marquée sur aucune carte (Gomara).
C'était les Antilles (Las Casas). Ils abordèrent à
l'une d'elles (Oviedo) : Hispaniola (Las Casas [113]) et
constatèrent que les habitants ne portaient pas de
vêtements (Oviedo). Le pilote releva exactement la

à cette époque le mot Espagne s'entendait de toute la Péninsule.
Las Casas ajoute qu'il ne se souvient pas si on nommait ce port,
mais qu'il lui semble que c'était l'un de ceux du Portugal. (*Historia,* vol. I, p. 103.)

112. LAS CASAS, vol. I, p. 103. Oviedo n'indique comme destination que l'Angleterre (*Loc. cit.,* vol. I, p. 13). Garcilasso et
Gomara disent que la caravelle de ce pilote naviguait des Canaries
à Madère, selon les uns, et de Portugal à la Mine, selon d'autres.

113. Las Casas dans le sommaire de son chapitre xiv qui est
entièrement consacré à cette histoire et qui fut écrit à Hispaniola
dit que c'est à cette île (*esta isla*) que le pilote aborda. Plus loin
(p. 104) il dit : « à ces îles » entendant par là les Antilles ; enfin,
quelques lignes plus bas, il rapporte que les indiens se souvenaient
que des hommes blancs et barbus avaient visité Hispaniola avant
Colomb. Il n'y a donc pas de doute que, pour Las Casas, c'est Hispaniola que découvrit le pilote inconnu. Ni Oviedo, ni Gomara ne
nomme l'île. Le premier, après Las Casas, qui dit que c'était Haïty
est Garcilasso qui ne devait pas connnaître les manuscrits de Las
Casas.

situation de cette île, y prit de l'eau, ainsi que du bois (Oviedo), et remit à la voile.

Pendant le voyage de retour, qui fut long et pénible, parce qu'on perdit du temps à chercher la route et que les provisions manquaient (Garcilasso), la plupart des gens de l'équipage tombèrent malade et moururent. Les survivants au nombre de 3, 4 ou 5 [114] parmi lesquels se trouvait le pilote Sanchez — si tel est son nom, — arrivèrent enfin à Madère [115] où Colomb, qui habitait alors cette île, leur aurait donné asile. Épuisés par les privations et les fatigues qu'ils avaient éprouvées pendant cette expédition à laquelle on donne une durée de quatre ou cinq mois, peut-être davantage (Oviedo), ils ne tardèrent pas à mourir aussi. Mais leur secret ne périt point avec eux. Le pilote, qui expira dans la maison même de Colomb, dont on dit qu'il était l'ami [116], touché par les bons

114, Trois ou quatre selon Oviedo et Fructuoso, Garcilasso dit cinq et ajoute que l'équipage entier était composé de dix-sept personnes (*Loc. cit.*).

115. L'indication de Madère comme point d'arrivée est donnée en termes précis par Las Casas. Oviedo dit que les opinions varient sur ce point, que, selon les uns, c'est à Madère, et selon d'autres, aux îles du cap Vert que le pilote aborda à son retour. Gomara mentionne les Açores comme l'un des points où l'on disait que le pilote arriva, mais on voit que dans son opinion, c'est à Madère que ce voyage extraordinaire se termina. (*Historia*, ch. xiv.) Fructuoso, Garibay et Mariana ne nomment que Madère. Garcilasso donne une toute autre version ; selon lui, c'est à Terceira que Sanchez prit terre à son retour. (*Loc. cit.*, ch. iii.)

116. Les deux plus anciens chroniqueurs de la légende, Las Casas et Oviedo, disent que le pilote était l'ami de Colomb.

soins qu'il avait reçus de lui, aurait donné par reconnaissance à son hôte, toutes les indications qu'il avait relevées sur la situation de son île et sur la route qu'il fallait prendre pour y aller, indications qui avaient été soigneusement consignées par écrit. (Las Casas).

Cette histoire n'a guère trouvé créance auprès de la critique. On a généralement cru qu'elle avait été inspirée par un sentiment de jalousie ou de malveillance contre Colomb et on l'a rejetée, un peu sans examen. Ce jugement sommaire appelle une revision qui pourrait bien faire revenir sur une opinion formée, il semble, sans une connaissance suffisante des sources d'information et basée plutôt sur des raisons de sentiment que sur des considérations critiques.

4. **Examen des sources de l'Histoire.** — A part le capitaine Duro [117] et un ou deux autres peut-être [118],

117. DURO (Cesareo Fernandez). — 1892. — *La Tradicion de Alonso Sanchez de Huelva descubridor de Tierras incognitas.* (Boletin de la Real Academia de la Historia. Madrid, 1802, tome XXI, pp. 33-55.
Étude critique sérieuse, qui conclue à l'authenticité de la légende. Le capitaine Duro avait déjà touché à ce sujet dans sa critique du livre du comte Roselly de Lorgues sur l'histoire posthume de Colomb (*Colon y la historia postuma,* etc. Madrid, 1885, pp. 65 et sq.) dans *Nebulosa de Colon,* 1890 et dans son *Pinzon,* 1892.
M. Emile TRAVERS a donné sur cette tradition une étude impartiale et bien faite, basée sur celle du capitaine Duro : *Alonso Sanchez de Huelva et la tradition qui lui attribue la découverte du nouveau Monde.* Paris, A. Picard. Caen, H. Delesques, 1892, in-8°, 46 pp.
118. Nommons l'ancien président de la Société de géographie de Lisbonne : M. Lucien CORDEIRO (*La part des Portugais dans la décou-

tous les auteurs dont l'opinion compte en pareille
matière, depuis Washington Irving [119], le premier
et le plus complet des historiens de Colomb, jusqu'à
M. Harrisse [120], le plus compétent des Colombistes,
regardent l'histoire qu'on vient de rapporter comme
dénuée de fondement [121], en sorte que ceux qui y ont
ajouté foi sont, en général, précisément ceux auxquels
l'absence de préparation, les procédés enfantins de
critique et souvent aussi le parti pris, laissent sans
autorité lorsqu'il s'agit de se prononcer sur une
question de ce genre [122].

verte de l'Amérique. Lisbonne et Paris, 1876, in-8°, pp. 37 à 46) et
le président de la Société de géographie de Londres : M. Markham
qui ne trouve pas l'histoire improbable. Note à son édition anglaise
de Garcilasso (Hakluyt Society), vol. I, pp. 24-26.

119. IRVING (Washington). — (1828). — *History of the Life and
voyages of Columbus*. Londres, 4 vol., in-8°, appendice XI. — Édit.
française de Defauconpret, 1828, 4 vol., in-8°, appendice.

120. HARRISSE (Henry).—1884.—*Christophe Colomb*, vol. I, p. 106
et pp. 297-298.

121. Parmi les plus autorisés citons : ROBERTSON, *Hist. of America*
(1777), note XVII au vol. I. — Édit. française (1828), vol. I,
note 23. — HUMBOLDT (1836), *Examen critique*, vol. I, p. 225 ;
vol. II, p. 155. — GAFFAREL, *Histoire de la découverte de l'Amérique*,
1892, vol. I, pp. 49-52. Nommons encore Juan Perez de GUSMAN :
Precursores fabulosos de Colon : Alonso Sanchez de Huelva. Dans *La
Illustracion Española y americana*, Madrid, 30 mars 1492. Un des
rares espagnols qui rejettent la tradition.

122. A peu d'exceptions près tous les auteurs espagnols et portugais admettent l'authenticité de la tradition. Outre ceux nommés
ci-dessus on peut encore citer : COUTO (D. Jose Ferrer de) — 1857.
—*Colon y Alonso Sanchez*, Madrid. — LEAL (Baldomero de Lorenzo y)
—1892.—*Cristobal Colon y Alonso Sanchez ó el primer descubrimiento
del nuevo mundo*. Jerez, in-8°, pp. 38-310. — ALDERETE (Bernardo de)

Parmi tous les récits contemporains de cette histoire qui nous ont été conservés, il y en a quatre qui,
à divers titres, doivent être pris en considération.
Celui d'Oviedo, le premier qui ait été imprimé; celui
de Las Casas qui date de l'époque même ou l'histoire commença à être répandue; celui de Gomara
qui imprima, le premier, qu'elle était vraie et celui de
Garcilasso de la Véga qui la compléta par des détails
inconnus de ses prédécesseurs.

5. **Oviedo**. — C'est au récit d'Oviedo qu'on a jusqu'à présent accordé le plus d'attention; c'est celui
dont se sont inspirés la plupart de ceux qui ont
raconté l'histoire après lui. C'est le seul auquel on
ait demandé si elle contenait des éléments de vérité.
Lorsque ce chroniqueur la fit connaître il y avait déjà
une vingtaine d'années au moins qu'elle avait cours
et Colomb était mort depuis plus de dix ans [123].

(1614), *Varias antiguedades de España*, Anvers, in-4°. — Solorzano.
— 1629. — *De Jure Indiarum*, etc. Liv. I, ch. v, n°s 6 et 7, vol. I,
p. 29, édit. de Lyon, 1672. — Caro (Rodrigo). — 1634. — *Antiguedades y principado de la ilustrissimo Cuidad de Sévilla*. Séville,
liv. III, ch. 76. — Orellana (Pizarre y) — 1639. — *Varones ilustres
del nuevo mundo*, Madrid, ch. 11. — Ferreras (J. de). — 1727. —
Historia de España. Madrid. T. VIII, p. 128, édit. française, Paris,
1757.—Cazal (le P. Manuel Ayres de).—1817.—*Corographia Brazilica...* Rio de Janeirio, 2 vol., introduction, p. 2. — Lima (Abreu de)
— 1839. — *Synopsis o deduccào chronologica* dans : *Memoria sobre as
colonias de Portugal*, Paris, 2 vol., in-8°. Ascentio (Joaquin Torres).
— 1892. — Préface de la traduction espagnole des *Decades* de P.
Martyr.
    123. On sait par Las Casas que le foyer de la légende du pilote

Quoique ce soit là une période très courte, l'histoire pouvait déjà à ce moment différer de ce qu'elle était quand on la mit en circulation, c'est-à-dire peu de temps après le premier voyage de Colomb. Si Oviedo avait discuté son authenticité, ou si seulement il avait donné quelques renseignements sur son origine, ou sur les personnes qui y croyaient ou sur les motifs qu'il avait lui-même de la mettre en doute, on pourrait peut-être tirer quelque lumière de ces indications ; mais son récit, bien qu'assez circonstancié, ne contient aucun élément de ce genre. Tout ce qu'on peut en déduire, c'est que l'histoire était courante de son temps, que tout le monde ne la racontait pas exactement de la même manière et et que lui, Oviedo, n'y croyait pas.

Ce dernier point a son importance. Oviedo était un chroniqueur exact, judicieux, remarquablement impartial, et, à première vue, il semble que le fait seul qu'il rejetait l'histoire devrait suffire pour trancher la question de son authenticité, et c'est ainsi, en effet, que la plupart des auteurs en ont jugé. Peut-être cependant n'a-t-on pas prêté suffisamment attention à la manière dont il s'exprime. Après avoir raconté les faits, Oviedo conclut comme suit : « Personne ne peut affirmer avec connaissance de cause que les choses se soient passées de la sorte ; pour moi j'estime que cela est faux » ; mais il donne aus-

inconnu était Hispaniola ; or, Oviedo ne se rendit au nouveau Monde qu'en 1514 et c'est seulement quelques années après qu'il se fixa à Hispaniola.

sitôt la raison de son incrédulité en ajoutant : « Car,
comme dit saint Augustin, il vaut mieux douter des
choses que nous ne savons pas que de discuter sur
ce qui est incertain » [124]. Donc, d'après Oviedo, personne ne connaît la vérité sur cette histoire qui courait les rues, et si lui, Oviedo, n'y ajoute pas foi, ce
n'est point parce que sa fausseté lui est démontrée ou
parce qu'il a des raisons de croire qu'elle est controuvée, c'est tout simplement parce que, dans l'ignorance
où nous sommes de la vérité, il est plus sage de tenir
les faits avancés pour faux que de les discuter sans
raison. On ne saurait voir là une négation catégorique. Dans un autre passage, Oviedo admet implicitement que l'histoire pourrait être vraie en disant
que Colomb était poussé par la certitude où il était
de son fait, soit que cette certitude fut due aux révélations que l'on disait qu'il avait reçues d'un pilote,
soit qu'elle lui vint de sa science [125]. Ainsi, Oviedo
voyait la question comme nous la voyons aujour-
d'hui même : ou Colomb avait des indications, ou
il procédait d'après des données rationnelles !

6. **Las Casas.** — Mais lors même qu'Oviedo aurait exprimé un doute catégorique et motivé sur la
véracité de cette histoire, son opinion ne saurait
prévaloir contre celle d'un homme infiniment mieux

---

124. « Para mi yo lo tengo por falso, è como diçe el Augustino :
Melius est dubitare de ocultis, quam litigare de incertis. (*Historia general,*
liv. II, ch. II, vol. I, p. 13).

125. *Loc. cit.*, liv. II, ch. IV, vol. I, p. 18, col. 2.

qualifié que lui pour connaitre la vérité sur ce point. Il s'agit de Las Casas. Si Oviedo est bien le premier qui ait imprimé l'histoire du pilote sans nom et s'il est vrai, comme le dit M. Harrisse, que la plupart de ceux qui ont répété l'histoire après lui la lui ont empruntée, en l'agrémentant de traits nouveaux, il est inexact que ce soit lui qui le premier, l'ait recueillie. Celui qui le premier l'a notée : c'est Las Casas. Las Casas, qu'on met à tort au nombre de ceux qui ont copié Oviedo presque mot à mot [126], ne doit rien sur ce point à l'historiographe des Indes. Son récit, bien que mentionnant à peu près les mêmes faits, diffère du sien dans plusieurs particularités et a été recueilli dans de meilleures conditions, ainsi qu'à une époque plus ancienne dont on peut, approximativement, fixer la date. Il est certain que c'est Hispaniola (Haïti) — ce véritable théâtre des événements importants de la conquête — [127] où vivaient plusieurs des premiers découvreurs : Ojeda, Morales, Matheos, Bastidas, entre autres, qui fut le berceau de cette histoire; c'est là que Las Casas l'apprit et c'est vraisemblablement là aussi qu'Oviedo en eut connaissance, bien qu'il ne le dise pas; s'il l'avait recueillie ailleurs, cela ne donnerait pas plus de valeur à sa version : au contraire. Or, Las Casas précéda Oviedo à Hispaniola d'une douzaine d'années, puisque c'est en 1502 qu'il y allât

126. « Las Casas, Gomara et Garibay répètent cette légende en copiant presque mot à mot Oviedo qui est, évidemment, leur seule autorité » (HARRISSE, *Ch. Colomb*, vol. I, p. 106).

127. *Ibid.*, vol. I, p. 103.

avec Ovando, et il nous aprend que c'est peu de temps après son arrivée dans cette île qu'il apprit de la bouche même de ceux qui la racontaient, l'aventure de notre pilote. Et ceux qui faisaient ces récits, Las Casas nous le dit encore, c'étaient ceux avec lesquels il vivait : c'étaient des compagnons de Colomb, des gens qui l'avaient accompagné à son premier voyage, qui étaient venus avec lui pour peupler l'île et qui l'avaient aidé dans ses découvertes [128].

La version de Las Casas de l'histoire du pilote inconnu est donc la plus ancienne que nous ayons et même la plus ancienne que l'on puisse avoir, puisqu'à peu d'années près, elle date de l'époque même où l'on commençait à la raconter. A ce titre, elle a une bien plus grande valeur que celle d'Oviedo et on peut en tirer plus de lumière. Comme Oviedo Las Casas constate que la croyance à l'histoire du pilote était générale ; mais il est bien plus affirmatif et explicite que lui sur ce point. Alors qu'Oviedo dé-

128. ... « Je veux écrire ici ce qui se disait couramment, ce que l'on croyait à cette époque et ce que j'appris lorsque, dans les premiers temps, je me trouvais dans ces régions. Il était, en effet, très fréquent parmi nous tous qui vivions alors à cette île Espagnole — (ce chapitre paraît avoir été écrit à Haïti même) non seulement parmi ceux qui firent le premier voyage avec D. Christophe Colomb et qui vinrent avec lui peupler l'île, entre lesquels il y en avait quelques-uns qui l'aidèrent à la découvrir, mais aussi parmi ceux qui y arrivèrent peu de temps après — qu'on s'entretint de la cause qui avait déterminé l'amiral à entreprendre la découverte de ces Indes » (*Historia*, liv. I, ch. xiv, vol. I, p. 103).

clare qu'il ne croit pas à l'histoire parce que la preuve de son authenticité n'est pas faite, lui, Las Casas, contrairement à ce qu'on a avancé trop légèrement, la regarde comme parfaitement établie. Il est vrai que, comme Oviedo, il exprime un doute; mais on va voir que ce doute ne porte nullement sur la réalité de l'aventure.

C'est après avoir exposé les différentes causes qui, d'après lui, formèrent la conviction de Colomb et qui le décidèrent à tenter sa grande entreprise, que Las Casas arrive à l'histoire du pilote inconnu, histoire que l'on donnait de son temps, explique-t-il, comme la cause déterminante (*la causa mas eficaz*) de sa vocation. C'est sur ce point et sur celui-là seulement, que Las Casas fait des réserves. Pour lui, Colomb est guidé par la main de Dieu qui fait naître les circonstances destinées à donner à son esprit la direction nécessaire pour le conduire au but qu'il lui avait tracé. L'aventure du pilote inconnu a pu être un des moyens dont Dieu s'est servi pour agir sur Colomb; mais était-ce, comme tout le monde le disait et le croyait, la circonstance décisive qui entraîna finalement Colomb? Las Casas dit qu'il ne l'affirme pas, et il explique pourquoi : c'est parce que les moyens que Dieu a pris pour conduire Colomb où il voulait qu'il allât sont si nombreux et si efficaces, qu'il importe peu que celui-là soit ou ne soit pas du nombre [129]. Ainsi

---

129. Voici la traduction du passage entier : « Pour finir avec cette question des motifs qui déterminèrent Colomb à proposer la découverte de ces Indes, nous allons rapporter la croyance com-

ce n'est pas sur l'authenticité de l'histoire du pilote que Las Casas refuse d'exprimer une opinion affirmative, c'est sur le fait avancé par tant de gens et regardé par eux comme certain que ce sont les indications données par ce pilote qui décidèrent Colomb [130].

Quant à l'histoire elle même Las Casas en doute si peu qu'il n'hésite pas à dire qu'elle devait venir de personnes qui la connaissaient bien, peut être de Colomb lui même [131], et, comme on l'a vu ci-dessus,

mune, dans les temps passés, d'après laquelle il était admis que la cause la plus efficace de sa résolution (d'entreprendre la découverte des Indes), (*la causa mas eficaz de su final determinacion*) est celle qu'on va exposer dans ce chapitre. Je n'affirme pas qu'il en ait été ainsi (*la cual* (causa) *yo no afirmo*), parce qu'à la vérité les raisons et les circonstances que Dieu suggéra à Colomb dans ce but sont si nombreuses et d'un tel caractère qu'un petit nombre seulement, toutes à plus forte raison, étaient suffisantes et plus que suffisantes pour le décider à exécuter son projet » (*Historia,* liv. I, ch. xiv ; vol I, p. 103).

130. S'il y avait encore un doute que c'est bien là ce que Las Casas a voulu dire, le passage suivant où, trois pages plus loin, il répète, en précisant davantage, ce qu'il a déjà dit, le ferait disparaître : « Voilà ce qui se disait alors couramment dans l'île parmi nous et ce que l'on tenait pour certain, ainsi que je l'ai déjà dit, et l'on regardait comme une chose qui n'était pas douteuse (*como à cosa no dudosa*) que c'était là ce qui avait décidé Colomb » (*Loc. cit.*, p. 106). Mais, ajoute Las Casas, on peut croire cela ou ne pas le croire, parce que, à la vérité, comme on l'a fait remarquer précédemment, il y avait pour guider sûrement Colomb tant d'exemples, de témoignages et de raisons naturelles, que cela suffisait amplement (*ibid.*).

131. ...ó por ventura quien de la boca del mismo almirante ó en todo ó en par te ó per alguna palabra so lo oyere. (*Historia* Liv. I ch. xiv, V. I. p. 104.)

il fait remarquer à l'appui de son authenticité que les
Indiens de Cuba assuraient que des hommes blancs
et barbus avaient visité leurs îles avant ceux qui
accompagnaient Colomb [132]. Enfin, Las Casas termine
le chapitre consacré exclusivement à ce sujet en disant
que quelque soit le motif qui ait déterminé Colomb
il était si certain de découvrir ce qu'il découvrit de
trouver ce qu'il trouva, qu'il agissait comme s'il avait
la chose serrée dans sa chambre avec sa propre clé [133].

Les affirmations de Las Casas et les détails qu'il
donne dans ce chapitre que tant de critiques ont
feuilletés sans en voir la portée, tranchent la question de l'authenticité du voyage attribué au pilote
inconnu qui aurait renseigné Colomb. Après avoir
pesé les termes dans lesquels Las Casas raconte
l'histoire on ne saurait croire qu'elle n'a d'autre
fondement que la jalousie et l'envie. Colomb, il est
vrai, avait des adversaires, des ennemis, que son caractère altier ne contribuait pas peu à indisposer; il était
étranger, sans attaches de famille en Espagne, et
parmi les Castillans témoins et peut être collabo-
rateurs de son succès, il y en avait certainement qui

132. *Historia, Loc. cit. Ibid.*

133. Esto, al ménos, me parece que sin alguna duda pedemos
creer : que, ó per esta ocasion, ó por las otras, ó por parte dellas, ó
por todas juntas, cuando él se determino, tan cierto iba de descubrir
lo que descubrio y hallar lo que halló, como si dentro de una
cámara, con su propia llave, lo tuviera. (*Loc. cit.* p. 106.) Ce n'est pas
la seule fois que Las Casas exprime cette idée ; il y revient en parlant
de la carte qu'il croit être de Toscanelli. (Voyez Vol. I. pp. 96,
316 et 361.)

se croyaient plus capables que lui et qu'irritaient sa haute et prompte fortune. Dans un tel état d'esprit, des récriminations et des commentaires dont l'effet était de diminuer la part qui revenait personnellement à Colomb dans sa découverte, n'avaient rien de surprenant. Il serait donc possible qu'à Haïti, qui était à l'époque un foyer d'intrigues, on ait répété et propagé, en les dénaturant, des faits qui, originairement, n'avaient aucune importance et auxquels la médisance finit par donner une tournure préjudiciable au grand navigateur. Mais Las Casas, qui était un admirateur sincère de Colomb, ne pouvait être ni dupe ni complice de pareils racontages, et s'il croyait à l'histoire, comme cela ne peut faire doute, on ne voit pas bien les motifs qui pourraient nous autoriser à être plus sceptique que lui.

7. **Gomara.** — Le récit de Gomara est le plus discrédité des quatre. Ce chroniqueur, crédule et généralement dépourvu de jugement, a rapporté l'histoire à peu près dans les mêmes termes qu'Oviedo et, sans fournir aucune preuve nouvelle, il s'est attaché à montrer que le véritable découvreur de l'Amérique était ce pilote malheureux dont le nom même a échappé à la postérité [134]. Selon lui, il est faux que

---

134. *Extrait de Gomara.* — Ce passage de Gomara est assez curieux ; on le donne ici d'après la vieille traduction de Fumée qui est si exacte et si naïve ; il vient après le récit de l'histoire du pilote : « Voilà comment Christofle Colomb eut cognoissance des Indes. Et afin que je n'oublie rien, aucuns ont voulu dire que Colomb scavait la langue latine et qu'il était bien entendu en la cosmographie,

Colomb fut un homme instruit en latin et en cosmographie et qu'il connut les auteurs qui avaient parlé d'îles ou de terres à l'Ouest. C'était simplement un homme de bon jugement qui, ayant appris la découverte du pilote en question, se renseigna auprès de ceux qui en savaient plus que lui, auprès du Père Juan Perez de Marchena, entre autres, qu'il vit au monastère de la Rabida, et acquit ainsi la conviction que ce que le pilote lui avait raconté était vrai. Il me semble, ajoute Gomara, que si Colomb était arrivé par son seul savoir à connaître la situation des Indes,

laquelle l'incitait à cercher les pays des Antipodes, et la riche Cipanga, notée par Marc Paul, pour avoir leu Platon en son Timée, et en son Cricias, où il parle d'une fort grande isle nommée Atlantea, et d'un pays couvert plus grand qu'Asie et Afrique. Et aussi pour avoir leu Aristote ou Theophraste, lequel dit côme certains marchands carthaginois naviguans du destroit de Gibaltar, vers Ponent et Midi, decouvrirent, apres longues journées, une grande Isle depeuplée bien pourvue toutesfois, avec rivieres navigables. Mais laissant la ces autheurs, je dis que Christofle Colomb n'estait point docte ains seulement de bon jugement et qu'aiant la cognoissance de ces nouveaux pays, par le rapport de ce pilote mort, il s'informa de personnes doctes sur ce que les anciens disoient des autres païs, et autres mondes : entre autres il communiqua fort avec un frère Jean Peres de Mercene, lequel demeuroit au monastère de la Rabida : par telles communications, il creut pour certains ce que lui avait laissé de bouche ou par écrit ce pilote. Il me semble que si Colomb eust congneu par son sceavoir où estaient les Indes, beaucoup devant sans venir en Espagne, il eust traité de cette affaire avec les Genevois, lesquels couraient tout le monde, mais jamais n'en creut rien ; jusques à ce qu'il eust rencontré ce pilote Espagnol, lequel il trouva par la fourtune de la mer et par la volonté divine. » (*Hist. Générale des Indes*, 1587, fol. 19, verso, et 20, recto. Chap. xiv. Édit. originale : 1552.)

il aurait traité de leur découverte avec les Génois qui alors couraient le Monde, tandis que c'est seulement après avoir rencontré le pilote espagnol que sa conviction se forma à cet égard [135].

Ainsi, d'après Gomara, c'est bien à Madère ou en Portugal, que Colomb connut notre pilote, mais c'est seulement après son arrivée en Espagne et après avoir conféré avec le Père de Marchena, qu'il comprit la valeur du renseignement qui lui avait été donné et qu'il le mit à profit. Cette partie de la verison de Gomara soulève de très graves objections et on conçoit que, venant d'un écrivain aussi peu sûr, de telles affirmations aient mis la critique en défiance. On a donc pu croire, non sans raison, que ce chroniqueur souvent léger et partial, n'avait fait que copier le récit d'Oviedo auquel il aurait ajouté un complément dicté par ce sentiment étroit de patriotisme de clocher dont Colomb fut longtemps victime, et qu'on retrouve, encore aujourd'hui, chez quelques auteurs espagnols.

Il faut, cependant, distinguer la tradition courante relative à cette aventure de ce que Gomara peut y avoir ajouté. En ce qui concerne la tradition, Las Casas l'a racontée exactement de la même manière. S'il est vrai, comme l'affirme l'évêque de Chiapas, que les compagnons mêmes de Colomb, ceux qui étaient en position d'être bien renseignés, — c'est lui qui le fait remarquer, — racontaient couramment

135. Gomara : *Historia,* ch. XIV.

cette histoire et s'ils n'hésitaient pas à dire que ce sont les révélations du pilote en question qui décidèrent Colomb, on ne voit pas pourquoi Gomara n'aurait pas, lui aussi, appris cette tradition de ceux qui la contaient. Comme Las Casas et comme Oviedo il ne vécut pas, il est vrai, au milieu des premiers découvreurs ; mais, bien qu'il fut né en 1510, il a pu en connaître beaucoup. On ferait une liste encore longue des compagnons mêmes de Colomb dont la vie se prolongea jusqu'à une âge assez avancé pour qu'il ait pu les consulter [136]. Il vécut, en tous cas, dans le même milieu qu'eux, entouré de gens qui devaient connaître aussi bien qu'eux l'aventure du pilote anonyme. Ce sont là des conditions très favorables que les historiens ne rencontrent pas toujours pour se former une opinion raisonnée sur les faits qu'ils étudient, et il serait extraordinaire que Gomara, qui se proposait d'écrire le livre qu'il a écrit et qui donne à cette histoire une grande importance, ait eu

136. Citons entre autres, *Gonzalo Martin*, qui fit partie du deuxième voyage de Colomb et qui vivait encore en 1535 ; *Herman Perez Mateos,* qui accompagna Colomb à ses deux premiers voyages et qui n'était pas mort en 1536 ; *Francisco Niño*, pilote de Colomb à son second voyage et fils d'un autre pilote du découvreur, dont on constate l'existence en 1557. *Arias Perez Pinzon* et son frère *Juan Martin*, de la grande famille des Pinzon, qui n'avaient pas plus de trente ou trente-cinq ans quand Colomb mourut. *Diego Martin,* pilote de Colomb à son troisième voyage, qui lui survécut de beaucoup. Voir pour un certain nombre d'autres pilotes et cosmographes qui vécurent longtemps encore après Colomb les inestimables *Biographical Notes* que M. Harrisse a ajoutées à son grand ouvrage : The *Discovery of North America,* 1892.

besoin de l'emprunter à Oviedo, alors qu'il pouvait se la faire raconter par bien des gens qui étaient en position d'être parfaitement renseignés à cet égard. On peut donc admettre que Gomara n'a fait que dire ce qui se disait autour de lui, ce que Las Casas constate lui même qu'on rapportait couramment de son temps. La seule différence réelle qu'il y ait entre les deux récits, c'est que Gomara partage le sentiment de ceux qui assuraient à Las Casas que ce sont les indications données par le pilote à Colomb qui déterminèrent sa vocation, tandis que le bon évêque, sans nier le fait, s'abstient de le confirmer.

Il n'en est pas de même de l'assertion de Gomara que c'est seulement après son passage en Espagne et ses conférences à la Rabida que Colomb comprit la valeur des renseignements que lui avait donnés le pilote. Ni Las Casas, ni Oviedo ne font aucune allusion à l'époque à laquelle Colomb aurait, d'après la tradition, pris sa décision finale et il est possible, probable même, que ceux qui racontaient l'histoire disaient ou croyaient que c'est en Espagne que cela eut lieu, car, à cette époque, on ne connaissait absolument rien de la vie de Colomb en Portugal. En tous cas, Gomara, dont l'autorité n'est pas très grande, est seul à mentionner cette circonstance qu'on ne peut concilier avec des faits qui semblent parfaitement établis : les propositions que Colomb fit au Portugal avant de passer en Espagne et sa visite à la Rabida où il ne paraît pas être allé avant 1491. Si c'est seulement après avoir quitté Lisbonne que sa conviction se forma définitivement, qu'a-t-il proposé au roi Joao II? Si c'est en 1491 qu'il se rendit à la Rabida pour la première fois, que sollicitait-il auparavant des Rois Catholiques? Il y a là une difficulté qui oblige à écarter cette partie de la version de Gomara; le reste de son récit semble avoir la même origine et la même valeur que celui de Las Casas [137].

8. **Garcilasso.** — A un moindre degré les considérations qui précèdent peuvent aussi s'appliquer au récit de Garcilasso. Ce récit, il est vrai, n'a été imprimé qu'en 1609, mais Garcilasso explique qu'il le tenait de son père qui, lui-même, le tenait directement de contemporains et de compagnons de Colomb. Il n'y a rien là d'invraisemblable. Une histoire que tant de gens racontaient, à l'époque, a pu venir à l'oreille du père de l'Inca, aussi bien qu'à celle de Las Casas, d'Oviedo et de Gomara. S'il y a une raison valable pour met-

137. On doit signaler ici un autre point où Gomara semble être dans l'erreur. Il donne au religieux du monastère de la Rabida avec lequel Colomb conféra, le nom de Juan Perez de Marchena qui, croit-on, est celui de deux personnages différents : le frère Juan Perez et le Père Antonio de Marchena. La confusion reprochée ici à Gomara, et que bien d'autres ont commise, n'est pas cependant parfaitement établie. Voyez la discussion de ce point par M. Harrisse, qui croit à cette confusion (*Christ. Colomb*, vol. I, p. 364-370), et pour la thèse contraire, l'article de M. Germont de Lavigne : *Christophe Colomb à la baie d'Huelva* : (*Revue Bleue* 10 sept. 1892). Il faut encore remarquer, à propos de ce même sujet, que Gomara est le premier à dire que Colomb se rendit à la Rabida en quittant le Portugal et que Las Casas, dont l'ouvrage était alors inédit, confirme cette assertion que les *Historie* reprirent plus tard.

tre en doute l'exactitude du récit de Garcilasso, c'est
la précision de ses détails. Contrairement à l'ordre
logique des choses cette version, qui est la plus récente et qui, par conséquent, est la plus éloignée des
sources originales est aussi la plus circonstanciée.
Garcilasso connaît, en 1609, ce qu'Oviedo et Gomara
ignoraient quatre-vingt et cinquante ans auparavant :
il connaît le nom et la nationalité du pilote, ainsi que
différentes particularités du voyage ignorées de ses
devanciers. Cette précision dans les détails est suspecte et il est permis de se demander si Garcilasso,
qui était doué d'une vive imagination, n'a pas cédé à
la tentation d'embellir sa narration en y ajoutant
quelques traits nouveaux? On peut répondre affir-
mativement à cette question, sans mettre en doute
le fond même de l'histoire. Le nom et la nationalité
du pilote importent peu, ce qui est essentiel c'est
de savoir réellement si un pilote quelconque, qui
croyait avoir découvert une île nouvelle à l'Ouest,
donna, à cet égard, des renseignements à Colomb qui
lui profitèrent. Sur ce point le témoignage de Garcilasso concorde avec les autres et il y a cette particularité à noter c'est que, comme Las Casas, il ne croit
pas faire tort au Grand Génois en relatant ces faits.
Avec la réserve indiquée, on peut mettre le récit de
l'Inca à côté des trois autres et en tenir compte dans
une grande mesure.

9. Fernand Colomb. — Dans le livre qui passe pour être
du fils de Colomb on trouve aussi une brève allusion

à l'histoire du pilote; ce serait, y lit-on, l'aventure de
Vincente Diaz qui en aurait été l'occasion [138]. L'histoire de ce Diaz ne parait guère avoir de rapport
avec celle de notre pilote et l'explication que donnent
les *Historie* n'aurait aucune valeur si elle n'était supposée venir du fils même de Colomb; mais, sur ce
point, précisement, il y a lieu d'exprimer un doute.
Le chapitre XIII de Las Casas où il raconte l'histoire
de tous les pilotes dont les aventures de mer avaient
été notées par Colomb, correspond mot pour mot
au chapitre IX des *Historie*, lequel, toutefois, est aug-
menté des quelques lignes donnant l'explication ci-
dessus. Il est donc évident que l'un de ces chapitres
est copié sur l'autre et si l'on admet l'opinion générale que toutes les parties du livre de Las Casas qui
se retrouvent dans les *Historie* ont été empruntées
par lui au texte espagnol inconnu de ce dernier ouvrage, le copiste ici serait lui. La théorie qui fait de
Las Casas, écrivain précis dans l'indication de ses
sources, le plagiaire d'un livre que personne n'a jamais
vu, ne résiste pas, à notre sens, à une comparaison
attentive du texte de l'*Historia* avec celui des *Historie*;
mais en admettant que cette hypothétique version
espagnole des *Historie* ait jamais existé, ce n'est pas
là, assurément, que Las Casas a copié son chapitre XIII,

138. « Gonzalo de Oviedo écrit, dans son Histoire des Indes, que
l'amiral avait une lettre (*une lettera*) dans laquelle les Indes étaient
décrites par quelqu'un qui les avaient découvertes auparavant. La
chose n'arriva pas ainsi ni autrement, mais de la manière suivante. »
Suit l'histoire de Vincente Diaz.

puisqu'il déclare l'avoir emprunté aux notes de Colomb même [139]. Le chapitre IX des *Historie* n'est donc pas du fils de Colomb; il a été entièrement copié dans Las Casas par les auteurs de cette compilation, qui y ont ajouté les quelques lignes ci-dessus mentionnées, mais qui se sont abstenus de copier également le chapitre qui fait suite à celui là dans lequel Las Casas raconte l'aventure du pilote sans nom. Cette observation détruit toute la portée de l'explication donnée par les *Historie*.

10. **L'histoire du pilote est probablement vraie.** — Au résumé, le témoignage de Las Casas seul, témoignage recueilli dans les conditions qu'on a indiquées et rapporté par celui là même qui s'est fait l'historiographe et le panégyriste de Colomb, suffit pour donner toute créance à l'aventure dont nous lui devons le premier récit. Lors même donc que les relations subséquentes que nous en avons auraient été copiées les unes sur les autres, ce qui n'est pas probable, cela ne suffirait pas pour faire regarder le fond de l'histoire comme apocryphe. En formulant cette opinion peut-être même ne va-t-on pas assez loin. A la vérité, l'authenticité de l'histoire du pilote sans nom est aussi bien établie que celle d'une foule d'autres que personne ne conteste. A l'occasion de la lettre de Toscanelli à Martins on a déjà fait remar-

---

139. « en sus libros de memorias » (*Historia*, liv. I., ch. XIII, vol. I, p. 101).

quer que le critérium de certitude, appliqué aux événements historiques, varie singulièrement sans raison perceptible. C'est ainsi que tout le monde croit à l'authenticité de cette lettre dont l'original n'a jamais été vu par personne et dont l'existence n'est connue que par le seul témoignage de Las Casas [140] qui, lui même, ne connaissait à cet égard que ce qu'il avait trouvé dans les papiers de Colomb, alors que tout le monde doute de l'histoire du pilote inconnu, dont l'authenticité est attestée par les compagnons mêmes de Colomb !

Il semble donc qu'il n'y ait aucune raison valable pour écarter comme apocryphe le fait qu'un pilote, dont le nom, est resté inconnu ou incertain, avait découvert, ou croyait avoir découvert, une île ou une terre nouvelle sur la position de laquelle il aurait renseigné Colomb. Il faut toutefois distinguer le fait de la réalité de cette aventure de celui de la réalité de la découverte, qui peut avoir été imaginaire. Comme tant d'autres dont Colomb a recueilli les

140. Fernand Colomb a également donné le même témoignage que Las Casas ; mais on sait que ces deux témoignages n'en font qu'un, puis que l'un des deux a été sûrement copié sur l'autre. Dans l'opinion du plus grand nombre c'est Las Casas qui aurait copié Fernand Colomb ; dans la nôtre ce sont les compilateurs du livre qu'ils ont publiés sous le num des fils du découvreur qui ont copié Las Casas. On n'ignore pas non plus que Colomb est supposé avoir copié de sa main la lettre à Martins, ce qui pourrait être considéré comme une preuve de son authenticité ; mais cet autographe n'a été découvert qu'en 1871 et avant cela on croyait à l'authenticité de la lettre.

récits, ce pilote a peut être cru voir quelque île ou terre que personne ne connaissait encore, alors qu'il était simplement le jouet d'une illusion [141]. Cependant on a vu que Las Casas croyait à cette découverte et, à moins de rejeter complètement son récit, il faut bien admettre que Colomb y croyait également. L'aventure n'a d'ailleurs rien d'impossible en soi, et il serait même surprenant qu'à l'époque dont il s'agit, quand toutes les idées étaient tournées vers de nouvelles découvertes et que tant de navigateurs s'y employaient, que quelques-uns d'entre eux n'aient été portés, accidentellement ou non, jusqu'à l'une des Antilles, ou à Terre-Neuve, ou même jusqu'au Continent, comme la chose arriva plus tard à Cabral. Le fait a dû se produire, bien qu'il n'ait laissé aucune trace.

141. Lors du premier voyage de Colomb, Martin Pinzon, Colomb lui-même et tout son équipage, crurent pendant 24 heures — du 25 au 26 septembre 1492 — qu'ils avaient la terre en vue. Ce n'était qu'un reflet du ciel.

CHAPITRE VI

1. **Les lettres de Toscanelli viennent de Las Casas seul; les Historie les donnent d'après lui.** — Nous connaissons les motifs probables de l'invention de la correspondance de Toscanelli avec Colomb, ou, pour parler plus exactement, nous connaissons des raisons qui suffisent pour expliquer cette supercherie, si elle a eu lieu; voyons maintenant s'il ne serait pas possible de trouver aussi quelques indications sur son auteur ou ses auteurs. Avant de nous engager dans cette recherche, rappelons, pour y insister encore, ce qui a été dit précédemment : que l'existence de la correspondance qui nous occupe ne repose que sur le seul témoignage de Las Casas et de Fernand Colomb, dont l'un, avons-nous dit, répète l'autre [142].

Il n'est pas douteux, en effet, que l'*Historia* de Las Casas et les *Historie* font double emploi sur nombre de points et que, notamment en ce qui concerne Toscanelli, les mêmes assertions se trouvent dans les deux ouvrages. C'est l'opinion de la plupart des critiques, avons-nous dit, que tout ce qu'on lit dans

142. Voir ci-dessus : ch. ii, § i.

les *Historie* qui se trouve également dans l'*Historia* de Las Casas a été copié par celui-ci des mémoires originaux de Fernand Colomb. Dans notre manière de voir, fondée sur une comparaison attentive des deux textes, Las Casas n'a pris à ces mémoires que les seules pages qu'il cite comme venant de cette source. Pour tous les autres passages qui sont identiques dans les deux ouvrages, c'est évidemment le texte italien qui a été traduit de celui de Las Casas, lequel ne peut venir des manuscrits de Fernand Colomb parce que, entre autres raisons, on y trouve une foule d'erreurs excusables peut être chez l'évêque de Chiapas, mais que le fils de Colomb n'aurait pu commettre.

Sans s'étendre davantage sur ce point, il suffit, pour notre objet, de faire remarquer que ce que Las Casas rapporte de Toscanelli n'est pas au nombre des choses qu'il reconnaît avoir empruntées à Fernand Colomb et qu'il dit même le contraire en déclarant qu'on lui a porté ou remis, avec d'autres pièces, écrites de la main même de l'Amiral, la lettre à Martins, traduite en espagnole et la carte qui accompagnait cette lettre [143], langage qu'il n'aurait pas tenu

___

143. Laquelle lettre — celle à Martins, dit Las Casas — j'ai eu en ma possession, traduite du latin en castillan (*Vuelta de latin en romance, Historia*, vol. I, p. 92). Voir aussi même vol., pp. 278-279 où, parlant de la carte de Toscanelli, il s'exprime ainsi : « Je l'ai, en ma possession, avec d'autres choses de l'amiral lui-même qui découvrit ces Indes, ainsi que des écrits de sa propre main qu'on m'a confiés : *y escrituras de su misma mano que trajeson à mi poder.* »

s'il avait trouvé ces pièces dans l'*Histoire* manuscrite du découvreur par son fils, qu'il possédait et qu'il cite à diverses reprises. C'est donc bien Las Casas qui a affirmé le premier que Toscanelli avait été en correspondance avec Fernam Martins, ainsi qu'avec Colomb et, comme il est absolument seul à donner ce renseignement, dont il explique insuffisamment l'origine, comme, à en juger par ses propres expressions, il n'a même jamais vu le texte latin, qu'il dit être le texte original des lettres qu'il produit, et qu'il ne connaît ces lettres que par une traduction espagnole dont il ignore ou dont il ne veut pas dire la provenance, on est obligé d'admettre que ce témoignage unique, dépourvu de sanction, laisse subsister dans toute leur force les nombreuses raisons qui montrent l'improbabilité, sinon l'impossibilité que Toscanelli ait jamais été en rapports, soit avec Martins soit avec Colomb.

2. **Papiers et documents que possédait Las Casas.** — Le fait, bien établi, que c'est sur le témoignage seul de Las Casas qu'on admet l'existence de ces lettres de Toscanelli, qu'il y a tant de motifs de croire apocryphes, il semble que si l'on pouvait déterminer la source des renseignements de cet historiographe, c'est-à-dire l'origine des documents d'après lesquels Toscanelli aurait été consulté par le roi Affonso et par Colomb sur la route des Indes, on serait en position, sinon de dire à qui incombe la responsabilité de la supercherie qui est soupçonnée, du moins de faire à cet égard quelque suggestion plausible. Comment

Las Casas a-t-il acquis cette correspondance extraordinaire qui devrait tenir dans l'histoire des entreprises maritimes des Portugais une place aussi importante que dans la vie de Colomb et que tant de
personnes qui étaient en position d'être bien renseignées à cet égard ont ignoré; que Colomb lui
même semble n'avoir jamais connue et que lui, Las
Casas, est seul, absolument seul à connaître?

On vient de voir que l'évêque de Chiapas ne s'explique pas nettement sur ce point, qu'il produit les
lettres de Toscanelli sans indiquer d'une manière
précise leur provenance, mais qu'il laisse voir que
c'est de quelqu'un de la famille de Colomb qu'elles
viennent. Il ne saurait donc y avoir aucun doute que
la source des informations de Las Casas sur les rapports de Colomb avec Toscanelli vient des papiers de
la famille du grand navigateur qu'on lui avait confiés,
et que c'est là qu'il a pris la traduction espagnole des
lettres qu'il a insérées dans son Histoire.

Mais cette conclusion ne nous renseigne pas sur
l'origine véritable de ces lettres, car Las Casas possédait un nombre considérable de papiers de la famille
de Colomb qui n'avaient pas tous la même provenance. Outre une grande partie de la correspondance
du découvreur qu'il cite souvent d'après les textes
originaux, il possédait le Journal de Bord de son premier voyage, ainsi que celui du troisième; il avait
les papiers de Barthélemy Colomb, qui paraissent
avoir été assez importants, et des manuscrits de Fernand Colomb dont il donne divers extraits, ainsi

qu'une foule de documents d'un caractére confidentiel et officiel [144] dans lesquels il a largement puisé pour écrire son livre et dont on ne s'explique pas la présence entre ses mains.

3. **Origine des documents de Las Casas.** — D'où venaient tous ces précieux documents? Qui pouvait les avoir confiés à Las Casas? Il ne le dit pas; on va essayer de suppléer à son silence.

Las Casas revint d'Amérique en 1544 pour se faire sacrer évêque à Séville; mais peu de temps après il retourna au Nouveau-Monde et ne revint définitivement en Espagne qu'en 1547, époque à laquelle il se fixa à Valladolid, au monastére de San Gregorio, où il passa le reste de son existence; on doit croire que c'est là qu'il revisa les parties de son livre déjà écrites et qu'il écrivit les autres [145]. A cette époque et depuis assez longtemps déjà, les papiers les plus précieux de Colomb étaient renfermés dans une caisse de fer confiée à la garde des religieux du monastére de las

144. Voir, pour des indications plus complètes sur les papiers de la famille de Colomb et les autres sources d'information que Las Casas possédait, le très curieux chapitre que M. Harrisse a consacré à ce sujet dans son *Christophe Colomb*, vol. I, pp. 122 et sq.

145. Las Casas dit qu'il commença son *Histoire* en 1527 ; mais on voit par différents passages de son texte qu'il y travaillait encore en 1552 et en 1561. La première de ces deux dernières dates est même indiquée dans les premières pages de l'ouvrage. Il est clair que, comme Oviédo, Las Casas revisa son livre jusqu'au dernier moment ; mais il n'est pas douteux que c'est après 1547 qu'il en rédigea une grande partie et qu'il y mit la dernière main. Voir le chapitre du *Colomb* de M. Harrisse, cité à la note précédente.

Cuevas, près de Séville, qui y veillaient scrupuleusement et si Las Casas en a obtenu communication, il n'est pas probable que ce soit par eux [146]. Peut-être, d'ailleurs, ne lui étaient-ils pas indispensables, car ils devaient se composer principalement des privilèges de Colomb dont il y avait des expéditions en double. Il n'en était pas de même des autres papiers de Colomb, de sa correspondance, de ses journaux de bord, de la carte qui lui avait servi de routier à son premier voyage, et de ses ouvrages manuscrits qui étaient naturellement restés à son fils aîné, Diégo, héritier de ses titres et de ses majorats et deuxième amiral des Indes. A la mort de celui-ci, en 1526, ses titres et ses biens passèrent à son fils aîné, don Luis Colon, qui fut plus tard troisième amiral des Indes et premier duc de Veragua, mais qui était alors mineur et sous la tutelle de sa mère Maria de Tolède. Bien qu'aucune pièce ne le constate direc-

---

146. *Les papiers de Colomb*. — On ne sait point exactement quand Colomb confia ses papiers à ces religieux qui avaient aussi ceux de Barthélemy, lequel retira les siens en 1508. Ceux de Colomb restèrent à ce monastère jusqu'en 1609, époque à laquelle ils passèrent aux mains de Nuño de Portugal, reconnu alors comme héritier des biens et des titres de l'amiral. Mais il est évident que les héritiers directs de Colomb, Diego I, d'abord, et son fils don Luis, ensuite, y avaient accès, puisque leurs droits n'étaient pas contestés. En ce qui concerne ce dernier, cela ne fait pas de doute, car, nous voyons par un document authentique qu'en 1566 les papiers de la famille de Colomb étaient déposés à la chapelle de Santa Ana du monastère de Las Cuevas qui appartenait, dit le document, à Don Luis Colon. (*Memorial del Pleyto*, nº 1014, *apud* HARRISSE : *C. Colomb*, vol. II, p. 256.)

tement, on ne saurait douter que c'est entre les mains de cette dernière que restèrent tous les papiers de son mari, ainsi que ceux de Colomb, puisqu'elle seule, pendant la minorité de son fils, avait qualité pour les garder. Il est possible, cependant, qu'une partie de ces papiers était déjà passée ou passa alors à Fernand Colomb, second fils de l'amiral et frère de Diégo, qui était l'érudit de la famille, son archiviste en quelque sorte, qui se proposait d'écrire la vie de son père, dont il écrivit réellement une partie au moins, et qui avait un soin méticuleux et jaloux de ses collections.

Fernand Colomb mourut en 1539 léguant toutes ses collections à son neveu, ce même don Luis, qui se trouva ainsi maître de tous les documents, papiers, livres et manuscrits que son grand-père, son père et son oncle avaient possédés. Le legs de Fernand Colomb était, il est vrai, subordonné à de certaines conditions dont l'inexécution amena le transfert de la collection entière à la cathédrale de Séville; mais ceci n'eut lieu qu'en 1552. Jusqu'à cette époque Maria de Tolède, d'abord, et son fils, après sa mort, restèrent seuls en possession des collections de Fernand que cette première fit enlever en 1544 de la maison du défunt pour les déposer au couvent des moines dominicains de San Pablo de Séville. Maria de Tolède retourna peu après à Hispaniola, siège de sa vice-royauté des Indes, où elle avait laissé son fils et où elle mourut le 11 mai 1449; elle ne revint plus en Europe. Mais don Luis passa en Espagne en 1551 et pendant deux ans au moins il eut la haute main sur tous les papiers de sa famille dont il avait hérité.

Las Casas qui habitait Hispaniola, comme don Luis et comme Maria de Tolède et qui avait fait un voyage à cette île avec cette dernière, avait, comme on l'a dit, définitivement abandonné le Nouveau Monde en 1547 pour venir mettre la dernière main à son livre en Espagne. Il est probable qu'il rapporta avec lui ceux des papiers de Colomb et de Diégo qui pouvaient être restés à Hispaniola et que Maria de Tolède dut s'empresser de mettre à sa disposition, puisqu'il écrivait un livre dans lequel l'histoire de sa famille tenait une grande place et qu'elle avait tout intérêt à lui faciliter cette tâche, en même temps qu'à gagner ses sympathies. Il est probable aussi qu'elle lui fournit les moyens d'avoir accès à la Colombine que les religieux du monastère de San Pablo gardaient en dépôt pour son fils.

Peut-être, d'ailleurs, que Las Casas qui était Dominicain lui-même et évêque, n'avait pas besoin d'une autorisation pour utiliser des documents placés en dépôt dans un couvent de son ordre. En tous cas, il ne put les consulter là avant 1547, puisque c'est seulement le 7 avril 1544 que Maria de Tolède les fit déposer dans ce couvent et que Las Casas, qui y avait été sacré quelques jours auparavant, repartit aussitôt après pour le Nouveau Monde d'où il ne revint qu'en 1547. Las Casas ne put donc avoir accès aux documents de la Colombine, sans l'autorisation de ses possesseurs — si Maria de Tolède ne lui avait pas donné cette autorisation — que de 1547 à 1551, époque à laquelle Don Luis Colon, à qui seul désormais, appartenait cette précieuse collection, revint en Espagne.

Nous sommes maintenant suffisamment renseignés sur le point qu'il importait d'éclaircir. Nous savons que les papiers dont La Casas parle et auxquels il fait tant d'emprunts, étaient ceux de Colomb, de son frère Barthélemy et de ses deux fils Diégo et Fernand, c'est-à-dire, en somme, tous les papiers de la famille du découvreur; nous savons, en outre, qu'à l'époque où Las Casas vint en Espagne pour se faire sacrer et mettre la dernière main à son Histoire des Indes, Maria de Tolède et son fils don Luis étaient seuls en position de lui confier de tels trésors. On peut donc conclure avec toute certitude que c'est d'abord par la vice-reine des Indes, veuve du second amiral des Indes et mère du troisième, don Luis Colon, et ensuite par celui-ci même, que l'auteur de la *Historia de las Indias* obtint communication de toutes les pièces qu'il mit si largement à contribution et dont, malheureusement, une grande partie ne nous est connue aujourd'hui que par son livre.

4. **L'auteur du faux ne doit pas être Colomb.** — Les résultats auxquels nous sommes arrivés rendent plus facile la recherche de l'origine première des pièces formant la correspondance attribuée à Toscanelli. Si cette correspondance vient, comme Las Casas le donne clairement à entendre, des papiers de la famille du décou-

vreur qu'on lui avait confiés, l'auteur responsable de cette singulière production ne peut être que l'un de ceux dont Las Casas avait les papiers, c'est-à-dire Colomb lui-même, son frère et ses fils, ou l'un de ceux qui seuls disposaient de ces papiers et qui, seuls, pouvaient y introduire des pièces apocryphes, soit : Las Casas lui-même, Maria de Tolède et Luis Colon. Examinons les diverses hypothèses que suggèrent ces conclusions.

Serait-ce dans les papiers venant directement de Colomb que les lettres de Toscanelli auraient été trouvées ? S'il en avait été ainsi il semble qu'on y aurait aussi trouvé les textes latins et non pas seulement une traduction espagnole, car il va de soi que le traducteur de ces lettres était le détenteur des documents originaux que l'on suppose avoir existé, et si Colomb avait été réellement en correspondance avec Toscanelli où aurait-il pu placer des pièces si précieuses pour lui, si ce n'est avec ses papiers de famille ? D'un autre côté, si la traduction donnée venait de Colomb, Las Casas, qui indique ordinairement ses sources, surtout quand il s'agit des emprunts qu'il fait aux écrits de Colomb ou à ceux de son fils [147],

147. C'est ainsi qu'il dit avoir copié textuellement des écrits de Fernand Colomb, son chapitre V qui correspond au chapitre VI des *Historie* et qu'il déclare avoir emprunté, non à Fernand mais à Christophe lui-même, tout ce qu'il rapporte dans son chapitre XIII, qui forme le IXe des *Historie*. Pour la première assertion, voir le sommaire du chap. V, vol. I, p. 55 et la fin du chapitre p. 57. Pour la seconde, voir page 97 où il dit qu'il copie le langage même de Colomb et page 101 où il répète la même chose.

aurait indiqué celle-ci; il est même à croire que dans cette circonstance il se serait empressé de citer le nom de Colomb s'il avait eu l'occasion de le faire; son intérêt et son devoir d'historien l'y obligeaient également. Le silence de Las Casas sur ce point est une raison suffisante de croire que ce n'est pas par les papiers de Colomb lui-même qu'il a eu connaissance de ces fameuses lettres.

Au premier abord, cependant, il semble que c'est celui à qui la supercherie devait profiter qui en est l'auteur et que, par conséquent, c'est Colomb qui a imaginé toute cette correspondance; mais ici on est arrêté par une objection formidable, c'est que Colomb n'en a jamais profité, puisqu'elle n'a été produite que cinquante ans après sa mort et qu'il est impossible de trouver dans aucun de ses écrits ou dans aucun de ses actes, une indication révélant qu'il connaissait l'existence de Toscanelli. Colomb aurait donc fabriqué la lettre à Martins, ainsi que celles qui la suivirent, pour n'en faire aucun usage?

Peut-on voir une preuve, ou simplement une présomption, de la participation de Colomb à la fabrication de la principale de ces lettres dans le fait qu'il l'aurait copiée sur la garde d'un livre lui ayant appartenu? Mais le fait lui même est loin d'être établi [148].

148. *Colomb a-t-il copié la Lettre à Martins?* — Il faut dire ici que la plupart des critiques, sinon tous, reconnaissent l'écriture de Colomb dans cette transcription de la lettre à Martins. M. Harrisse a le premier émis cette opinion (*Fernand Colomb*, p. 89) qu'il reproduit dans sa *Discovery* (p. 380). L'érudit et très complaisant

On n'en donne pour preuve qu'une de ces ressemblances d'écritures qui sont si trompeuses qu'il est impossible d'asseoir sur elles aucune certitude. Le

secrétaire perpétuel de l'Académie d'Histoire de Madrid, M. Césaréo Fernandez Duro, que j'ai consulté à cet égard et M. Ascensio dont il a bien voulu prendre l'avis, à mon intention, partagent cette manière de voir. Il en est de même de M. Uzielli et de M. Césare de Lollis (*Raccolta Colombiana : Autografi di Colombo* prefazione, p. XIII).

Ce dernier qui a fait un travail très étudié sur le sujet, reconnaît deux types dans l'écriture de Colomb, l'un qu'il désigne par la lettre *a* qui est d'une calligraphie plus rapide et plus hachée que l'autre, le second marqué par la lettre *B* qui est plus régulier, plus arrondi. Une partie des notes de l'*Imago Mundi* et la lettre de Toscanelli du volume de Pie II, appartiendraient au premier type. Le titre de cette lettre se rapporterait au deuxième type (*Loc. cit.* et p. XVI). Cette théorie est ingénieuse; mais elle n'est qu'ingénieuse et un expert, en ces matières, ferait facilement un travail aboutissant à des conclusions contraires, en s'appuyant sur les signes mêmes par lesquels M. Lollis croit reconnaître les deux types de l'écriture de Colomb.

Il est difficile de croire que la ligne qui sert de titre à la lettre : « *Copia misa Christofaro Colonbo per Paulum fixicum cum una carta navigacionis* », soit de la même main que celle qui a transcrit la lettre. Sans parler de la forme et de la régularité des caractères qui peuvent être attribués à l'application que l'on met ordinairement en traçant le titre d'une pièce, il faut remarquer qu'on y trouve un mot orthographié différemment que dans la lettre. L'auteur du titre écrit *fixicum,* alors qu'une ligne plus bas, le copiste de la lettre écrit *phisicus ;* il écrit aussi *Christofaro Colonbo.* Enfin, ainsi que me le fait observer le présent bibliothécaire de la Colombine, M. Simon de La Rosa y Lopez, l'encre de la ligne de titre n'est pas la même que celle du corps de la lettre et le copiste de celle-ci a commencé son travail si près du bord supérieur de la page qu'il est resté à peine assez de place pour y mettre la ligne de titre. On ne saurait donc douter que cette ligne ait été ajoutée après coup et par une

fait que l'ouvrage de Pie II, sur la garde duquel le document est transcrit, a appartenu à Colomb ne prouve absolument rien, puisque cette transcription n'a été découverte que de nos jours.

De deux choses l'une : ou la lettre est fausse ou elle est authentique; mais dans les deux cas elle a été tenue secrète.

Si elle est fausse, et si l'on veut voir une preuve de

autre main que celle qui avait copié la lettre. M. Simon de la Rosa estime que cette main est celle de Fernand Colomb. J'y verrais plutôt celle de Barthélemy qui, dans une note au *Pie II* de la Colombine, reconnue être de sa main, emploie la forme *fixicum,* comme dans le titre de la lettre (Voyez la note 860 au Pie II, dans le vol. *Autografi di colombo* de la *Raccolta*). Il est permis aussi de se demander si Fernand Colomb, qui était un lettré, aurait écrit un pareil titre (Voyez appendice B, note 1).

En ce qui concerne le corps de la lettre, M. de La Rosa y Lopez qui, en premier lieu, avait cru y reconnaître l'écriture de Barthélemy (*Biblioteca Colombina catalogo...* Séville, 1892, vol. I, 1888, p. 52) s'est corrigé plus tard (*ibid.*, vol. II, p. xii, note) et il a bien voulu m'écrire qu'il persistait dans son opinion que Colomb est bien l'auteur de la copie en question. Il n'est pas moins vrai que de l'aveu même du savant bibliothécaire, une bonne partie des notes du livre sont de la main de Barthélemy (*loc. cit.*, vol. II, p xxvii) et qu'il y a entre l'écriture des deux frères une grande ressemblance (*loc. cit.*, vol. I, p. 52, note, et vol. II, p. xxix) ce qui montre, tout au moins, la possibilité d'une erreur dans la détermination des parties écrites par chacun des deux frères.

Sans vouloir entrer dans la discussion de cette question qui nous conduirait trop loin et qui, d'ailleurs, ne peut aboutir, à notre humble avis, à aucun résultat certain, nous donnons à la fin de cet ouvrage plusieurs fac-similé qui permettront aux curieux d'étudier de plus près ce petit problème. Ce sont des reproductions *agrandies* de la fameuse lettre d'abord, puis de l'écriture de Colomb et de celle de son frère Barthélemy.

la participation de Colomb au faux dans le fait que la
seule transcription que nous ayons de la pièce est
d'une écriture qui paraît être la sienne, il faut expliquer pourquoi il ne s'est jamais servi de cette pièce,
pourquoi il n'en a jamais dit un mot et pourquoi on
l'a cachée si soigneusement que, de son vivant et bien
longtemps après encore, on n'en soupçonnait pas
l'existence.

Si, au contraire, on prétend trouver une preuve de
l'authenticité de la lettre dans la transcription attribuée à Colomb, il faut expliquer pourquoi il a dissimulé l'existence d'une pièce aussi importante et aussi
flatteuse pour lui, et cela non seulement à l'époque
où elle lui aurait été si utile pour vaincre l'opposition
que l'on faisait à son projet, mais aussi durant toute
sa vie. Et si l'on supposait qu'il a gardé le silence à
ce sujet parce qu'il ne voulait pas faire connaître l'origine de la certitude qu'il avait de découvrir les Indes,
outre que cette supposition n'est pas à son avantage,
elle n'explique pas toutes les contradictions et toutes
les invraisemblances que soulève l'admission que cette
lettre a été réellement adressée par Toscanelli à Martins : recherche de la route des Indes, en 1474, alors qu'il
n'a été question de cela pour la première fois que sous
le roi Joao II; adoption par un mathématicien comme
Toscanelli du système cosmographique de Marin de
Tyr, dont Ptolémée avait démontré la fausseté; mention du commerce des épices de l'Orient à une époque où les Portugais n'avaient aucun intérêt dans ce
commerce; ignorance complète de tous les auteurs

portugais du temps de l'existence de Toscanelli et du projet qu'il est supposé avoir encouragé ; silence gardé par tous les auteurs italiens contemporains et amis de Toscanelli sur le grand dessein qu'on lui attribue ; impossibilité de trouver aucune trace authentique de l'existence du personnage qui servait d'intermédiaire entre Toscanelli et le roi Affonso, etc., etc.

En résumé la seule indication que l'on croit avoir que Colomb connaissait l'existence de la lettre à Martins n'est confirmée par aucune autre et il y a bien des raisons qui ne permettent pas de la regarder comme concluante. Ajoutons que si Colomb, a réellement copié cette lettre de sa main cela ne prouve pas qu'elle est authentique ; il faudrait simplement conclure de ce fait qu'il a connu le faux — si le faux était démontré.

5. Ce n'est pas Fernand Colomb. — L'auteur de la supercherie serait-il Fernand Colomb comme on serait peut être tenté de le croire [149] ? Dans ce cas ce serait aux manuscrits du fils de Colomb qu'il possédait que Las Casas aurait emprunté les lettres en

---

149. Diverses raisons peuvent motiver cette supposition. D'abord on trouve ces lettres dans les *Historie ;* ensuite Fernand Colomb, seul, parmi les membres de sa famille, pouvait traduire convenablement ces documents. Enfin, c'est sur un volume faisant partie de sa bibliothèque qu'on a trouvé plus tard une copie du texte latin de la lettre à Martins. Ces raisons sont spécieuses ; elles tombent devant le silence évidemment calculé que Las Casas observe à cet égard.

question; mais alors il aurait indiqué sa source, comme il le fait dans les autres occasions où il emprunte quelque chose aux écrits du fils du découvreur. On ne voit pas pourquoi, en effet, il aurait caché cette particularité importante qui aurait donné plus d'autorité au fait extraordinaire qu'il avançait et qui était resté absolument inconnue. Une autre raison confirme l'opinion que ce n'est pas par Fernand Colomb que Las Casas a connu les lettres de Toscanelli, c'est que la version italienne de ces lettres que donnent les *Historie* a été faite sur le texte espagnol de Las Casas. Les écrits que Fernand Colomb avait laissés sur son père et que les compilateurs des *Historie* connaissaient certainement, ne contenaient donc pas les textes originaux de ces lettres? Ajoutons que le caractère moral de Fernand Colomb, sa vie studieuse, sa modestie, n'autorisent guère la supposition qu'il ait pu tremper dans une supercherie comme celle que nous soupçonnons.

6. **L'auteur du faux est probablement Barthélemy Colomb.** — Se pourrait-il que ces fameuses lettres vinssent de Barthélemy Colomb? C'est possible et même très vraisemblable. Barthélemy était très dévoué à son frère et, à en juger par certaines assertions de Gallo et de Las Casas, il avait reçu une instruction supérieure à celle de son aîné. Comme celui-ci il avait laissé des lettres et des papiers, en assez grand nombre, qui n'existent plus aujourd'hui, mais que Las Casas connaissait bien, car il dit qu'il en avait beaucoup, écrits

de sa main [150]. Plusieurs volumes de la Colombine portent aussi des notes de lui ; Barthélemy était donc un de ceux qui se trouvaient en situation d'écrire la lettre à Martins et celles à Colomb et on peut relever plusieurs circonstances qui donnent un grand poids à la supposition que la supercherie vient de lui.

Constatons tout d'abord qu'une partie des notes qui se trouvent sur l'exemplaire du Pie II de la Colombine sont de la main de Barthélemy. Le fait est attesté par l'homme le mieux versé dans la connaissance des autographes de Colomb et des siens : M. Simon de La Rosa y Lopez [151]. Il en est de même de quelques-unes des notes, tout au moins, qui couvrent les marges de plusieurs feuillets du traité du cardinal d'Ailly, l'*Imago Mundi*, dont Colomb, au rapport de Las Casas, avait fait son livre de chevet [152]. A cette première indication, il faut ajouter celle-ci qui, dans l'espèce, a une grande importance, c'est que l'écriture de Barthélemy ressemblait beaucoup à celle de son frère Christophe. Las Casas le déclare et le bibliothé-caire de la Colombine le reconnaît également [153]. Il résulte de là que la seule indication que l'on croit avoir que Colomb a connu la lettre à Martins, la

150. Historia, vol. I, pp. 213-214.

151. Simon de la Rosa y Lopez : *Catalogo*, vol. II, p. xxvii.

152. Las Casas : *Historia*, liv. I, ch. xi. p. 89. Voyez ci-dessus : note 100.

153. La Rosa y Lopez : *Catalogo*, vol. I, p. 52, note 2 et vol. II, p. xxix où il dit que la ressemblance des deux écritures est telle qu'on peut les confondre.

transcription qu'on lui attribue, perd, sinon toute, du moins la plus grande partie de sa valeur, puisqu'il est avéré que cette transcription peut tout aussi bien être de la main de Barthélemy que de celle de son aîné.

Cette conclusion, qui compromet Barthélemy, ne suffirait pas pour mettre Colomb hors de cause si d'autres considérations ne venaient s'y ajouter. Colomb, comme on l'a montré, n'a jamais soufflé mot de Toscanelli ou de ses lettres, ce qui est aussi inexplicable dans le cas où ces pièces seraient authentiques que dans le cas où il aurait trempé dans leur fabrication. Dira-t-on que Barthélemy non plus n'en a pas parlé? D'abord nous n'en savons rien puisque nous ne possédons plus ses écrits, tandis que nous avons un grand nombre de ceux de son frère et nous y voyons que, dans bien des circonstances où il aurait inévitablement parlé des documents attribués à Toscanelli, s'il les avait connus, il garde le silence. Ce fait, sans être tout à fait concluant, montre, néanmoins, que si l'écriture de la transcription de la lettre à Martins doit être considérée comme une indication que l'auteur de cette transcription est l'auteur du faux, cette indication vise plutôt Barthélemy que Christophe. Un dernier fait peut encore être relevé à la charge de Barthélemy dans cette affaire. C'est qu'au rapport de Las Casas, qui avait en main plusieurs de ses manuscrits, il écrivait en mauvais latin [154],

---

154. Las Casas : *Historia*, vol. I, p. 214. M. S. de la Rosa confirme cette observation en disant que Barthélemy était comme ses

ce qui est précisément le cas de l'auteur de la lettre à Martins.

Cet ensemble de considérations suffit-il pour faire reconnaître, dans Barthélemy, l'auteur de la supercherie que nous soupçonnons? Évidemment, on ne saurait rien affirmer à cet égard avec certitude. En pareille matière la production de preuves positives, matérielles, est impossible. Tout ce qu'on peut faire c'est d'établir des présomptions et lorsque toutes les circonstances que l'on peut relever relativement à la production d'un fait convergent vers la même conclusion, il faut bien reconnaître qu'on se trouve en présence de présomptions qui ont presque la valeur d'une preuve.

7. **Complicité probable de Las Casas.** — On peut objecter à l'assertion que Barthélemy était probablement l'auteur des lettres attribuées à Toscanelli, que, s'il en avait été ainsi, le fait n'aurait pu échapper à Las Casas, qui connaissait parfaitement l'écriture de ce frère de Colomb et qui l'avait certainement connu personnellement. Il faut donc croire ou que Las Casas a ignoré la véritable provenance des pièces que le premier il a enregistrées, ce qui n'est nullement probable, ou qu'il connaissait cette provenance et qu'il l'a cachée. Cette dernière supposition n'a rien d'invraisemblable.

Las Casas était un homme de bien; mais c'était

frères très peu versé dans la construction et la syntaxe latines, *loc. cit.*, vol. II, p. xxvii.

aussi un homme passionné ; comme tous ceux que
la passion domine il ne voyait pas toujours juste et
il a pu se croire justifié à dissimuler ou à corriger les
faits dans un intérêt moral qu'il croyait être supérieur à la vérité elle-même. Il y a des traces indéniables de cette manière de faire dans tout ce qu'il
dit des commencements de Colomb. Il est inadmissible, pour quiconque se donne la peine de réfléchir,
qu'un homme placé, comme il l'était, ait pu ignorer
quoi que ce soit des origines et des débuts de
Colomb. Il possédait les papiers de la famille ; il
connaissait ou avait connu personnellement tous ses
membres y compris Colomb lui même ; il avait vécu
à Hispaniola au milieu des compagnons du découvreur et au moment où il écrivait son Histoire, il
avait la confiance de celle qui représentait alors tous
les droits de cette famille, de la veuve de Diégo I,
Maria de Tolède. Et, cependant, celui qui était ainsi
en position de savoir tout ce qu'il voulait savoir
relativement aux Colomb et qui recueillait depuis des
années les matériaux d'un livre qu'il ne cessa de retou-
cher jusqu'en 1561 au moins, celui de qui, seul entre
tous les auteurs du temps nous devions attendre des
renseignements authentiques sur les particularités
les plus intéressantes de la vie de son héros, ou
garde le silence à cet égard, ou raconte des choses
inadmissibles, et c'est à un historien portugais qui
n'avait jamais vu Colomb et qui ne connaissait rien
de lui, si ce n'est de seconde ou de troisième main,
Barros, qu'il va emprunter ce qu'il nous dit de la

phase la plus importante de la carrière de Colomb en Portugal !

Dans le même ordre d'idées rappelons encore le langage ambigu de Las Casas quand il parle de la manière dont il a eu communication des pièces attribuées à Toscanelli : il a eu entre les mains, traduite en roman, la lettre à Martins ; il a également eu en sa possession, avec d'autres papiers de l'amiral, écrits de sa main, et qu'on lui avait portés, la carte qui accompagnait cette lettre [155]. Voilà tout. Il y a là, évidemment, une réticence voulue. Las Casas en savait davantage. Peut-on dire que s'il avait voulu faire passer pour authentiques des pièces dont il connaissait le caractère apocryphe il se serait abstenu de raconter, comme il l'a fait, l'aventure du pilote qui aurait renseigné Colomb, puisque c'est son témoignage qui efface tous les doutes qu'on pourrait avoir sur la réalité de l'histoire ? L'objection a sa valeur, mais elle ne saurait détruire les raisons que nous avons de dire que Las Casas a, de parti pris, caché ou dénaturé certains faits relatifs à Colomb. On ne pense pas à tout et Las Casas, qui, d'ailleurs, n'attachait aucune importance à cette histoire, dont il ne comprit peut-être pas la portée [156], n'a sûrement pas prévu

155. *Loc. cit.*, V. I, pp. 92 et 279, voir ci-dessus, note 143.

156. Pour Las Casas, Colomb était un homme providentiel. Dans son opinion c'est le doigt de Dieu qui le guidait et toutes les indications qu'il pouvait emprunter à l'expérience des pilotes ou à la science des savants qu'il lisait ou qu'il consultait, étaient simplement suscitées par la Providence pour fortifier sa conviction ; l'une n'avait

qu'en montrant qu'elle était vraie il donnait la clé de
la fraude dont nous cherchons aujourd'hui les preuves
et l'origine. La supposition que Las Casas a pu se
prêter à une supercherie faite dans le but de rehausser
le mérite de Colomb n'a donc rien d'invraisemblable
et on ne saurait tirer de son langage, pas plus que de
ses réticences, aucune indication contraire aux présomptions qui désignent Barthélemy comme l'auteur
des lettres attribuées à Toscanelli.

8. **Date probable de la supercherie.** — Barthélemy était
un homme d'une grande énergie, très dévoué à son
frère, comme il a été dit, et très décidé en tout. Si,
lorsqu'il arriva en Espagne, peu de temps après le
départ de Colomb pour son second voyage, il apprit
qu'on attribuait sa découverte, non à ses connaissances cosmographiques et nautiques, mais aux confidences d'un obscur et ignorant pilote, on conçoit
qu'il se soit empressé de démentir cette histoire et
qu'il ait imaginé, pour le faire d'une manière efficace,
de parler de lettres d'un savant italien comme étant
la véritable source de la grande entreprise qui avait
si bien réussi. A ce moment Toscanelli était mort
depuis onze ans, il ne pouvait nier qu'il eut écrit les
lettres qu'on lui attribuait et, quant à Fernam Martins,
qui peut être n'a jamais existé et qui, en tous cas, était
probablement mort, il pouvait encore moins élever

---

pas plus d'importance que l'autre et aucune n'était nécessaire. Voyez
Las Casas : Historia. Liv. I, ch. xiv, vol. I, p. 103.

la voix. Barthélemy, au contraire, était en position de parler avec autorité des sources d'information de son frère dont il avait partagé l'existence en Portugal, dont il connaissait mieux que personne la pensée et dont on disait même qu'il avait été l'inspirateur [157]. Dans cette situation sa parole devait avoir un grand poids et ne pouvait manquer de discréditer la légende courante du pilote révélateur du secret de la route des Indes.

Une objection sérieuse à cette hypothèse, c'est l'époque tardive à laquelle ces lettres de Toscanelli ont été mentionnées pour la première fois, puisque c'est Las Casas qui en a d'abord parlé et qu'il n'a pu en avoir connaissance, ainsi que nous croyons l'avoir démontré, que de 1447 à 1452. Comment alors expliquer que ces pièces aient été tenues si longtemps sous le boisseau? On peut répondre à cette objection en faisant remarquer que les lettres n'ont pu être fabriquées qu'à une époque tardive, puisqu'il résulte de leur examen critique qu'on n'y trouve que des idées appartenant à Colomb, qui ne les a exprimées qu'après ses premiers voyages. La production matérielle de ces lettres n'était point nécessaire, d'ailleurs. Il suffisait d'affirmer leur existence pour atteindre l'objet qu'on avait en vue et c'est probablement à quoi on s'est borné. Si les choses se sont ainsi passées, on s'explique que le duc Hercule, qui, en 1494,

---

157. GALLO : *De navigatione Columbi* dans MURATORI : *Rerum Italicarum*, 1733, vol. XXIII, p. 302.

s'informait des rapports de Toscanelli avec Colomb,
ait appris par quelque italien vivant en Espagne, ce
qui se disait à cet égard et ait cru à ces propos [158].

Si les lettres attribuées à Toscanelli sont réellement fausses, on peut donc regarder comme certain
qu'elles ont été fabriquées, soit après l'époque où celui
qui devait les faire, imagina de parler des rapports de
Colomb avec le savant florentin, soit même après la
mort de Colomb qui, peut être, ne voulut pas sous-
crire à la supercherie et qui, en tous cas, se conduisit
toujours comme s'il ne connaissait pas l'existence de
Toscanelli et de ses lettres. Dans cette manière de voir,
si c'est Barthélemy qui est l'auteur du faux et de la
transcription qu'on trouve sur l'une des feuilles de
garde du Pie II de la Colombine, la supercherie a pu
être commise dans l'intervalle de la mort de Colomb
en 1506, à celle de Barthélemy en 1514. Il est possible,
cependant, qu'elle date d'une époque plus reculée;
mais, dans ce cas, il ne semble pas qu'on puisse la
placer avant le troisième voyage de Colomb, puisque,
avant ce voyage, Colomb n'avait pas encore complètement formé le système cosmographique dont la
lettre à Martins est l'expression. Pour une raison qui
reste inexpliquée on ne fit aucun usage des lettres
que nous soupçonnons avoir été ainsi fabriquées ;
soit que Colomb ne voulut pas s'associer à une fraude

---

158. Voyez ci-dessus, note 25. L'explication suggérée ici de l'enquête instituée par le duc Hercule est très hasardée, et nous n'osons
y insister. Et cependant, quelle autre explication peut-on donner à
cette enquête, si la lettre à Martins est apocryphe ?

qui ne lui plaisait pas et qui, en somme, était devenue inutile en 1498, qui est la date la plus reculée que l'on puisse lui assigner; soit que Barthélemy ne trouva pas l'occasion de produire les lettres ou que Fernand Colomb, plus tard, ne jugea pas à propos de le faire, elles restèrent absolument secrètes jusqu'au moment où on les porta à Las Casas.

9. Communication des pièces à Las Casas. — Ce que, ni Barthélemy ni Fernand Colomb, n'ont pu ou n'ont pas voulu faire, un autre, en effet, le fit. La composition d'un ouvrage comme celui de Las Casas qui devait être et qui est, en effet, la source principale de l'histoire de la découverte et de la colonisation de l'Amérique, fournissait aux détenteurs des pièces apocryphes l'occasion et le moyen de les produire et de réaliser ainsi la pensée de celui qui les avait forgées. C'est ce qui arriva, puisqu'avant Las Casas elles étaient restées ignorées. Il s'agit donc de trouver qui a pu faire cette communication à l'évêque de Chiapas. Si on veut bien se reporter à ce qui a été dit précédemment touchant la disposition faite des papiers de Colomb et des autres membres de sa famille, il ne sera peut-être pas difficile de répondre à cette question.

Les détenteurs des lettres dites de Toscanelli que l'on remit ou que l'on porta à Las Casas, ne peuvent être que ceux qui, seuls à cette époque, étaient en position de lui livrer tous les papiers de la famille de Colomb, c'est-à-dire Maria de Tolède et son

fils don Luis Colon, la première tutrice du second,
héritier unique de son père Diégo I et de son oncle
Fernand et, par conséquent, seul possesseur alors de
tous les biens, titres et papiers de la famille du découvreur, ainsi qu'on l'a montré plus haut.

10. **Maria de Tolède.** — On ne prétend pas dire que
Maria de Tolède ait eu une part quelconque à la
supercherie dont nous cherchons l'origine. La veuve
de Diego était une femme de caractère qui montra
beaucoup d'énergie et de dignité en défendant, contre
la couronne, les droits de son mari et ceux de son
fils, et il est probable qu'elle n'accorda pas à Las Casas
sa confiance et son appui, sans s'être assurée qu'il
parlerait de Colomb comme sa famille espagnole
désirait qu'on en parlât.

Il ne faut pas oublier que Colomb avait eu de la
peine à se faire accepter par la noblesse castillane; à
vrai dire il n'y parvint jamais complètement. On lui
reprochait son origine étrangère, sa naissance obscure,
ses humbles commencements, sa rapide grande fortune surtout, et ces reproches l'affectaient au point
qu'il eut la faiblesse de chercher à y répondre en dis-
simulant la vérité. La famille espagnole, dans laquelle
il était entré par son fils, avait le même intérêt moral
que lui à faire oublier ce passé et à relever, aux yeux
de la postérité, celui dont le nom était devenu le sien.
On comprend donc que les héritiers du grand homme
qui détenaient les principales sources d'informations
relatives aux premiers temps de la découverte et de

la colonisation, aient fait leurs conditions avant de les
ouvrir toutes grandes à celui qui allait écrire l'histoire
de cette période, et l'on peut s'expliquer ainsi les singulières réticences, les obscurités voulues et l'ignorance incompréhensible que montre, touchant certains points de la vie de Colomb, un historien auquel
on paraît avoir tout dit et tout donné. Mais s'il est
possible que Maria de Tolède ait inspiré ou influencé
Las Casas, dans le sens qui vient d'être indiqué, on ne
voit pas cette noble femme complotant avec lui, ou
avec d'autres, la fabrication ou la transmission de
documents apocryphes, comme les prétendues lettres
de Toscanelli.

11. **Don Luis Colon, auteur probable de la communication à
Las Casas.** — On n'est pas tenu aux mêmes scrupules
à l'égard de son fils : Luis Colon, le triste héritier du
grand nom du découvreur, de ses titres et de ses privilèges. Peu après la mort de sa mère, qui eut lieu à
Hispaniola en 1549, il était revenu en Espagne où on
le trouve engagé dans des aventures galantes, qui ne
sont pas à son honneur, et dans de longues contestations avec l'autorité royale qui s'attachait de plus
en plus à diminuer les privilèges reconnus à son
grand-père. A cette époque, il était seul maître de
tous les papiers de sa famille et on le voit s'occuper
de la publication de manuscrits relatifs à Colomb. En
1555 il obtient l'autorisation de faire imprimer un
livre de Colomb lui-même [159] et nous savons que c'est

159. Cet ouvrage, aujourd'hui perdu, est mentionné par Colomb

par son intermédiaire que le manuscrit qui servit à la composition du livre publié à Venise en 1571, sous le nom de Fernand Colomb, parvint aux éditeurs italiens [160]. Nous ne savons ce qu'est devenu l'ouvrage de Colomb qu'il voulait imprimer et qu'il avait sans doute enlevé à la Colombine ou aux archives de sa famille; mais nous possédons celui, attribué à son oncle, qui fut envoyé en Italie et nous savons que c'est une composition à laquelle ce dernier n'eut vraisemblablement que très peu part; on est même fondé à croire qu'elle a été faite en partie avec le livre même de Las Casas. Luis Colon était un homme dépourvu de toute moralité et constamment engagé dans toutes sortes d'intrigues. Dans quelle mesure exacte il par-

dans une lettre du mois de février 1502 (Navarrete *Viages* etc.)., vol. II, p. 280). Il avait été écrit sous la forme des commentaires de César, c'est-à-dire à la troisième personne, pour le pape Alexandre VI. Le privilège que Luis Colon obtint de l'imprimer est daté du 9 mars 1554. Asensio la publié i'n extenso (*Cristobal Colon;* appendice C à la *introduccion,* vol. I, pp. cxiv-vi). On le trouve aussi dans la *Raccola Colombiana*.

160. Spotorno, qui donne les seuls renseignements que nous possédions sur l'origine des *Historie* dit que Luis Colon vint à Gênes en 1568 et remit le manuscrit de ce livre au patricien Baliano de Fornari qui le confia à Marini, par les soins duquel il fut publié à Venise, en 1571 (*Codice Colombiano,* p. lxiii). Nous n'ignorons pas que M. Harrisse a montré, par d'excellentes raisons, qu'il n'est guère possible d'admettre que Luis Colon soit allé en Italie à l'époque indiquée (*Fernand Colomb,* pp. 35-38). Mais en admettant que le savant Barnabite se soit trompé sur ce point, cela ne détruit pas le fait avancé dans la dédicace du livre, datée du 25 avril 1571, que c'est de Don Lui Colon que vint le manuscrit de cet ouvrage.

ticipa à la fabrication des *Historie,* c'est ce qu'il est difficile de dire aujourd'hui, bien que nous ne soyons pas absolument sans indication à cet égard ; il est probable, en tous cas, qu'il y eut une part qui fut peut-être considérable, et il est certain que les mémoires que Fernand Colomb avait réellement écrits sur son père disparurent dès ce moment.

Ces différentes particularités autorisent-elles la supposition que c'est de ce petit-fils de Colomb que Las Casas obtint les traductions de la correspondance que l'on supposait avoir existée entre Toscanelli et Colomb ? Il semble bien que oui. C'est évidemment une supposition un peu hasardée, fondée sur des indications légères, il faut le reconnaître, mais qui, cependant, ne manquent pas de vraisemblance, étant données les circonstances dans lesquelles les pièces en question ont été produites et l'impossibilité logique d'en attribuer la provenance à un autre membre de la famille de Colomb. Si l'on s'étonnait de cette production tardive, on pourrait faire remarquer qu'elle coïncide non seulement avec la préparation du livre de Las Casas, mais aussi avec de nouvelles allusions, alors récentes, à l'histoire du pilote sans nom qui avait renseigné Colomb. Cette histoire qui, au rapport de Las Casas, circulait librement dans les premières années qui suivirent la découverte, était probablement oubliée lorsqu'en 1535 Oviedo la rappela dans un livre qui fut réimprimé en 1547, et que Gomara la reprit dans les éditions de 1552, 1553 et 1554 de son *Histoire,* en lui donnant cette fois, une forme nettement défavorable à Colomb [161].

Il est assez probable que ces deux auteurs ne furent pas les seuls qui, à cette époque, répétaient cette fâcheuse histoire, et on peut voir là une circonstance qui était de nature à provoquer chez un membre de la famille de Colomb, aussi peu scrupuleux que l'était Don Luis, le désir de détruire la portée d'un bruit si généralement répandu et si préjudiciable à la mémoire du découvreur du Nouveau Monde, en produisant une correspondance qui montrait que ce découvreur n'avait pas eu besoin des indications d'aucun pilote pour trouver la route des Indes. Cette manière de rendre compte de l'origine des lettres attribuées à Toscanelli n'a certainement, il faut le répéter, qu'un caractère hypothétique et on ne la donne que comme une explication possible de ce fait indéniable, autrement inexplicable, que ces lettres, dont il n'avait jamais été question auparavant, apparaissent pour la première fois dans un livre, écrit ou revisé de 1547 à 1561, où il est dit qu'elles arrivèrent à l'auteur avec d'autres papiers de la famille de Colomb qu'on lui avait confiés.

A cette époque les papiers personnels du découvreur étaient, comme on l'a dit, déposés à une chapelle du Monastère de Las Cuevas appartenant à Luis Colon et, après la mort de sa mère, lui seul pouvait y avoir accès. Il est possible que les lettres attribuées à Toscanelli n'en faisaient pas partie ; en tout

161. Voir ci-dessus : note 134.

cas on n'en trouva aucune trace quand, plus tard, ces papiers furent remis à la famille. Mais elles pouvaient se trouver parmi les autres papiers de la famille qui, ainsi que la Colombine, appartenaient également à Don Luis et qui restèrent en sa possession, même après que la bibliothèque de son oncle lui eut échappé. Nous pouvons donc insister sur ce point, que c'est, très vraisemblablement, de l'unique héritier de l'amiral et de ses deux fils, que Las Casas obtint communication des pièces en question.

La supposition que Barthélemy Colomb est l'auteur des lettres attribuées à Toscanelli et que Luis Colon est celui qui les livra à Las Casas, bien que ne reposant sur aucune preuve directe, est cependant la seule qui soit en parfaite concordance avec tous les faits connus relativement à la production de ces pièces et la seule qui explique leur origine d'une manière plausible. Si on écarte cette explication, il n'y en a pas d'autre possible que de rejeter la supercherie sur Colomb lui-même ou sur Las Casas, deux hypothèses qui soulèvent des objections auxquelles il est bien difficile de répondre.

On va maintenant étudier la seconde pièce de cette correspondance suspecte, la carte qui est supposée avoir accompagné la lettre à Martins et qui, après avoir été envoyée à Colomb, avec une copie de cette lettre, lui aurait servi de routier.

DEUXIÈME PARTIE

LA CARTE

SOURCES D'INFORMATION

BIBLIOGRAPHIE

———

I. SOURCES

Des trois exemplaires que l'on dit avoir existé de cette
carte : la copie envoyée au chanoine Martins pour le roi
Affonso, celle faite pour Colomb et la pièce originale que
l'auteur avait nécessairement conservée, puisqu'il put la copier,
aucun ne nous est parvenu. Colomb n'a jamais parlé de cette
carte et son fils, ou le compilateur des *Historie*, n'en fait mention qu'indirectement. Las Casas seul assure l'avoir vue, dit
l'avoir eu en sa possession et la décrit. A cette exception
près, tous les contemporains de Colomb, tous ses compagnons
de voyage, tous ceux qui ont eu accès à ses papiers ou qui
ont été en relation avec ses proches, ignorent, comme il semble
l'ignorer lui-même, l'existence de ce document. Nous ne connaissons donc cette fameuse carte que par ce qui en est dit
dans les lettres que Toscanelli est supposé avoir envoyées à
Colomb, par ce qu'en a écrit le seul témoin qui l'aie vue —
Las Casas — et par les indications que l'on peut tirer des
papiers du manuscrit de Florence, s'ils sont de Toscanelli,

et s'ils se rapportent à la carte qu'il aurait envoyée à Martins et à Colomb.

Pour la facilité de la discussion on parle ici de la carte comme s'il était acquis qu'elle est de Toscanelli.

TOSCANELLI. — *La lettre à Martins et la correspondance avec Colomb.*

Pour la lettre à Martins, voyez la Bibliographie en tête de cette Étude.

LAS CASAS. — 1552-1559. — *Historia général de las Indias.*

Las Casas qui avait sous les yeux, quand il écrivait son livre, une carte qu'il dit être celle mentionnée dans la correspondance de Toscanelli, en parle à différentes reprises, notamment au chapitre L du livre I (Vol. I, pp. 360-361); mais aussi aux chapitres suivants du même premier livre : XII, p. 92; — XXXVIII, pp. 278-279; — XLIII, pp. 316-317 — et XLV, pp. 327-328. Il la désigne comme une « carte nautique relative à Cipango » (p. 92), dit qu'elle était « sur parchemin » (p. 260), et que c'est « un certain Marco Paulo, médecin de Florence, qui l'envoya à Colomb (*ibid.*), assertion qu'il répète plusieurs fois (pp. 278-279 et passim). Il assure qu'il a cette carte en sa possession (*la cual yo tengo en mi podér*) « ainsi que d'autres pièces et écrits de la main de Colomb qu'on lui a confiés » (*que trajeron á mi podér*) p. 279. Il ne dit pas, malheureusement, qui était cet *on*. M. Harrisse a supposé que la carte en question faisait partie de la bibliothèque de Fernand Colomb qui, après la mort de ce dernier, fut confiée aux Dominicains du monastère de San Pablo de Séville, et que ce sont ces religieux, à l'ordre duquel Las Casas appartenait, qui lui prêtèrent les papiers de Colomb, lorsqu'en 1544 il fut sacré évêque dans leur monastère. (*The Discovery*, p. 379). Mais les religieux de San Pablo étaient seulement dépositaires de la Colombine et il n'est pas probable qu'ils auraient touché à ce dépôt sans l'autorisation de Maria de Tolède qui le leur avait confié ou de Luis Colon auquel il appartenait. Nous croirions plutôt que c'est par ces derniers que Las Casas obtint communication de cette pièce qui, avec bien d'autres, ne retourna plus au couvent de Saint Paul. (Voyez ci-dessus, ch. vi, § 3.)

Les historie. — 1571. — La carte n'est mentionnée dans ce livre que dans le texte des lettres de Toscanelli. L'auteur ajoute que ces lettres — ce qui comprend sans doute la carte qui les accompagnait — eurent une grande influence sur les déterminations de Colomb, assertion qui, comme le texte des lettres, se trouvent dans Las Casas, lequel donne bien à entendre que ces documents viennent de la famille de Colomb — mais non pas que le fils du découvreur ait dit qu'ils avaient eu une action quelconque sur son père. Cette assertion appartient en propre à Las Casas.

Canevas d'une carte, attribué a Toscanelli. — *Codici Magliabechiano*. Manuscrit de la Bibliothèque de Florence, classe xi, n° 121.

Ce document qui a été trouvé, annexé à un écrit de Toscanelli sur la comète de 1456, et qui lui est attribué pour cette raison, est un cadre ou canevas divisé en longitudes et latitudes, préparé pour recevoir le tracé d'une carte. Les espaces sont de cinq en cinq degrés et il y en a 36 sur la latitude, soit 180 degrés, ce qui forme la moitié de la sphère. M. Uzielli, qui a rendu compte de cette découverte dans son Mémoire sur la grandeur de la terre, d'après Toscanelli, indiqué ci-après, et qui a donné un *fac-similé* du document dans son volume sur *Toscanelli* de la *Raccolta Colombiana*, pl. IX, ne doute pas que ce soit un canevas semblable qui a servi à Toscanelli pour tracer la carte qu'il envoya à Martins. D'Avezac a émis quelques doutes à cet égard, fondés sur cette remarque

que le canevas du manuscrit de Florence était préparé pour
une carte à projection plate, à degrés égaux, ce qui ne semble
pas être le cas pour la carte de 1474. M. Uzielli croit que cette
dernière carte étant, aux termes mêmes de la lettre à Martins,
une carte marine, devait être à projection plane parallèlo-
grammique. (Voyez sur ces points, *Toscanelli*, n° 1, 1892,
pp. 7 à 12.) M. H. Wagner, pour des raisons différentes de
celles données par d'Avezac, doute que ce cadre ait pu servir
à l'établissement de la carte de 1474.

LISTE DE LATITUDES ET LONGITUDES jointe au canevas de
carte ci-dessus indiqué et attribuée également à Toscanelli.

M. Uzielli a reproduit cette liste pp. 615-623 de son *Toscanelli*, de la *Raccolta* et, partiellement, dans la partie supérieure
de sa reconstruction de la carte de Toscanelli. Il est à remarquer que dans tous les noms géographiques de cette longue
liste il n'y en a pas un de ceux que mentionne la lettre à
Martins.

NOTE DE TOSCANELLI sur le manuscrit de la Comète.

Cette note indique que le degré équivaut à 67 2/3 milles,
que le mille contient 3,000 coudées, la coudée 2 palmes, la
palme 3 aunes 7 fils. Cette indication forme la base du travail de restitution de M. Uzielli.

LE GLOBE DE BEHAIM. — C'est une opinion généralement
acceptée que le Globe de Behaim doit traduire les idées cosmographiques de Toscanelli, en ce qui concerne tout au moins
l'hémisphère occidental. On se conforme à l'usage en inscri-
vant ici ce globe parmi les documents qui peuvent jeter
quelque lumière sur la carte de Toscanelli; mais non sans
faire à cet égard quelques réserves.

II. ESSAIS DE RESTITUTIONS

On a essayé plusieurs restitutions de cette carte ; voici les principales :

O. Peschel. — *Das Ausland,* 1867. — C'est la plus connue; Winsor l'a reproduite dans sa *Narrative and critical History of America,* vol. II, p. 103, et dans son *Christopher Colombus,* Boston, 1891, p. 111. M. Fiske l'a également reproduite : *The Discovery,* vol. Ier, p. 356, ainsi que M. Markham : *Journal of C. Columbus.* Peschel dit qu'il base cette restitution sur les données mêmes de Toscanelli et sur celles fournies par le Globe de Behaim, par la carte portugaise de 1503 et par celle de Ruysch de 1507. La projection adoptée est trapéziforme, à degrés convergents. Wagner la rejette complètement.

Vivien de Saint-Martin. — 1875. — *Histoire de la Géographie,* Atlas, pl. IX. C'est une imitation de la carte de Peschel.

Kretschner. — 1892. — *Die Entdeckung Amerikas,* etc. Tab. vii, n° 1. Très beau matériellement. Imitation aussi de la carte de Peschel.

Uzielli. — 1893. — *Tentativo di ricostruzione della Carta inviata da Paolo Toscanelli a Alfonso V re di Portogallo e a Christoforo Colombo,* etc. Planche X du *Toscanelli* de la *Raccolta;* une feuille grand aigle.

Reconstruction sur projection plane équidistante, faite d'après les données indiquées au § *Sources,* comparées au planisphère de Fra Mauro et au Globe de Behaim. M. Uzielli forme les espaces de 5 degrés, équivalant, chacun, à 67 2/3 milles florentins, ou à 75 3/5 milles romains, et à 605 stades de 185 mètres. Ce qui donne pour résultat : 111,927 mètres au degré équatorial, soit 40,293,720 mètres pour la circonférence du Globe au Grand Cercle.

Wagner H. — 1894. — *Nachrichten von der Konigl. Gesellschaft der Wissenschaften zu Gottingen*, 1894, n° 3.

Tentative très méritoire qui n'est pas, comme les autres, une sorte de reproduction du Globe de Behaim. Projection plane dite carrée, à degrés se coupant à angles droits.

Murray J. — 1893. — *Scottish Geographical Magazine*. Reproduction d'après le Globe de Behaim.

Parker W. — 1892. — *Goldthwaits Geographical Magazine*, juillet, 1892. N'a pu être examinée.

III. RÉFÉRENCES DIVERSES

Uzielli. — 1873. — *Della grandezza della Terra secondo Paolo Toscanelli* (Extrait du Bolletino della Societá Geografica Italiana, vol. IX, 1893).

Mémoire dans lequel M. Uzielli a étudié le canevas ou plan de la bibliothèque de Florence, mentionné ci-dessus, et dont les conclusions sont que Toscanelli avait une idée à peu près exacte de la circonférence de la terre.

Wagner H. — 1894 — *Die Rekonstruktion der Toscanelli-Karte* vom J. 1474 und die Pseudo-Facsimilia der Behaim-Globus vom J. 1492.

Mémoire lu, en juillet 1893, à la Société royale des Sciences de Gottingue sur la Reconstruction de la carte de Toscanelli et sur le Pseudo fac-similé du Globe de Behain, avec une carte. Dans les *Nachrichten von der Königl. Gessellschaft der Wissenschaften zu Göttingen*, 1894, n° 3, pp. 208-312.

DEUXIÈME PARTIE

LA CARTE

CHAPITRE PREMIER

ESSAI DE RESTITUTION DE LA CARTE DE TOSCANELLI

La question de l'authenticité de la carte, dont Toscanelli est censé avoir accompagné la lettre à Martins et dont il aurait envoyé une copie à Colomb, ne se présente pas devant la critique dans les mêmes conditions que celle de cette lettre elle-même ; personne n'a jamais vu le texte original de cette lettre, dont nous n'avons qu'une copie et des traductions suspectes par leur origine, tandis que nous avons le témoignage positif de Las Casas qu'il a eu entre les mains une carte qu'il assure avoir été envoyée par Toscanelli à Colomb, en même temps que la copie de la lettre à Martins, et qu'il dit être celle qui servit de routier au découvreur du Nouveau Monde.

Deux questions se posent donc, tout d'abord, devant la critique. Que pouvait-être la carte attribuée à Toscanelli à laquelle se réfère la lettre à Martins et dont parle Las Casas, et est-ce bien cette carte qui servit de routier à Colomb? Avant d'entrer dans cette discussion, précisons bien qu'elle ne préjuge rien quant à l'authenticité de cette carte. Il s'agit tout simplement de savoir ce qu'elle pouvait être, d'après les données fournies par les lettres, apocryphes ou non, qui la mentionnent et d'après les autres indications qui nous sont parvenues à cet égard. Nous aborderons ensuite l'autre question : celle du routier de Colomb. Ajoutons que l'expression de carte de Toscanelli, qui va se retrouver souvent sous notre plume, n'est employée que pour éviter une périphrase et que nous entendons simplement par là la carte dont il est question dans les lettres et dans les documents précités.

1. **Projection de la carte.** — On s'est demandé si la carte, dite de Toscanelli, était une carte à degrés égaux ou à méridiens convergents. D'Avezac a soutenu cette dernière opinion contre M. Uzielli qui, sur ce point, semble être dans le vrai. L'auteur de la lettre à Martins dit lui-même que sa carte est une carte marine et Las Casas qui l'a décrite en l'ayant sous les yeux, la désigne aussi de cette manière. Il assure en outre que Colomb se guidait par cette carte et que Pinzon et lui la consultaient sur leur route. Il n'y a donc pas de doute que c'était une carte marine, et il n'y a aucune raison de supposer qu'elle différait des autres cartes

marine du temps qui étaient à projection plate. Cette raison que M. Uzielli a fait valoir, à différentes reprises [162], a trouvé, pour ceux qui croient que la carte vient réellement de Toscanelli, une sorte de confirmation dans le projet de carte à projection plate quadratique du manuscrit de Florence. Il y a, en tous cas, un ensemble de circonstances qui paraissent donner raison sur ce point au laborieux savant qui a consacré la plus grande partie de sa vie à étudier Toscanelli et son influence sur son temps.

2. La sphère de Toscanelli. — D'après la lettre à Martins, la carte qui accompagnait cette lettre ne représentait que la partie du globe comprise entre les côtes Occidentales du vieux monde et ses côtes Orientales. De Lisbonne à Quinsay, placés aux deux extrémités de cette étendue, on comptait 26 espaces de 250 milles chaque, ce qui équivalait, dit la lettre, à presque un tiers de la circonférence du globe. La carte entière, reconstruite sur ces données, comprendrait donc 78 espaces (trois fois 26) de 250 milles chaque, soit 19,500 milles. Mais l'auteur de la lettre a-t-il voulu dire que cette étendue maritime était mathématiquement égale au tiers de la circonférence du globe? On doit supposer que non parce que, pour un cartographe, à plus forte raison si ce cartographe était un géomètre comme Toscanelli, chacun

---

162. Voir notamment son mémoire : *Della grandezza della terra secondo Paolo, Toscanelli*, 1884, et son premier numéro du *Toscanelli*, p. 11.

de ses espaces devait correspondre à un nombre
déterminé de degrés dont la totalité formait les
360 degrés de la circonférence du globe. Or, 78 espaces ne peuvent être multipliés par aucun chiffre
qui donnerait exactement ce résultat.

Nous sommes donc autorisés à croire que la
sphère de ce cartographe comprenait un nombre
d'espaces, approchant ou dépassant celui de 78, mais
dont la multiplication, par le nombre de degrés
contenus dans chacun d'eux, donnerait un total de
360 degrés. Le nombre de 72 multiplié par 5, donnant exactement ce résultat, Ximénes avait suggéré
que ce devait être là la division faite par Toscanelli;
mais cette suggestion, que rien alors ne confirmait,
et que Humboldt trouvait arbitraire [163] ; n'avait point
été accueillie. Pour ceux qui ne doutent pas que la
carte vient de cet astronome, elle semble aujourd'hui
justifiée par la découverte, mentionnée ci-dessus,
faite dans la Bibliothèque de Florence, d'un plan de
carte, attribué à Toscanelli, formant le canevas d'une
représentation graphique de la moitié de la sphère,
divisée en 36 espaces de 5 degrés chacun, ce qui
donne exactement, pour la sphère entière, les 360 degrés de la circonférence du globe. Si ce canevas est
de Toscanelli — et on peut l'admettre bien que
M. H. Wagner en doute — le géomètre Florentin ne
comptait, pour une carte entière, que 72 espaces au

163. Ximénès. — *Gnomone Fiorentino*, pp. xcii-xciv. — *Examen
critique*, vol I, p. 238, note.

lieu de 78 et il devient très probable qu'il a employé
la même division en établissant la carte envoyée à
Martins d'abord et plus tard à Colomb, si c'est de lui
que vient cette carte. Si elle n'est pas de lui, comme
nous le pensons, son auteur a dû être guidé par le
même raisonnement.

3. **L'équivalent des espaces.** — Il faut se demander,
tout d'abord, quel est l'équivalent de cette division
en espaces qui paraît insolite. Kretschmer a émis
l'opinion que c'est une mesure choisie arbitrairement
par Toscanelli et dont il n'a pas donné la valeur, ce
qui la rend illusoire [164]. Mais H. Wagner a montré que
du temps de Toscanelli nombre de cartes, dressées
simplement d'après la méthode de la rose des vents,
étaient pourvues d'une échelle qui se subdivisait en
intervalles ou espaces dont les grands étaient de
50 milles et les petits de dix [165].

Les espaces de la lettre à Martins n'étaient donc
pas une unité géographique arbitraire, ni une mesure
appartenant en propre à l'astronome florentin; la
lettre en parle, d'ailleurs, comme si elle était connue.
Ainsi que le remarque Wagner, il est évident que
Toscanelli — ou l'auteur quel qu'il soit de la lettre —
aurait donné une explication quelconque du mot
spatium, s'il ne l'avait pas cru suffisamment clair, si
par exemple, il n'avait pas signifié 50 milles ou un de
ses multiples. Le silence de notre auteur sur ce point

164. *Die Entdeckung America*, 1892, p. 235.
165. *Die Rekonstruktion der Toscanelli — Karte*, p. 223.

prouve encore que ce que l'on entendait alors par un mille était partout le même.

4. Le degré de Toscanelli. — Ce point admis que la sphère dite de Toscanelli comprenait 72 espaces de cinq degrés chaque, il s'agit de savoir quelle est la distance que renfermait chacun de ces espaces ou, en d'autres termes, combien mesurait le degré de Toscanelli, ou de l'auteur de la carte. Chaque espace est de 250 milles, dit la lettre à Martins, c'est-à-dire que le degré est de 50 milles. En s'exprimant ainsi, Toscanelli (?) n'a pu avoir en vue que le parallèle de Lisbonne, puisque c'est de la distance entre Lisbonne et Quinsay dont il parle. Mais cela ne nous donne pas la grandeur du degré équatorial du cartographe, c'est-à-dire sa mesure fondamentale. On a cherché cette mesure par différentes voies. D'Avezac, s'inspirant surtout de raisons mathématiques, l'a trouvée dans le degré de Ptolémée de 500 stades équivalant à 62 milles 1/2 [166]. Cette opinion est aussi celle de S. Ruge. D'autres modules ont été proposés. Celui qui a le plus fixé l'attention et auquel M. Uzielli s'est arrêté, est celui de 67 milles 2/3 au degré, que l'on croit avoir été indiqué par Toscanelli lui-même. En effet, sur l'un des feuillets du manuscrit sur la Comète, mentionné ci-dessus [167], on a trouvé, ainsi que nous l'avons dit, une note de la main de Tosca-

166. *Les voyages de Vespuce et les mesures itinéraires,* etc. Paris, 1858, p. 135, et *Toscanelli*, nº 1, janvier 1893, p. 8, col. 2.
167. Voyez le § : Bibliographie.

nelli portant que le degré équivaut à 67 milles 2/3, que le mille comprend 3,000 coudées, la coudée 2 palmes et la palme 12 aunes 7 fils.

5. Le module de 67 milles 2/3 au degré. — Si cette note indique le module dont se servait Toscanelli, ou l'auteur de la carte quel qu'il soit, il donnait au degré 67 milles 2/3 au grand cercle et 50 milles seulement au parallèle de Lisbonne. Bien qu'il n'y ait point une si grande différence dans la longueur des degrés à ces deux latitudes, on peut admettre que le cartographe ait calculé ainsi. Dans ce cas, et dans la supposition qui s'impose — on verra plus loin pourquoi — qu'il faisait usage du mille romain ou italien ordinaire, on trouve que les 50 milles que mesure le degré sous le 40ᵉ ou 41ᵉ parallèle, qui est celui sous lequel on plaçait alors Lisbonne, donnent 74,000 mètres, alors que les 68 milles équatoriaux, moins un tiers, donnent 100,146 2/3 mètres, soit une différence de 26,146 mètres par degré. C'est beaucoup. Cependant d'après les calculs des savants auteurs de la base du système métrique [168], le degré mesure sous l'équateur 111,277,5 mètres et sous le 40ᵉ parallèle 85,357,7, soit une différence de 25,920 mètres, ce qui, à 226 mètres près, correspond aux chiffres attribués à Toscanelli. On est donc autorisé à dire que si l'auteur de la carte a fait usage du module de 67 milles 2/3, ainsi que du mille romain ou italien ordinaire, il

168. Voyez Sonnet : *Dictionnaire des Mathématiques appliquées.* Paris, Hachette, 1895, p. 361.

donnait au pourtour du globe 26,640,000 mètres, sous le 40ᵉ parallèle et 36,052,799 3/4 mètres, sous l'équateur.

Cette manière de résoudre le problème ne va pas sans difficulté. Rien ne prouve que l'auteur de la carte ait fait usage du module de 67 milles 2/3 au degré; il n'y a même aucune autre raison de faire cette supposition que le fait que Toscanelli a mentionné ce module dans une note qui n'a aucun rapport, soit avec la lettre à Martins, soit avec le canevas dans lequel on croit reconnaître un cadre de carte semblable à celle qui devait accompagner la lettre à Martins. Si l'échelle de 67 2/3 était une de celles en usage à la date que porte cette lettre, on comprendrait qu'elle ait été choisie, puisqu'il fallait faire un choix; mais c'est une mesure complètement inconnue aux auteurs du temps de Toscanelli, à ceux qui l'ont précédé, comme à ceux qui l'ont suivi. H. Wagner déclare que dans ses recherches cosmographiques il ne l'a pas rencontrée une seule fois et assure qu'aucun des auteurs modernes qui se sont occupés de cette question ne l'ont mentionnée. Il va même jusqu'à dire que c'est une mesure étrangère à la science géographique que M. Uzielli veut y introduire arbitrairement [169]. C'est aller un peu loin. Une mesure que Toscanelli a pris la peine d'expliquer en montrant comment elle se décompose, que M. Uzielli a acceptée, après l'avoir soumise à une longue et

---

169. Wagner, *loc. cit.*, pp. 261-262.

minutieuse analyse [170] que M. D'Albertis [171] et M. L. Hugues [172] ont également étudiée et acceptée ne saurait être écartée de la discussion aussi sommairement. Cependant si Toscanelli est bien l'auteur de cette carte, comment croire, alors que son objet était de fournir au roi Affonso V des explications sur la route qu'il proposait, que tout le monde devait comprendre facilement, qu'il ait fait usage d'une mesure inconnue aux cosmographes et que M. Uzielli lui-même reconnaît être une mesure florentine locale [173]. La chose serait tout aussi extraordinaire que s'il avait indiqué ses distances en milles autres que celui dont se servaient généralement les navigateurs.

6. Le module de 66 milles 2/3 au degré. — M. Hermann Wagner qui a consacré à toutes ces questions une étude approfondie, a suggéré que le module de l'auteur de la carte, — pour lui c'est Toscanelli, — devait être celui de 66 milles 2/3 au degré. Cette supposition ne soulève pas les objections de la précédente. L'échelle de 66 milles 2/3 au degré, qui est la même que celle de 16 lieues 2/3, était une mesure connue. Vespuce la préconisait [174], et Enciso, Vaz

---

170. *La Vita e i tempi di Paolo del Pozzo* Toscanelli. Vol. V de la *Raccolta Colombiana*.

171. *La costruzioni navali e l'arte della navigazione al tempo di Cristoforo Colombo dans la Raccolla*, part. IV.

172. *L'Opera scientifica di Cris. Colombo*, Turin, 1892.

173. *Loc. cit.*, p. 461.

174. Lettre du 18 juillet 1500, BANDINI, p. 72.

Dourado et autres en ont fait usage, ainsi que
M. Wagner l'a démontré [175], et, quand il s'est agi, en
1524, à Badajoz, de déterminer l'emplacement de la
ligne de démarcation, une des questions importantes
qu'on discuta fut celle de savoir s'il fallait substituer
aux évaluations ordinaires de 15 lieues ou de
16 lieues 2/3 au degré, celle de 17 lieues 1/2 que pré-
conisaient les Portugais afin, disaient les délégués
Espagnols, de comprendre une plus grande étendue de
pays dans le même degré [176]. Remarquons que si, à Badajoz, — après les contestations soulevées par la ligne
de démarcation papale — les Portugais pouvaient
avoir intérêt à allonger le degré terrestre, il n'en était
pas de même en 1474.

Il est donc possible que l'auteur de la lettre à Martins ait fait usage du module de 16 lieues 2/3 au
degré. Dans cette manière de voir, la carte de Toscanelli donnait au grand cercle de la terre une étendue
moins considérable que celle qui découle du module
de 67 milles 2/3 au degré, soit 24,000 milles
romains ou italiens, ou 35,520,000 mètres au lieu de
36,052,799 3/4 mètres. La circonférence sur le parallèle
de Lisbonne serait également ramenée à 18,000 milles
ou 26,640,000 mètres; ceci, bien entendu, en prenant

---

175. *Loc, cit.*, p. 260

176. Voyez, quant à ce point, la discussion entre Varnhagen et
D'Avezac sur le rapport de la lieue au degré et particulièrement le
mémoire précité, pp. 138, 145 et 147. Voyez aussi : l'*Opinion des
Astronomes et Pilotes Espagnols délégués à Badajoz*, dans Navarrete :
Viag., vol. IV, nº xxxvii, pp. 343 et sq.

le mille de Toscanelli pour être le mille romain ou italien ordinaire équivalent, en chiffres rond, à 1,480 mètres, car, si l'on admet avec M. Uzielli que son mille était celui de Florence, qui est évalué à 1,653 mètres 1/2, la circonférence, dans les deux cas, serait sensiblement augmentée ainsi qu'on peut le voir par le tableau donné ci-après [177].

7. **Le module de 62 milles 1/2.** — Ce |module était celui de Ptolémée qui, comme on l'a dit ci-dessus (note 83), donnait à chaque degré 500 stades, dont il fallait 8 pour faire un mille italien, soit 62 milles 1/2 ou 15 5/8 lieues au degré. D'Avezac était d'avis que l'auteur de la carte avait compté de cette manière, et l'autorité dont jouissait alors Ptolémée donne un certain poids à cette opinion. Si on l'admet, le globe, au grand cercle, mesurait 180,000 stades ou 22,500 milles, soit 33,300,000 mètres. Mais il n'y a aucune autre raison de croire que l'auteur de la carte a compté de cette manière que celle qui vient d'être indiquée. Pour ceux qui pensent que cet auteur était Toscanelli, c'est ce module qu'on doit admettre, et il est permis de dire que la principale raison qui a déterminé M. Uzielli à l'écarter, et à préférer celui de 67 milles 2/3, c'est qu'il est contraire à sa thèse : que Toscanelli connaissait les véritables dimensions du globe, ce qui peut être vrai de Toscanelli ; mais ce qui ne l'est pas de l'auteur de la carte.

177. Voyez Wagner, *loc. cit.*

8. Le module de 56 milles 2/3. — Ce module était celui d'Alfragan que Colomb avait adopté et qu'il mentionne à maintes reprises, ainsi qu'on l'a montré aux notes 87, 88 et 92. Si, comme on croit l'avoir également démontré, la lettre à Martins ne fait que traduire les idées cosmographiques de Colomb, le module dont s'est servi l'auteur de la carte que la lettre expliquait, ne peut être que celui de 56 milles 2/3. On ne comprendrait pas, en effet, qu'après avoir pris à Colomb son idée fondamentale sur le peu d'étendue de l'espace maritime séparant les deux extrémités de l'ancien Continent, — idée que lui-même avait empruntée à Marin de Tyr, telle qu'il l'avait trouvée dans l'*Imago Mundi* — on ne comprendrait pas, disons nous, que l'auteur de la lettre et de la carte eut écarté la mesure même du degré par laquelle Colomb expliquait cette autre base fondamentale de son système : la petitesse du globe. Il y a donc une excellente raison de croire que les degrés de chacun des espaces de la carte, dite de Toscanelli, mesurait, au grand cercle, 56 milles 2/3, équivalant à 20,400 milles ou 30,192,000 mètres, ce qui donnait au globe près de trois millions de mètres de moins que Ptolémée, lequel l'avait lui-même réduit considérablement. (Ptolémée : 33,300,000 mètres; Faye : 40,007,520.)

9. Le mille de Toscanelli. — Voyons, maintenant, les raisons qui donnent lieu de croire que le mille de la carte en question était, comme on l'a dit ci-dessus, le mille romain ou italien ordinaire. Le fait seul que cette carte était une carte nautique, ainsi que le porte la lettre, et que les explications dont elle était accompagnée, devaient être comprises à première vue, comme la lettre le dit aussi, suffit pour autoriser la conclusion que l'auteur de cette lettre s'est servi de termes et de mesures d'un usage général. S'il en avait été autrement, il aurait expliqué ses termes et défini ses mesures; il aurait dit ce qu'il fallait entendre par ses espaces et à quel module son mille se rapportait. M. Uzielli, lui-même, reconnaît le bien fondé de cette observation. « Il est évident, dit-il, que lorsque Toscanelli parle de milles dans sa lettre de 1474, il entend se rapporter au mille en usage parmi les marins [178]. » Plus tard, dans son grand ouvrage sur l'astronome Florentin, publié par la commission Colombiana, en 1894, il complète et précise davantage cette opinion. « Le mille marin, dit-il, vague comme les autres, était le seul dont Toscanelli put se servir en écrivant à Lisbonne au sujet d'un voyage par mer. » Et plus loin il ajoute : « Évidemment Toscanelli, en écrivant à Martins, ne pouvait pas prendre pour unité itinéraire le mille de 67 2/3 au degré qui était une mesure florentine absolument locale — *assolutamente locale fiorentina* — et devait avoir choisi une de celles qui étaient plus généralement employées à cette époque comme mesure marine [179]. »

178. *Toscanelli,* n° 1, 1893, p. 10.
179. *Vita e Tempi... di Toscanelli,* pp. 460 et 461.

Or, le mille des navigateurs était le mille romain, ou italien ordinaire, dont il fallait quatre pour faire une lieue. Tout le monde est d'accord sur ce point. Les Italiens, toujours en assez grand nombre au service du Portugal, avaient répandu cette manière de compter depuis le xiiie siècle et Colomb n'en connaissait pas d'autre [180]. L'équivalence de ce mille aux mesures modernes n'est pas rigoureusement établie; mais l'écart entre les diverses évaluations proposées est insignifiant. Les uns lui donnent 1,481 mètres, d'autres, 1,477 mètres 1/2 et on l'a même réduit à 1,472 m. 5 (Littré). Disons avec M. Wagner 1,480 mètres — en chiffres ronds. Le mille romain ou italien ordinaire, dont quatre faisaient une lieue, et qui équivalait à 1,480 mètres, serait donc le mille de la carte dite de Toscanelli.

M. Uzielli, dont l'opinion a un si grand poids en pareille matière, estime cependant que le mille du grand géomètre était le mille florentin qui, de son aveu même, était une mesure locale et qui n'était pas, en tous cas, celui par lequel les navigateurs comptaient leurs distances. On voit tout de suite où cela nous conduit. Si l'auteur de la carte s'est servi du mille de Florence, chacun de ses degrés était de 111,927 mètres et il donnait au grand pourtour de la terre 40,293,720 mètres. C'est-à-dire que son degrés était de 795 mètres plus grand que celui de

---

180. Voyez le Journal de Colomb, 3 août 1492 et la note de Navarrète : *Viages*, vol. I, pp. 3 et 4.

M. Faye et qu'il augmentait ainsi la circonférence de la terre de prés de 300,000 métres [181]. Il est difficile de se rendre à cette opinion qui semble avoir été formée sous l'empire de l'idée préconçue, qu'à peu de chose prés, Toscanelli avait une juste notion de la grandeur de la terre. Comment, scientifiquement, aurait-il acquis cette notion? Quels éléments avait-il pour cela, autres que ceux qui venaient des anciens? La connaissance de la mesure de la terre ne s'acquiert pas par des opérations subjectives, elle se déduit de faits, d'observations, de relevés réels : c'est une connaissance objective.

Remarquons encore, et la remarque dans l'espéce n'est pas sans importance, que si la carte avait été établie sur l'échelle du mille de Florence, Colomb aurait fait usage d'une échelle autre que celle de la carte même qui, au témoignage de Las Casas, lui servait de routier, puisqu'il est certain que Colomb comptait ses distances d'après le mille italien ordinaire de 4 à la lieue. Colomb soutenait aussi que le globe était plus petit qu'on ne le pensait [182], ce qui était le contraire de ce que Toscanelli aurait montré, s'il avait compté ses distances d'après le mille de Florence. Enfin, Las Casas nous dit que Toscanelli donnait à Cipangu « 2,400 milles de tour, soit

181. Voyez l'essai de restitution de la carte de Toscanelli de M. Uzielli, dans son Toscanelli de la *Raccolta*.

182. Lettre de la Jamaïque du 7 juillet 1503, Navarètte : *Viages*, p. 300. Voyez ci-dessus : première partie, note 92.

600 lieues » [183], ce qui nous reporte encore au mille italien ordinaire. Ce sont là, il semble, des considérations qui ne permettent guère de douter que la carte dont parle Las Casas, comme venant de Toscanelli, était à l'échelle du mille romain ou italien de 1,480 mètres et que, par conséquent, loin d'augmenter le volume de la terre, l'auteur de cette carte en diminuait la circonférence de plusieurs milliers de mètres.

10. **Le globe de Toscanelli.** —Pour l'auteur de la lettre à Martins, qui ignorait l'existence d'un Continent placé entre les deux extrémités Occidentales et Orientales du monde ancien, la distinction entre l'Atlantique et le Pacifique était inconnue. Son globe se composait de deux masses uniques, l'une terrestre, l'autre aquatique, de grandeur inégale. La première était deux fois plus étendue que la seconde et, comme ses limites occidentales étaient bien connues, c'est du côté de l'Orient que Toscanelli la prolongeait. En réalité on compte — en chiffres ronds — des côtes Occidentales de la Péninsule hispanique — (10 degrés à l'Ouest de Paris) — aux côtes Orientales de l'Asie chinoise (120 degrés à l'Est de Paris), 130 degrés par la route directe de l'Est, tandis que par la route opposée, qui oblige à faire le circuit des deux tiers du globe, il y a nécessairement 230 degrés. Dans la cosmographie du pseudo Toscanelli, c'est la proposi-

183. *Historia,* vol. I, p. 360.

tion inverse qui est la vraie. Des côtes du Portugal : —
Lisbonne — à celles de l'Asie Orientale : — Quinsay
— il y a, par l'Ouest, 130 degrés (26 espaces) et con-
séquemment 230 (46 espaces) par l'autre voie. Son
Asie Orientale empiète donc sur le Pacifique de
100 degrés environ et va presque rejoindre les côtes
Occidentales de l'Amérique, de sorte que sa Quinsay
était seulement à 20 degrés à l'Ouest de la Californie
et que sa Cipangu s'étendait, en partie, sur le Continent américain même.

11. La conception géographique que traduisait la carte de
Toscanelli était celle de Marin de Tyr. — Cette disposition
géographique qui consistait à étendre considérablement la masse solide du globe et à diminuer, dans
les mêmes proportions, la masse liquide, forme le
trait fondamental de la cosmographie de l'auteur de
la lettre à Martins et de la carte qui en est le complément. C'est sur cette conception que l'attention
d'Affonso V est appelée; c'est celle qui est supposée
avoir frappé Colomb et c'est celle — de quelque part
qu'elle vienne, — dans laquelle on veut voir la
cause déterminante de la découverte de l'Amérique.
Si Colomb n'avait pas été persuadé que le monde
était plus petit qu'on ne le supposait, et que l'Asie
était plus facilement accessible par l'Ouest que par
l'Est, il n'aurait pas entrepris son voyage ou, s'il avait
voulu l'entreprendre, il n'aurait pu convaincre personne que son projet était réalisable. L'idée que
l'Asie ne se trouvait séparée de la péninsule hispa-

nique que par un espace maritime peu considérable n'était pas nouvelle cependant. Les anciens, comme on l'a montré ci-dessus [184], l'avaient exprimée maintes fois ; mais personne ne l'avait traduite cartographiquement, ou, s'il y a eu des essais de ce genre, ils nous ont tous échappé. Wagner qui a fait des recherches approfondies sur ce point n'a pu trouver un seul document cartographique, antérieur à la carte dite de Toscanelli, où l'idée que traduisait cette carte était exprimée et nous ne sachions pas que personne ait été plus heureux, bien qu'il existe plusieurs documents de ce genre de date postérieure, dont le plus connu est le célèbre Globe de Behaim.

Qu'on ait ou qu'on n'ait pas tenté de représenter graphiquement cette ancienne conception, quelques cosmographes avaient donné à ce sujet des indications qui peuvent se traduire en valeurs numériques. Nous avons vu que Posidonius donnait à l'Atlantique, sous le parallèle d'Athènes, la même étendue qu'à la terre habitable, soit 70,000 stades sur 140,000 que mesure la terre sur ce parallèle, dans son système [185].

Nous avons vu aussi que plus tard, Marin de Tyr, qui donne à la circonférence du globe 180,000 stades, comme Posidonius, étend la longueur du monde

184. Voyez première partie, ch. IV, § 2.
185. Voyez ci-dessus : Partie I, ch. III, § 9, *Origine de l'hypothèse de la possibilité du passage aux Indes* et notes 68 et 74. Voyez aussi *Posidonius* dans Strabon, Liv. II, ch. III, s. 6 et trad. Franc. de Tardieu, vol. I, p. 168.

habité jusqu'au 225 méridiens sur 360, de sorte que l'intervalle par lequel les deux extrémités de l'ancien monde étaient séparées se trouvait réduit à environ le tiers de la circonférence totale, soit 135 degrés [186]. Cette opinion ne prévalut pas, et celle de Ptolémée qui revint au système de Posidonius en réduisant le monde habité à la moitié de la sphère, soit 180 degrés, au grand cercle, s'imposa avec tant d'autorité que personne ne songea plus à celle de Marin de Tyr. L'auteur de la lettre à Martins n'a fait que reprendre cette ancienne opinion, justement condamnée par Ptolémée et justement oubliée. A 5 degrés près, les 26 espaces qu'il compte à l'Ouest de Lisbonne correspondent exactement aux 135 degrés que Marin de Tyr compte pour la même distance, et encore faut-il observer que d'après certaine manière d'entendre les textes, Marin étendait le monde connu jusqu'au 230e degré à l'Est de son premier, ce qui laissait juste 130 degrés à l'Ouest [187].

Cette vieille opinion était, au xve siècle, une nouveauté que devait facilement accueillir ceux que tant d'autres considérations prédisposaient à croire à la possibilité de grandes découvertes à l'Occident; mais bien qu'elle ait servi la science, si réellement elle a contribué à déterminer la vocation de Colomb, elle était foncièrement erronée, et loin de voir dans le fait de l'avoir reprise un témoignage de la perspicacité

186. Voy. partie I, ch. III, § 10, et notes 76, 77 et, Marin de Tyr, dans PTOLÉMÉE, liv. I, ch. XI-XIII.

187. Voyez ci-dessus, notes 76,77.

scientifique de Toscanelli, on doit y voir une preuve
qu'un homme comme lui ne pouvait commettre une
telle erreur.

12. **Les Iles de Toscanelli.** — Dans son espace maritime de 130 degrés la carte indique des îles ; c'est ce
qui résulte d'une assertion formelle de Las Casas et de
la phrase où l'auteur de la lettre, dit lui-même, qu'il a
marqué sur la carte la route à suivre pour gagner la
région des épices, les ports où les navigateurs pourraient s'arrêter si les mauvais temps où toute autre
cause les obligeaient à le faire ; mais il ne nomme que
deux de ces îles : Antilia, dont il n'indique pas la situation, apparemment parce qu'il la supposait connue, et
Cipangu qui est à 10 espaces (50 degrés), plus à
l'Ouest.

Cette île Antilia, que Toscanelli dit être connue,
ne peut-être que celle des cosmographes et cartographes du temps : de Bianco, de Benincassa et autres
qui la plaçaient à 35 degrés environ à l'Ouest de
Lisbonne. [188] Cipangu étant à 10 espaces plus loin
(50 degrés), il devait rester 9 espaces (45 degrés),
entre elle et la terre ferme. Relativement au parallèle
sur lequel ces deux grandes îles étaient placées, le
langage de la lettre prête à deux interprétations différentes. En parlant de la distance qui sépare le pays
des épices de Lisbonne, en allant directement au

188. Voyez la notice sur *Antilia* dans nos *Notices critiques*, etc.,
actuellement en préparation.

Ponent, l'auteur donne à croire qu'il place ces îles sur le même parallèle que Lisbonne, et c'est ainsi que Humboldt a compris son langage; mais dans un autre passage le pseudo Toscanelli parle des îles d'où l'on doit partir pour faire cette traversée, ce qui ne peut s'entendre que des Canaries. Dans cette dernière manière de voir, qui est celle de presque tous les cartographes qui ont essayé de reconstruire la carte en question, Antilia et Cipangu doivent être placées entre le 25e et 30e parallèle environ.

Quoi qu'il en soit, ni Colomb dans son journal, ni Las Casas dans les remarques qu'il fait sur ce journal, ne nomment l'île Antilia. Il est cependant permis de croire que Colomb y pensa et plusieurs critiques, suppléant au silence du *Diario* à cet égard, n'hésitent pas à placer cette île au nombre de celles qu'il chercha en approchant des régions nouvelles [189]. Plus loin, près de Cipangu ou plutôt tout autour de Cipangu, Las Casas nous dit que Toscanelli avait placé d'innombrables îles et que ce fut une des raisons qui firent croire à Colomb que « Cuba était la Cipangu de la carte » [190].

13. **Résumé : La carte dite de Toscanelli ne pouvait rien apprendre aux Portugais.** — A l'exemple de plusieurs critiques on vient d'essayer une reconstruction sommaire de la carte que mentionne la lettre à Martins et

189. Voyez entre autres MARKHAM : *Ch. Columbus*, p. 79.
190. *Historia*, I, pp. 316-317.

que l'on suppose avoir accompagné cette lettre. On
s'est guidé pour cette reconstruction principalement
d'après les termes mêmes de la lettre dont la carte
était le complément et dont, par conséquent, elle était
l'expression graphique. On peut donc tenir pour certain que cette carte ne différait pas beaucoup de ce que
nous avons supposé qu'elle devait être. Que Toscanelli en fut ou n'en fut pas l'auteur, l'examen critique
qui précède ne peut laisser aucun doute sur le véritable
caractère et sur la valeur scientifique de ce document.
C'était une carte par laquelle on se proposait de
démontrer la possibilité, ou plutôt la facilité, du passage aux Indes par la voie de l'Ouest. L'auteur fait
cette démonstration en traduisant graphiquement les
idées souvent exprimées par les anciens sur le peu
d'étendue de l'intervalle maritime séparant les deux
extrémités du monde connu, et celles particulières à
Marin de Tyr sur l'extension vers l'Est du continent
Asiatique. A ces deux traits fondamentaux, qui donnent à la carte son caractère essentiel, l'auteur ajoute
quelques dénominations géographiques, tirées de
Marco Polo, et l'indication des îles à l'existence desquelles on croyait alors et qui figurent sur plusieurs
cartes du xive et du xve siècle. On peut affirmer que
c'était là tout ce que contenait l'œuvre attribuée à
Toscanelli.

Cette simple constatation suggère la reflexion suivante : c'est que cette fameuse carte, qui était supposée, venir d'un centre intellectuel et scientifique où
l'on possédait les renseignements les plus complets

et les plus récents sur toutes les questions de géographie et de cosmographie alors agitées, et à laquelle on donnait pour auteur l'un des hommes les plus savants de son temps, particulièrement soigneux de se bien renseigner sur ces questions, a été établie, cependant, avec des éléments connus de tout le monde et connus depuis longtemps, puisque ceux qui en forment la base remontent à l'antiquité, et que les plus récents qu'on puisse y relever sont empruntés à une relation qui datait alors de cent cinquante ans.

Une seconde réflexion vient aussitôt à l'esprit : c'est que n'importe quel cosmographe, tant soit peu érudit, pouvait facilement dresser une pareille carte et qu'en Portugal surtout, où le prince Henry avait développé le goût des études géographiques, les hommes capables de faire un pareil travail ne devaient pas être rares.

On se demande alors, quelle lumière un document semblable pouvait projeter sur la question de la meilleure route à prendre pour aller aux Indes, — question qui d'ailleurs n'était pas soulevée en 1474, — et qu'est-ce que cette carte, dans laquelle on ne trouvait aucune indication, ou aucune suggestion nouvelle pour ceux qui s'occupaient de cosmographie et de navigation, pouvait apprendre à des navigateurs, comme les Portugais, qui connaissaient l'Atlantique mieux que personne et auxquels aucun des portulans de l'époque n'étaient inconnus, puisque c'est à l'aide même de ces portulans que le prince Henry faisait procéder à ses explorations !

On se trouve ainsi conduit, par une autre voie, à se poser encore la question de l'authenticité de toute cette correspondance, entre Toscanelli et le chanoine Martins d'abord et ensuite avec Colomb, dont tant d'autres considérations démontrent tout au moins l'invraisemblance. A ces considérations, qui ont été développées dans les pages qui précèdent, il faut maintenant ajouter un nouveau motif de suspicion : la parfaite insignifiance et le manque absolu d'originalité de la carte fameuse à laquelle on attribue une si grande part dans la genèse des idées qui conduisirent Colomb à sa grande découverte.

POUR L'INTELLIGENCE DES HYPOTHÈSES SUR LA MESURE DU GLOBE
ATTRIBUÉE A TOSCANELLI

	ESPACES de 5 degrés.	NOMBRE de milles au degré.	DÉSIGNATION du mille.	LONGUEUR en mètres.	NOMBRE de mètres au degré.	ESPACE MARITIME à L'O, sur le 40' parallèle.	CIRCONFÉRENCE au grand cercle.
Uzielli………	72	67 2/3	Florentin.	1633 1/2	111,927	6,500 milles flo. 10,747,750 mètres.	40,293,720 mètres,
D'Avezac……	72	62 1/2	Romain ou Italien.	1480	92,500	6,500 milles. 9,620,000 m.	22,500 milles. 33,300,000 mètres.
H. Wagner……	72	66 2/3	Romain ou Italien.	1480	98,666	6,500 milles. 9,620,000 m.	24,000 milles. 35,520,000 mètres.
Autre calcul……	72	67 2/3	Romain ou Italien.	1480		6,500 milles. 9,620,000 m.	24,360 milles. 36,052,800 mètres.
Lettre à Martins…	72 / 90 Esp. de 4 deg.	50 au 40e par. 56 23 A l'équat. 62 1/2	Aucune.			26 espaces de 250 milles, soit 6,500 milles. Reste 46 espaces. Total 18,000 milles au 40e paral. / 26 espaces de 250 milles ou 104 deg. ou 6,500 milles.	20,400 mil., ou 30,192,00 mètres. / 64 esp. de 250 mil. ou 256 deg. Total, 22,500 milles.

MESURES ANCIENNES

	ESPACES de 5 degrés.	NOMBRE de milles au degré.	DÉSIGNATION du mille.	LONGUEUR en mètres.	NOMBRE de mètres au degré.	ESPACE MARITIME à L'O, sur le 40' parallèle.	CIRCONFÉRENCE au grand cercle.
Posidonius……						70,000 stad. de 185 ou 140 degrés. 12,950,000 mètres.	180,000 stad. de 185 m. 33,300,000 mètres.
Marin de Tyr……						67,500 stad. ou 135 deg. 12,487,500 m.	180,000 stad. de 185 m. 33,300,000
Ptolémée………							180,000 st. ou 22,500 mil. ou 33,300,000 mètres.
Alfragan et Colomb							20,400 milles ou 30,192,000 mètres.

MESURES MODERNES

	ESPACES de 5 degrés.	NOMBRE de milles au degré.	DÉSIGNATION du mille.	LONGUEUR en mètres.	NOMBRE de mètres au degré.	ESPACE MARITIME à L'O, sur le 40' parallèle.	CIRCONFÉRENCE au grand cercle.
Bessel 1836……				111,375 m.			40,095,000 m.
Faye 1894………				111,133 m.			40,007,520

CHAPITRE II

LE ROUTIER DE COLOMB

Nous passons maintenant à la seconde question :
La carte qu'on vient de s'efforcer de décrire dans ses
grandes lignes, est-elle celle par laquelle Colomb se
dirigea dans son premier voyage ?

1. Il a existé une carte que Las Casas croyait être de
Toscanelli. — Las Casas est sur ce point très affirmatif.
Il dit qu'il a possédé la carte qui accompagnait la
lettre à Martins [191], que Colomb se guidait entièrement par elle, et qu'il avait une telle foi dans les indications qu'elle portait, qu'il ne douta jamais de la
réussite de son entreprise [192]. Le fait que l'auteur de

191. Après avoir parlé de la conférenee du 25 septembre entre
Pinzon et Colomb, Las Casas dit : Cette carte est celle qui fut envoyée
par Paulo, médecin de Florence. C'est celle là même que j'ai eue en
ma possession avec d'autres objets de l'amiral qui découvrit ces
Indes, ainsi que des écrits de sa propre main, qu'on m'a confiés (« *y
escrituras de su misma mano que trajeron á mi poder* ». *Historia.* Liv. I,
ch. xxxviii, vol. I, pp. 278, 279).

192. « Colomb avait tellement foi en la lettre missive et en la carte
nautique que lui envoya le dit Paulo médecin qu'il ne douta pas qu'il
trouverait les terres qu'on y avait indiquées » (Las Casas, *Historia.*
Liv. I, ch. xliii, vol. I, p. 316).

la lettre à Martins renvoie à cette carte prouve, d'ailleurs, qu'il entrait dans son plan de la produire, car autrement il n'en aurait pas parlé; on peut même ajouter qu'elle était nécessaire pour donner de la consistance à ce qu'il avance. S'il la mentionne, s'il y renvoie, s'il insiste sur les indications qu'elle donne, c'est qu'elle lui est utile, c'est qu'il en a besoin pour l'objet qu'il a en vue. Cela paraît être l'évidence même.

On peut donc tenir pour certain qu'il a réellement existé une carte, attribuée à Toscanelli, qui aurait accompagné la lettre à Martins et qui serait passée à Las Casas, ce qui ne prouve, d'ailleurs, ni qu'elle était de Toscanelli, ni qu'elle servit de routier à Colomb.

2. **La carte attribuée à Toscanelli était-elle la carte routière de Colomb ?** — Donc, si l'on s'en rapporte à Las Casas, il n'y a aucun doute que la carte qu'il nous donne pour être celle qui accompagnait les lettres de Toscanelli, est aussi celle qui servit de routier à Colomb. Munos, qui connaissait bien l'œuvre, alors inédite de l'évêque de Chiapas, a avancé le fait un des premiers [193], et Humboldt avait d'abord pensé comme lui à cet égard [194]; mais plus tard il s'est corrigé et, tout en admettant que Colomb avait à son bord la carte de Toscanelli, il a cru que le grand navigateur ne s'était pas dirigé uniquement d'après elle, puisque au lieu de se tenir sous le parallèle de Lisbonne il

193. *Historia*, liv. III, § 4.
194. *Examen critique,* vol. I, p. 233.

prit sa route à la hauteur de l'île de Goméra [195]. Cette raison, que M. Harrisse a également donnée [196], prouverait, au contraire, que c'est bien la carte dont parle Las Casas, celle qu'il attribue à Toscanelli, qui servit de routier à Colomb, car, tout en parlant de la distance qui sépare Lisbonne de Quinsay en droite ligne, la lettre à Martins indique comme route pour faire la traversée océanique, une autre ligne : celle qui a pour point de départ les Iles, phrase qui ne peut s'entendre que des Canaries. Colomb, donc, quels que soient les motifs qui l'aient déterminé, ne s'est pas, en fait, écarté des indications données dans la lettre à Martins en ne se portant directement à l'Ouest, qu'après être arrivé à la hauteur des Canaries.

Mais il y a d'autres raisons de mettre en doute que la carte routière de Colomb était celle dont parle Las Casas. Avant de les indiquer rappelons, pour mémoire, qu'outre les auteurs mentionnés ci-dessus, Sprengel, Navarrète, Washington Irving, Bossi, Tarducci et Fiske pensent tous que c'est d'après les indications fournies par la lettre à Martins et par la carte qui accompagnait cette lettre, que Colomb se dirigea pour faire sa découverte.

3. **Colomb ne donne pas sa carte routière pour être de Toscanelli.** — Las Casas s'exprime un peu plus explicitement sur l'origine de la carte que sur celle de la lettre. Il dit nettement, comme on vient de le voir,

195. *Cosmos*, vol. II, p. 317.
196. *The Discovery*, p. 401.

qu'elle avait été envoyée à Colomb par Toscanelli, que lui, Las Casas, l'a eue entre ses mains, avec d'autres écrits de l'amiral et que Colomb ne doùtait pas qu'il trouverait les terres qui y étaient tracées. Devant un témoignage aussi positif et aussi précis il faudrait admettre, sans hésiter, que la carte qui nous occupe est réellement celle qui servit de routier à Colomb, si diverses considérations ne donnaient à penser que Las Casas avait été mal renseigné et si, particuliérement en ce qui concerne la carte, nous n'avions, par exception, une autre source d'informations qui ne concorde pas avec la sienne : le Journal même de Colomb.

On sait que nous ne connaissons le Journal du premier voyage de Colomb que par Las Casas. L'évêque de Chiapas fit du manuscrit original de ce Journal, aujourd'hui perdu, une analyse très étendue et très circonstanciée de tout ce qu'il contenait, analyse dans laquelle il suit le texte date par date et reproduit souvent le langage même de Colomb. C'est ce résumé, entièrement écrit de la main de Las Casas, qui forme ce qu'on appelle le Journal de Colomb, lequel a été publié et traduit à diverses reprises. Pour écrire son *Historia general de las Indias* Las Casas fit encore usage du manuscrit original du Journal de Colomb, tantôt reproduisant de nombreux passages textuellement, tantôt se bornant à les analyser. Cette Histoire des Indes étant aujourd'hui publiée, nous possédons, de certains incidents, deux rédactions qui, bien que puisées à la même source et écrites l'une et l'autre par la même personne, ne sont pas cependant identiques entre elles, dans toutes leurs particularités. Dans son *Historia* Las Casas rapporte que le 25 septembre 1492 Colomb et Pinzon consultèrent la carte d'après laquelle ils se dirigeaient et s'étonnèrent de ne pas voir les îles qu'elle indiquait à l'endroit où ils étaient parvenus. Cette carte, ajoute Las Casas, était celle que Paulo le médecin avait envoyée et que j'ai en ma possession [197]. Si maintenant nous nous reportons au Journal même de Colomb, dont les extraits sont beaucoup plus étendus que ceux de l'*Historia* et dont la rédaction, par Las Casas, ne paraît pas être de la même époque que celle de son Histoire, nous voyons à cette même date du 25 septembre, que Colomb mentionne la carte consultée ce jour-là comme si elle était de lui [198]. Ainsi Colomb qui parle ici lui-même, et dont le

197. Las Casas, *Historia*, liv. I, ch. XXXVIII, vol. I, pp. 278-278.

198. Voici la phrase sur laquelle se fonde cette assertion : *una carta..... donde segun parece terria pintadas el almirante ciertas islas* (NAVARRETE, *Col. viag.*, vol. I, p. 13). Cette phrase est un peu ambiguë ; mais le sens que nous lui donnons est celui que lui ont trouvé les auteurs les plus compétents en pareille matière. M. de la Roquette a traduit : « sur laquelle il paraît qu'il (l'amiral) « avait représenté certaines îles » (*Relations des quatre voyages,* etc., vol. II, p. 26). M. Harrisse dit : « on which the admiral seemed to have painted certain islands » (*The discovery*, p. 401). M. Markham donne une traduction analogue : « on which, as it would appear, « the admiral had certain islands depicted » (*The journal,* etc., p. 28). Navarrete, dans la note qu'il a mise à cette place, au Journal de Colomb, publié par lui le premier, a aussi compris la phrase en question de la même manière : *Esta carta delineada por el almirante,* etc. (*Col. viages*, vol. I, p. 13, note). M. de La Rosa à qui j'ai soumis ce texte est cependant d'avis qu'il doit être traduit de la

langage n'est mis à la troisième personne par Las
Casas que pour abréger sa rédaction, non seulement
ne dit pas que cette carte était de Toscanelli, —
c'était cependant le cas où jamais de mentionner ce
savant —, mais donne à entendre que c'est lui,
Colomb, qui l'a dessinée? On ne saurait alléguer ici
la possibilité d'une erreur de la part de Colomb. C'est
en 1552, au plus tôt, c'est-à-dire 46 ans après la
mort du découvreur et 60 ans environ après la célèbre
délibération du 25 sept. 1492, que Las Casas nous
affirme que la carte ainsi consultée venait de Toscanelli, alors que Colomb, qui tenait son Journal de bord
au jour le jour, tient à cette date même de septembre
1492, un langage qui loin de confirmer l'assertion de
Las Casas, autorise la supposition que la carte était de
lui. Si l'on veut croire, avec Las Casas, que cette carte
venait réellement de Toscanelli, il faut alors admettre
que Colomb a caché le fait, car étant données les circonstances où il parle, son silence sur ce point essentiel ne peut être que calculé, et, comme on ne voit
pas pourquoi il aurait dissimulé un fait de cette nature,
qui ne pouvait lui être préjudiciable, au contraire, on
est fondé à considérer la réserve qu'il observe à cet
égard comme une raison très probante que tel n'était
pas le cas. Il y en a d'autres, comme on va le voir.

manière suivante : « une carte... de l'amiral où, à ce qu'il paraît,
se trouvaient peintes certaines îles », ce qui pourrait simplement
vouloir dire que la carte était celle appartenant à l'amiral. Mais,
même en leur donnant ce sens restreint, ces mots montrent bien
qu'il ne s'agissait pas de la carte de Toscanelli.

4. La carte routière de Colomb indiquait des îles qui ne pouvaient être connues de Toscanelli. — On vient de dire que Colomb ne s'exprime pas de manière à donner à penser que la carte par laquelle il se dirigeait venait de Toscanelli. On va maintenant montrer que cette carte donnait certaines indications qui lui paraissaient absolument sûres et qui ne pouvaient venir de Toscanelli.

Si nous nous reportons au Journal du grand navigateur, nous voyons que dès le 17 septembre la petite flottille qu'il conduisait se croyait près de terre. Elle avait alors à peine dépassé le méridien de la plus occidentale des Açores. Le 18, cette impression persiste. Le 19, Colomb, voulant sans doute savoir exactement où l'on en était, fit relever le point qui établit qu'on ne se trouvait qu'à 400 lieues des Canaries [199]. Le 22 ou le 23, — le Journal n'est pas très explicite à ce sujet [200], — on avait fait alors une centaine de lieues de plus, Martin Alonso Pinzon, le plus compétent des lieutenants de Colomb, lui fit demander sa carte, celle même que Las Casas dit être de Toscanelli. Il est à croire qu'il voulait s'assurer par une nouvelle inspection de cette carte, qu'on se trouvait bien dans le voisinage de quelque terre. Le 25, Colomb et Pinzon confèrent au sujet de cette carte, ou plutôt au sujet de certaines îles qu'elle indiquait. Pinzon affirme que les caravelles étaient, à ce moment, dans les parages

199. NAVARRETE, *Col. viag.*, pp. 10 et 11.
200. Ibid., p. 12.

où la carte portait que les îles se trouvaient et Colomb déclare que c'est aussi son avis. Colomb était tellement sûr de son fait, qu'il cherche à expliquer que si on ne voit pas ces îles, c'est probablement parce que les courants ont entraîné les caravelles dans une autre direction, et parce que les pilotes se sont trompés en faisant le point qui ne doit pas indiquer qu'on ait parcouru une aussi longue route qu'ils le disent. Pour s'assurer du fait, il redemande à Pinzon la carte qu'on lui passe par une corde et il se met à la pointer avec son pilote et quelques-uns de ces marins [201].

Ainsi, la carte que Colomb et Pinzon étudiaient avec tant d'attention du 19 au 25 septembre, cette carte qui était évidemment celle par laquelle ils se guidaient, puisqu'ils se la passaient et se la repassaient dans les moments critiques, cette carte que Las Casas dit être de Toscanelli, indiquait l'emplacement de certaines îles que Colomb, et peut-être aussi Pinzon, se croyait certain de trouver là même où elles étaient indiquées. Ce fait, à défaut d'autre raison, suffirait pour faire mettre en doute l'assertion de Las Casas que cette carte avait été envoyée par Toscanelli à Martins d'abord et à Colomb ensuite.

En effet, sans parler du langage de Colomb qui ne confirme pas cette assertion de Las Casas, ou plutôt qui la contredit, on ne s'expliquerait pas la certitude où était Colomb qu'il existait des îles à l'endroit où

---

201. Navarrete, *Col. viag.*, pp. 13 et 14.

lui et Pinzon les cherchaient le 25 septembre 1492, c’est-à-dire au beau milieu de l’Océan sous le 30ᵉ parallèle environ et vers le 47 ou le 48ᵉ degré de longitude, s’il n’avait d’autres indications, à ce sujet, qu’une carte venant d’un savant de Florence qui n’avait jamais quitté son cabinet. Une pareille carte pouvait bien indiquer quelques îles dans l’Atlantique, comme celle d’Antilia et celle de Saint-Brandan, par exemple, auxquelles tout le monde alors croyait, mais on ne saurait voir dans une indication de ce genre une raison suffisante pour donner à Colomb la certitude, dont témoigne son Journal, qu’il existait des îles dans les parages que sa flottille avait atteints à la date indiquée. Remarquons que cette certitude ne fut pas diminuée, chez Colomb, par le fait qu’on ne trouva pas les îles en question, car le 3 octobre il écrit dans son Journal qu’il a laissé ces îles derrière lui et que si on ne les a pas vues, c’est parce qu’il n’a pas voulu perdre du temps à les chercher, alors que son but était d’aller aux Indes [202].

Les indications que donnait la carte en question relativement à ces îles venaient donc d’une source qui paraissait à Colomb très sûres, tellement sûres qu’au dire de Las Casas, ainsi qu’on l’a déjà fait remarquer, il ne doutait nullement de la réussite de son entreprise. Comme une carte savante, dressée par un théoricien, tel que Toscanelli, ne pouvait donner une certitude de ce genre, on est autorisé à voir là une

---

202. NAVARRETE, *Col. viag.*, p. 16.

confirmation du doute soulevé par le langage même de Colomb sur l'origine de cette carte, et à dire qu'il y a dans cette circonstance une autre raison de croire que la carte consultée le 25 septembre par Colomb et Pinzon n'était pas de Toscanelli.

Complétons cette démonstration par une autre remarque des plus significatives.

D'après la lettre à Martins et, par conséquent, d'après la carte de Toscanelli, l'espace maritime qu'il y avait à franchir pour atteindre les Indes était de 26 espaces soit 130 degrés. Cipangu et les îles dont elle était entourée, au dire de Las Casas, se trouvaient à environ 9 espaces, c'est-à-dire 45 degrés, moins à l'ouest, soit à environ 85 degrés à l'ouest de Lisbonne. Colomb, s'il se guidait d'après la carte de Toscanelli, ne devait donc pas s'attendre à trouver la terre avant d'avoir parcouru cet espace. Or, nous avons vu que dès le 19 septembre, alors que la flottille n'avait encore fait que 400 lieues à l'ouest des Canaries, Colomb croyait trouver la terre. Le 25 il resta tout désappointé de ne pas trouver les îles qu'indiquait sa carte et il se mit à refaire ses calculs pour s'assurer qu'il n'avait pas fait quelque erreur. Le même jour, à la nuit, Pinzon ayant cru voir la terre crie la nouvelle à Colomb qui se jette à genoux pour remercier Dieu et tout son équipage entonne le *Gloria excelsis Deo* [203] ! Colomb croyait donc avoir atteint son but ? A ce moment sa flottille se trouvait seulement à 12 ou 14 degrés envi-

---

203. NAVARRETE, *Col. viag.*, p. 14.

ron à l'ouest du méridien de Flores. Ce n'était donc pas par la carte de Toscanelli, ou d'après des indications empruntées à ce savant, que Colomb se guidait, mais bien par une carte qui montrait des îles dans la région que les découvreurs avaient atteinte à la date indiquée, carte que Colomb pouvait avoir faite; mais seulement d'après des indications fournies par d'autres, puisqu'il n'avait jamais voyagé au delà des Açores.

5. La carte routière de Colomb était basée sur des indications qu'il avait reçues d'un pilote. — Si les indications que portait la carte consultée le 15 septembre, relativement à la situation de certaines îles dans les parages du 30e degré de latitude, ne peuvent être attribuées à Toscanelli, d'où venaient-elles donc? Ce n'est pas de Colomb lui-même puisqu'il ne s'était jamais aventuré aussi loin. Le raisonnement pouvait bien l'avoir convaincu qu'en naviguant directement à l'ouest on arriverait aux côtes d'Asie ; mais aucune spéculation théorique n'avait pu l'amener à la certitude qu'il existait des îles, jusqu'alors inconnues, dans un endroit déterminé de l'Atlantique, et cependant il avait cette certitude. D'où lui venait-elle?

Pour répondre à cette question, où tout au moins pour donner une explication acceptable du fait qu'elle vise, il faut ici ouvrir une parenthèse et entrer dans quelques explications rétrospectives.

On a exposé, dans un chapitre précédent, qu'au lendemain de la découverte du Nouveau-Monde le bruit se répandit, parmi les compagnons mêmes de Colomb, qu'il ne devait sa bonne fortune qu'à des indications données par un pilote qui avait abordé accidentellement à l'une des Antilles et qui avait relevé assez exactement la situation de cette île pour qu'il put la marquer sur une carte qui, d'après ce que l'on disait, paraît avoir été établie avec le concours même de Colomb auquel le pilote, au moment de mourir, aurait révélé son secret. Nous avons étudié cette histoire dans ses sources et nous croyons avoir démontré que, contrairement à l'opinion de la plupart des auteurs modernes qui ont traité la question trop superficiellement, la tradition relative au pilote qui aurait renseigné Colomb repose sur des données très sérieuses, que les compagnons de Colomb y croyaient généralement et qu'il n'y a aucun motif valable de la regarder comme apocryphe [204]. Si ces conclusions sont justifiées et si, par conséquent, le fait matériel que rapporte la tradition en question est vrai; s'il a existé un pilote qui, au retour d'un voyage aventureux dans l'Atlantique, donna à Colomb des indications sur la situation d'une ou de plusieurs îles qu'il avait ou qu'il croyait avoir découvertes; si ces indications furent portées sur une carte qui passa à Colomb ou qu'il avait peut-être lui-même dressée, — et tous ces faits semblent avérés, — nous sommes bien forcés d'en tirer les conséquences

---

204. Voyez sur la valeur et l'importance historique de cette tradition le chapitre v de la première partie.

qu'ils comportent : à savoir qu'il y a là un ensemble
de circonstances qui expliquent d'une manière tellement naturelle, tellement simple, la certitude où
étaient Colomb et Pinzon, relativement à l'existence
et à la situation des îles qu'ils cherchaient le 25 septembre 1492, qu'il est bien difficile de croire que la
carte qu'ils avaient alors sous les yeux n'était pas
celle même que, d'après la tradition courante,
Colomb tenait du Pilote dont il avait reçu les confidences, ou qu'il avait dressée sur ses indications.

Si cette supposition était fondée, et comment ne
le serait-elle pas, quand les circonstances qui viennent
d'être rappelées la corroborent si clairement, la carte
dans laquelle Colomb avait une confiance absolue,
la carte par laquelle les pilotes du mémorable voyage
de 1492 se guidaient, cette carte qu'on a toujours
regardée comme étant de Toscanelli, parce que Las
Casas le dit et le répète et que les *Historie* le disent
après lui, cette carte fameuse ne venait pas du savant
Florentin mais bien, — dans l'un de ses éléments
essentiels tout au moins, — du pilote, inconnu de
nom, que la tradition désigne comme étant celui
qui avait renseigné Colomb sur la route qu'il avait à
prendre pour aller aux îles que l'on croyait être celles
des Indes.

C'est là, évidemment, une supposition hasardée
dont le fondement logique est la difficulté d'expliquer
autrement la persuasion où était Colomb que des îles
existaient là où la carte les indiquait ; car, si l'on
admet que ces îles pouvaient aussi bien être indiquées

sur une carte venant de Toscanelli, et que c'est celle-là
que Colomb et Pinzon consultèrent, il faut montrer
comment Toscanelli possédait de tels renseignements
et pourquoi Colomb, en parlant de cette même carte,
ne dit pas qu'elle venait de Toscanelli, mais donne à
entendre, au contraire, qu'il en était l'auteur. Remarquons qu'il n'est plus question ensuite de cette carte
qui semble avoir eu pour objet principal de tracer la
route conduisant à ces îles. On pourrait aussi faire
observer que Pinzon paraît croire, comme Colomb,
à l'existence de ces îles et connaître également la
carte qui les indiquait, ce qui ne se comprendrait
guère s'il s'agissait d'une carte de Toscanelli, tandis
qu'on s'explique qu'un pilote comme lui qui appartenait à une famille de pilotes et qui habitait un port
fréquenté presque exclusivement par des marins, ait
connu l'histoire du pilote sans nom. Il serait même
plus qu'extraordinaire qu'il en eût été autrement et il
est permis de supposer que la connaissance de cette
histoire a pu être une des raisons qui déterminèrent
les Pinzon, marins riches et influents de Palos, à
donner leur concours à Colomb.

6. **La carte dite de Toscanelli n'était pas la carte routière
de Colomb.** — Nous sommes désormais fondés à regarder la proposition suivante comme suffisamment
bien établie :

La carte routière de Colomb ne pouvait venir de
Toscanelli. C'était avant tout une carte donnant des
indications pratiques dues, vraisemblablement, au

pilote qui avait découvert ou qui croyait avoir découvert l'une des Antilles et qui avait fait ses confidences à Colomb.

Est-ce à dire qu'il a existé deux cartes, l'une — celle dont parle Las Casas et qu'il attribuait à Toscanelli — qui était une carte théorique dressée d'après des données scientifiques, l'autre, ayant servi de routier à Colomb, qui était une carte pratique établie sur des indications de pilotes? Cela paraît probable. L'existence d'une carte qui servit de routier à Colomb et qui n'était pas celle dont parle Las Casas ne peut guère, en effet, être mise en question. Il est vrai que nous ne savons pas au juste ce qu'était cette carte puisqu'elle a disparu et que personne ne l'a décrite; mais nous avons néanmmoins, comme on l'a vu, de bonnes raisons de croire qu'elle a existé. Il en est de même de l'autre, de celle que Las Casas donne pour être de Toscanelli. Mais, si on ne peut contester le fait matériel de l'existence d'un document qu'un homme comme lui dit avoir vu et possédé il n'en est pas de même de son assertion que ce document était celui qui servit de routier à Colomb. En ceci il se trompe sûrement, car si la carte dite de Toscanelli est apocryphe elle est nécessairement postérieure au premier voyage de Colomb et n'a pu, par conséquent, lui servir de routier. Elle n'a pu non plus remplir cet office si elle est vraie, puisque la carte par laquelle Colomb se dirigeait donnait des indications que ne pouvait posséder Toscanelli.

Il a donc existé, vraisemblablement, deux cartes

différentes, dont l'une serait celle attribuée à Toscanelli, mais qui ne fut pas la carte routière du grand
voyage de 1492, et l'autre, celle par laquelle Colomb
se dirigea véritablement, mais qui n'était pas de
Toscanelli.

Il est assurément surprenant que Las Casas qui
avait tant de moyens d'être bien renseigné sur ce qui
concernait Colomb, puisqu'il avait tous les papiers de
la famille et qu'il entretenait avec elle des relations
d'amitié, se soit trompé au point de confondre deux
cartes aussi dissemblables que devaient l'être celle
qui servit réellement de routier à Colomb et celle
qu'un savant comme Toscanelli était censé avoir
faite, laquelle était l'expression d'une conception cosmographique à laquelle Colomb n'arriva qu'après ses
grandes découvertes. Mais, comme on l'a déjà dit, ce
n'est pas la seule chose extraordinaire qu'il y ait lieu
de remarquer dans le langage de Las Casas, précisément à propos de Colomb. C'est ainsi, par exemple,
que lui qui savait tout de Colomb, lui qui était à la
source des renseignements authentiques concernant
le grand navigateur, nous renvoie à l'historien portugais Barros qui ne savait absolument rien de Colomb,
pour l'indication du lieu de sa naissanee. Ce fait est à
noter, comme montrant chez Las Casas une ignorance
bien singulière touchant certaines particularités de la
vie de celui dont il est le constant panégyriste.
L'erreur de Las Casas sur ce point intéressant est
étrange, inexplicable, mais elle existe, il n'y a pas à en
douter. La carte qu'il nous dit être de Toscanelli et

qu'il assure être celle que ce savant aurait d'abord
adressée à Martins et ensuite à Colomb, n'était certainement pas celle par laquelle se dirigea le découvreur
du Nouveau-Monde.

Mais ne peut-on admettre qu'il n'y eût qu'une seule
carte, celle que possédait Las Casas qui, comme il le
dit, aurait servi de guide à Colomb, mais qui, contrairement à ce qu'il avance, ne venait pas de Toscanelli?
L'hypothèse n'est pas absolument inadmisible. Nous
y voyons, cependant, une objection très grave, déjà
indiquée, c'est que les termes dans lesquels Las Casas
parle de la carte qu'il possédait, ne peuvent guère
s'appliquer à celle qui paraît avoir servi de guide à
Colomb, laquelle devait être un simple routier, alors
que l'autre était, en quelque sorte, une carte savante,
traduisant les conceptions cosmographiques exposées
dans la lettre à Martin, conceptions qui sont celles
mêmes de Colomb, mais qu'il n'avait pas encore formées lors de son premier voyage

7. **La carte dite de Toscanelli était apocryphe comme
la lettre à Martins.** — On a exposé dans un paragraphe
précédent les motifs auxquels on pouvait attribuer
la fabrication de la lettre à Martins. On a dit que ce
faux, en admettant que ce soit un faux, pouvait
s'expliquer par le désir de justifier Colomb du
reproche qui lui était adressé, vulgairement, d'avoir
trouvé dans des indications, fournies par un pilote
mort à la peine, le secret de sa découverte et de montrer que, contrairement à cette injurieuse imputation,

il avait été guidé dans sa grande entreprise par une théorie scientifique à laquelle un célèbre cosmographe avait donné son adhésion.

Si l'on se rapporte aux termes dans lesquels Ovievo, Las Casas et Gomara rapportent l'histoire du pilote qui aurait renseigné Colomb, on verra qu'il y est question d'une carte que ce pilote avait dressée avec le concours de Colomb et où l'île, ou les îles qu'il avait découvertes, et la route qu'il fallait prendre pour y aller étaient indiquées. Cette carte joue un rôle important dans cette histoire. Sans elle le pilote anonyme ne pouvait donner aucune indication utile à Colomb; il est donc probable, certain même, que c'est particulièrement à cette carte que faisaient allusion ceux qui disaient publiquement que Colomb ne savait rien par lui-même et que c'est seulemennt par les révélations du pilote, qui le prit pour confident, qu'il connût la route des Indes.

Si la lettre à Martins est apocryphe et si le faux a été commis dans le but que nous avons indiqué, il va de soi que les auteurs de la supercherie avaient surtout en vue la carte du pilote ci-dessus mentionnée, puisque c'était sur cette pièce qu'on basait l'histoire racontée au préjudice de Colomb. Cette raison explique la mention d'une carte dans la lettre à Martins, ainsi que la fabrication de cette carte. En affirmant que celle par laquelle Colomb s'était dirigée en 1492 venait d'un savant cosmographe on détruisait toute la portée que les envieux du découvreur donnaient à l'histoire qu'ils racontaient. Colomb, dès lors, n'avait pas emprunté les indications nécessaires à sa découverte à une carte où un pilote obscur avait inscrit les résultats de son expérience personnelle, il les devait à ses propres conceptions qu'il avait soumises à un savant célèbre qui leur aurait donné sa haute sanction.

Nous n'avons pas à revenir ici sur les considérations développées plus haut qui font douter de l'authenticité de la lettre à Martins. Il est évident que les mêmes raisons qui font croire que la lettre est apocryphe, trouvent leur application à la carte qui est supposé avoir accompagné cette lettre et qui avait la même origine et le même objet. Il serait, en effet, absurde de croire que la carte pouvait venir de Toscanelli, alors que la lettre dont elle était une traduction géographique n'en venait pas. La mention de la carte par les lettres soupçonnées d'être apocryphes ne prouve donc rien, quant à son authenticité. Si la lettre n'est pas de Toscanelli la carte non plus n'est pas de lui; c'est l'évidence même. En fabriquant ces deux pièces les auteurs du faux se sont naturellement inspirés des idées mêmes de Colomb, puisque cette lettre et cette carte étaient données pour être la source où il avait puisé ses idées à lui. Mais on peut montrer, et nous croyons l'avoir fait, que Colomb chez lequel on retrouve, en effet, les notions cosmographiques et géographiques exprimées dans cette fameuse lettre et dans son complément cartographique, ne les a acquises que graduellement et postérieurement à sa grande découverte, tandis que, si ces documents étaient authentiques, il les aurait connus quinze ans auparavant. Cette observation pèse d'un grand poids dans les considérations qui font croire que ni la lettre à Martins ni la carte en question ne sont authentiques.

8. **La carte routière de Colomb montrait les découvertes du pilote anonyme et traduisait les idées cosmographiques de Colomb.** — Nous avons admis que si la lettre à Martins est authentique, la carte à laquelle elle se réfère l'est également. Mais en supposant qu'il y ait réellement eu une carte de Toscanelli, il est certain que cette carte n'a eu aucune influence sur Colomb et qu'elle n'a jamais servi qu'à exercer le sens critique de ceux qui se sont efforcés de la reconstruire. Il n'en est pas de même de la carte routière de Colomb. L'existence et l'importance de cette carte que Colomb et Pinzon consultèrent à différentes reprises du 20 au 25 septembre, que Colomb se mit lui-même à pointer à cette dernière date, non pas seul, mais avec le concours de son pilote et de quelques-uns de ses marins [205], — ce qui prouve le grand prix qu'il attachait aux indications qu'elle donnait — sont deux points qui ne sauraient être mis en question.

Malheureusement, nous savons fort peu de chose de cette carte. Nous avons, comme on l'a vu, des raisons suffisantes de croire qu'elle indiquait les découvertes réelles ou imaginaires du pilote anonyme;

205. Journal de Colomb, 25 sept.

mais il serait contraire à toute vraisemblance de supposer que Colomb s'est lancé dans la grande entreprise qu'il méditait depuis quelque temps, sur les
seules indications qu'il devait à ce pilote. La lecture
de son Journal de bord, écrit en mer pendant son
premier voyage, prouve que dès cette époque il avait
déjà acquis un certain nombre de notions géographiques et cosmographiques suffisantes pour lui permettre d'affirmer qu'il atteindrait l'Inde en prenant par
l'Ouest. Nous savons, d'ailleurs, qu'il avait l'habitude
de dresser des cartes. Il n'est donc pas douteux que
pour son grand voyage, il s'était fait une carte routière où il devait avoir réuni, en les combinant, tous
les résultats des indications qu'il avait recueillis ou
qu'on lui avait communiqués sur l'Ouest lointain,
ainsi que ceux donnés par ses lectures sur l'étendue
des mers et sur la situation des terres dont l'existence
était connue ou soupçonnée. On peut et on doit donc
admettre qu'elle représentait l'espace maritime compris entre les deux extrémités du vieux Monde avec
les Iles, y compris celles du pilote anonyme, à l'existence desquelles on croyait alors; mais il ne faudrait
pas croire quelle traduisait toutes les idées dont on
trouve l'expression dans la lettre à Martins ? Ces
idées nous l'avons dit appartiennent toutes à Colomb
qui les a exprimées à différentes reprises, mais postérieurement à son premier voyage. Elles représentent
le système géographique qu'il avait fini par se former
après ses découvertes, et non l'état de ses conceptions
en 1492. La carte de cette époque devait avoir pour

caractère principal l'indication des Iles cherchées le 25 septembre, indication complétée et encadrée par un certain nombre d'autres empruntées principalement à Marco Polo, mais qui, cependant, restait au premier plan et donnait à la carte sa valeur essentielle.

Quant à l'autre carte, celle qui aurait accompagné la lettre à Martins, il faut répéter qu'authentique ou non, elle n'a laissé de trace nulle part, qu'il n'y a pas l'ombre d'une indication que Colomb l'ait jamais connue, qu'elle n'a jamais servi à quoi que ce soit et à qui que ce soit.

RÉSUMÉ ET CONCLUSIONS

RÉSUMÉ

Nous voudrions maintenant résumer cette longue étude et montrer, en raccourci, comment la question qu'elle soulève se pose à la lumière des considérations qu'on a fait valoir, et quelle solution on peut en donner, qui réponde à toutes les conditions du problème.

Il faut, tout d'abord, distinguer nettement les faits qui peuvent être établis, de ceux qui sont seulement soupçonnés ou qui n'ont qu'une valeur hypothétique. Dans tout travail de critique, l'analyse, qui est plutôt destructive, se fait dans des conditions bien plus sûres que la synthèse dont l'œuvre est de reconstruire. Il est donc bien plus facile de montrer les raisons qui font suspecter l'authenticité de la correspondance de Toscanelli avec Martins et avec Colomb, que de trouver les motifs et les auteurs de la supercherie qui est soupçonnée.

Ceci posé, rappelons que la correspondance attribuée à Toscanelli sur la route des Indes se compose : 1° d'une lettre et d'une carte adressées par lui, en 1474, à Fernam Martins, chanoine de Lisbonne et conseiller intime du roi Affonso; 2° d'une copie de ces deux pièces qu'il aurait communiquées à Colomb, avec quelques lignes d'envoi non datées ; et 3° d'une lettre, également sans date, écrite par lui à Colomb.

Les faits relatifs à cette correspondance qui ont été exposés et les conséquences qu'on peut légitimement en déduire se classent de la manière suivante.

1. **Faits sur lesquels repose la croyance à l'authenticité des pièces.** — L'affirmation de Las Casas qui, le premier, a parlé de cette correspondance et l'a transcrite dans son *Historia*, commencée en 1527 et terminée en 1559.

L'affirmation des *Historie*, livre attribué à Fernand Colomb, publié pour la première fois en 1571.

L'existence d'une copie de la lettre à Martins, transcrite sur la garde d'un livre ayant appartenu à Colomb, et d'une écriture qui paraît être la sienne.

Le fait que le duc Hercule d'Este s'est enquis, en 1494, des communications que Toscanelli pouvait avoir eues avec Colomb.

Le fait que les idées cosmographiques, exposées dans la lettre à Martins, sont celles mêmes que Colomb a exprimées.

2. **Faits qui donnent à supposer que la correspondance attribuée à Toscanelli est apocryphe.** — Les pièces originales — en assez grand nombre — tant celles restées en Italie, que celles envoyées au Portugal, n'existent plus et personne ne les a jamais vues.

Le premier correspondant supposé de Toscanelli, Fernam Martins, chanoine de Lisbonne et conseiller intime du roi Affonso, est complètement inconnu. Il n'est nommé nulle part.

Paolo, physicien, c'est-à-dire Toscanelli, est également inconnu à tous les Portugais du temps. Il n'est mentionné par aucun d'eux et dans aucun document.

Le projet de traversée transatlantique que suppose la lettre à Martins, est aussi inconnu en Portugal que Toscanelli et Martins eux-mêmes. Aucun auteur portugais ou aucun document du temps n'y fait allusion.

Les auteurs italiens contemporains, la plupart amis de Toscanelli ou vivant comme lui à Florence, ne connaissent, pas plus que les Portugais, la correspondance que leur compatriote aurait eue, soit avec Martins soit avec Colomb. Aucun d'eux n'a jamais su qu'il s'était occupé de la route des Indes; cependant, plusieurs d'entre eux ont écrit des ouvrages où une mention de ce genre devait naturellement figurer.

On n'a pas trouvé une ligne relative à ce projet dans les papiers de Toscanelli.

Colomb qui était très expansif, qui recueillait et annotait avec soins toutes les indications relatives aux tentatives de découvertes faites à l'Ouest, et à l'existence de terres nouvelles dans cette direction, n'a jamais fait l'allusion la plus éloignée à Toscanelli ou aux lettres et à la carte qu'il aurait reçues de lui. Il ne semble même pas avoir su qu'il y avait à Florence un astronome de ce nom.

Le texte latin de la copie de la lettre à Martins, que l'on donne pour être le texte original, est écrit dans une très mauvaise langue. Les incorrections qu'on y relève sont de celles que n'aurait pas commises un copiste qui aurait eu devant lui un texte correct; elles sont l'œuvre de l'auteur même de la lettre.

Las Casas qui, le premier, parle de cette correspondance et qui, le premier, l'a transcrite, n'en a connu qu'une traduction espagnole. Il ne dit, ni comment il sait que Toscanelli a eu des rapports avec Martins et avec Colomb, ni qui a fait la traduction qu'il donne, ni qui lui a communiqué cette correspondance, bien qu'il laisse entendre qu'elle venait de la famille même de Colomb.

L'auteur des *Historie*, attribuées à Fernand Colomb et publiées en 1571, qui donne aussi ces pièces, ne dit pas d'où il les tient ; mais on est fondé à dire qu'il les a traduites de la version espagnole de Las Casas.

En 1474, date que porte la principale pièce de cette correspondance, la lettre à Martins, la question de la route des Indes orientales, dont elle traite, n'était pas soulevée. Les Portugais ne pensaient alors qu'à l'Inde du prêtre Jean (l'Abyssinie). Ce n'est que sous le règne de Joao II, après 1481, qu'ils commencèrent à se préoccuper de la route des Indes.

La question du commerce des épices avec l'Orient, dont parle aussi la lettre, n'existait pas non plus en 1474, pour les Portugais, qui n'avaient, à cette époque, aucun intérêt à aller aux Indes; cette question ne se posa qu'à la suite de leur découverte des côtes Occidentales de l'Afrique Australe qui créa et développa de nouveaux intérêts commerciaux.

En 1474 le Roi Affonso était profondément

engagé dans une action politique et militaire avec la
Castille, dont il revendiquait la couronne. Il ne s'est
d'ailleurs jamais occupé de découvertes transatlantiques. Et si, par impossible, il avait eu quelque idée de
ce genre, il n'est pas vraisemblable qu'il se fût adressé
à un savant, qui n'avait jamais quitté Florence, pour
lui demander des indications, que les Portugais, qui
étaient alors les premiers navigateurs du monde, et
les seuls qui connussent l'Atlantique, pouvaient
donner mieux que personne.

La lettre à Martins est fondée sur des indications
géographiques prises dans Marco Polo et sur un système cosmographique emprunté entièrement à Marin
de Tyr. Marco Polo était peut-être facilement
accessible; mais non Marin de Tyr que nous ne connaissons que par le seul Ptolémée qui, en 1474, n'était
pas imprimé. Toscanelli pouvait connaître Marin de
Tyr par des manuscrits de Ptolémée; mais un mathématicien comme lui n'aurait pas adopté son système,
ainsi que le fait l'auteur de la lettre à Martins, parce
que Ptolémée, en l'exposant, démontre son erreur
fondamentale, qui devait sauter aux yeux d'un cosmographe instruit.

La carte routière du premier voyage de Colomb ne
venait pas de Toscanelli ; ce n'était pas celle dont parle
la lettre à Martins. Des particularités rapportées par
Colomb lui-même le prouvent.

Ainsi que l'auteur de la lettre à Martins, Colomb
a adopté le système de Marin de Tyr, mais il ne l'a
pris ni à cette lettre ni à Ptolémée ; c'est à l'*Imago*

Mundi, du cardinal d'Ailly, qu'il l'a emprunté. Ses annotations à cet ouvrage et certains passages de ses écrits, prouvent encore cela.

Nous ne connaissons pas la date exacte de l'impression de l'*Imago Mundi* — vers 1490 probablement — mais nous savons que Colomb n'a exprimé les idées cosmographiques de Marin de Tyr, ainsi que d'autres opinions empruntées également à ce livre, que dans des écrits postérieurs à ses découvertes.

La pièce qui est donnée pour être une seconde lettre de Toscanelli à Colomb ne diffère de la première ni dans le fond ni, à vrai dire, dans la forme. Toscanelli aurait donc écrit deux fois à Colomb pour lui dire exactement la même chose et presque dans le même langage.

3. **Faits qui peuvent expliquer la supercherie.** — Au lendemain de la découverte du Nouveau Monde on disait que le mérite de cette découverte ne revenait pas à Colomb, mais à un pilote qui avait accidentellement abordé à l'une des Antilles et qui lui en avait indiqué la route.

Cette histoire était très répandue parmi les compagnons mêmes de Colomb, ainsi que parmi ceux qui les premiers allèrent coloniser Hispaniola. Las Casas, dont le curieux chapitre sur le sujet, a échappé à presque tous ceux qui s'en sont occupés, témoigne du fait et ne contredit pas l'histoire.

La croyance à cette histoire était générale et persista longtemps. De 1535 à 1552 elle fut rappelée et propagée par la publication et la réimpression des livres d'Oviedo et de Gomara ; ce dernier lui donna une forme nettement préjudiciable à Colomb.

Colomb, qui s'étend complaisamment sur les nombreux récits de pilotes qu'il recueillit, ne dit pas un mot de celui-ci.

La carte routière du voyage de 1492 donnait des indications sur la situation de certaines îles, au milieu de l'Atlantique, qui paraissaient absolument certaines à Colomb, et qui ne pouvaient venir de Toscanelli.

Colomb lui-même et ses biographes attitrés, Las Casas et Fernand Colomb, s'attachent à montrer que c'est l'expérience acquise dans ses longues années de navigation et les connaissances puisées dans les auteurs anciens qu'il avait étudiés, qui l'ont conduit à la conception cosmographique dont sa découverte est la conséquence logique.

Toutes ces assertions sont controuvées, ou tout au moins contestables. Colomb, né en 1451, était à peine âgé de vingt-cinq ans quand, en 1476, il arriva en Portugal. Il n'avait alors que peu voyagé. Il n'avait pas fait campagne, comme il le dit, pour le roi René ; il n'avait pas servi, comme Las Casas et les *Historie* l'assurent, avec les célèbres amiraux connus sous le nom de Colombo qui n'étaient pas de sa famille, contrairement à ce que lui-même donne à entendre, et, vraisemblablement, il n'avait alors fait qu'un seul voyage : celui de Gênes à Scio et de Scio à Lisbonne. Il voyagea peu dans la suite et il n'y a pas trace dans son long journal de bord qu'il connut alors aucun des auteurs qu'il cita plus tard, si ce n'est Marco Polo.

Las Casas, qui était venu en Espagne en 1544 pour se faire sacrer évêque de Chiapas, s'y fixa définitivement en 1547. C'est l'époque où il revise et complète son livre qui fut terminé en 1559. C'est celle où il obtient communication de tous les papiers des Colomb, celle où, évidemment, on lui remet la correspondance attribuée à Toscanelli, et c'est celle aussi où l'histoire du pilote qui avait renseigné Colomb, était rappelée par les publications d'Oviedo et de Gomara.

Voilà, réduits à leur substance même et sans commentaires, tous les faits relatifs à la correspondance que Toscanelli est supposé avoir eue avec Fernam Martins et avec Christophe Colomb. Ils sont bien avérés et c'est sur eux, sur eux seuls, qu'il faut asseoir toutes les explications qu'on prétendra en donner.

CONCLUSIONS

1. **Invraisemblance de la correspondance attribuée à Toscanelli.** — De l'examen qui précède et qui vient d'être
résumé, il semble qu'une conclusion bien nette se dégage, c'est que tout est suspect dans cette correspondance que Toscanelli est supposé avoir entretenue
avec Fernam Martins d'abord et avec Colomb ensuite.

Les circonstances dans lesquelles elle aurait eu lieu ;
l'ignorance complète dans laquelle sont restés à cet
égard tous ceux qui auraient dû connaître l'existence
de cette correspondance ; le silence inexplicable que
Colomb garde sur ce point ; la disparition totale des
pièces originales ; la provenance mystérieuse des traductions qui en sont données ; l'invraisemblance
qu'un homme, dans la situation de Toscanelli, ait envoyé à un inconnu, comme Colomb l'était alors, copie
d'un document écrit pour le Roi et ayant en quelque
sorte un caractère officiel ; les termes mêmes de ce
document dans lequel on relève au moins un anachro-
nisme flagrant, dont rien n'indique qu'il vienne d'un
grand Cosmographe, vivant à la source de tous les
renseignements qu'on avait alors sur l'Orient, et qui
ne contient que des choses alors bien connues en
Portugal ; ce fait capital, enfin, que cette fameuse lettre

reproduit un système géographique dont l'erreur ne pouvait échapper à un homme comme Toscanelli ; parce que celui-là même qui nous le fait connaître (Ptolémée) a démontré que les calculs sur lesquels il repose étaient inexacts, — tout cela éveille les soupçons et donne lieu de croire qu'on est en présence d'une de ces supercheries qui étaient si fréquentes au moyen âge et dont, cependant, il est souvent si difficile de fournir la preuve.

2. **Réserves nécessaires.** — Cette preuve est-elle ici faite ? Le vrai étant quelque fois invraisemblable, il peut se faire, à la rigueur, que les pièces originales de la correspondance de Martins avec Toscanelli aient disparu, sans avoir éveillé l'attention d'aucune autre personne que celle de Colomb, et que les rapports qui auraient ensuite existés entre le même Toscanelli et Colomb n'aient été connus que du seul Las Casas ; il est possible qu'il ait existé un chanoine de Lisbonne, touchant le Roi de très près, dont le nom ait échappé à tous ceux qui devraient le connaître ; il se peut que le Roi Affonso ait voulu tenter d'aller aux Indes par l'Ouest avant de savoir jusqu'où le continent Africain descendait vers le Sud et que malgré les préoccupations politiques et militaires qui alors dominaient ce monarque, il ait pensé à organiser dans ce but une expédition sur laquelle les documents et les choniqueurs sont également muets ; il se peut que personne, en Italie, dans l'entourage de Toscanelli, n'ait jamais eu l'occasion de savoir que ce savant

s'était occupé d'une nouvelle route des Indes; il se peut qu'il ait adopté le système de Marin de Tyr, sans voir combien il était erroné; il se peut que Colomb ait réellement transcrit de sa main un document dont, autrement, il semble avoir entièrement ignoré l'existence; il se peut enfin que ces lettres de Toscanelli qui, par leur provenance comme par leur contexte même, portent l'empreinte d'une fabrication postérieure à leur date, soient authentiques.

A priori, tout cela n'est pas impossible, et, à strictement parler, si l'on veut, il ne suffit pas que ce soit invraisemblable pour faire écarter, comme apocryphe, une correspondance acceptée depuis si long-temps sans contestation et dont, dans l'hypothèse même qu'on avance, il est difficile d'expliquer l'origine et l'objet.

3. **Objections diverses.** — Là, en effet, est le côté obs-cur de ce problème; si nous sommes en présence de documents apocryphes, comme il y a tant de raisons de le croire, on devrait pouvoir trouver une explica-tion évidente du faux, dire qui l'a commis et montrer dans quel but il a été commis. On ne peut, cepen-dant, que faire des conjectures à cet égard qui, si plau-sibles qu'elles soient, ne vont pas sans objections. Si réellement les lettres de Toscanelli ont été imaginées, comme nous l'avons supposé, pour détruire les soup-çons de ceux qui prétendaient que Colomb avait eu des renseignements secrets pour faire sa découverte, pourquoi a-t-on attendu, pour faire usage du faux,

la publication du volume de 1571, c'est-à-dire une époque ou la question qui motivait la supercherie était éteinte ; et comment n'a-t-on pas vu que si ces lettres prouvaient que Colomb ne devait rien à aucun pilote, elles prouvaient aussi qu'il devait tout au savant Florentin, qui, quinze ans avant lui, aurait conçu, formulé et proposé son propre projet exactement dans les mêmes termes que lui.

Ces objections sont embarrassantes ; il en est une autre qui l'est bien davantage. C'est celle que soulève la lettre du duc d'Este de 1494. Si cette lettre est authentique, si réellement le duc Hercule a eu connaissance en 1494 de l'existence de rapports entre Toscanelli et Colomb, ce fait, sans expliquer l'existence si invraisemblable de la correspondance avec Martins, prouverait qu'avant même le second voyage de Colomb on parlait des rapports qu'il aurait eus avec Toscanelli. Il y a là un point obscur, très embarrassant, qui peut faire hésiter la critique.

4. **Insuffisance des preuves de l'authenticité des pièces.** — Au résumé, cependant, les seules raisons qu'il y ait de croire à l'existence de la correspondance que Toscanelli est supposé avoir entretenu avec Fernam Martins d'abord et avec Colomb ensuite sont, comme on l'a vu : le témoignage de Las Casas et celui de F. Colomb dont l'un répète l'autre ; la copie du document principal attribuée à Colomb ; l'enquête faite par le duc Hercule et l'identité des idées cosmogra-

phiques de Colomb avec celles de l'auteur de la lettre à Martins.

En dehors de ces faits il n'existe rien, absolument rien, qui puisse donner lieu de croire que Toscanelli ait jamais été en correspondance, soit avec un conseiller du roi de Portugal, soit avec Colomb et qu'à aucune époque de sa vie il se soit occupé de la route des Indes, tandis qu'on relève une foule de circonstances qui montrent l'improbabilité, pour ne pas dire l'impossibilité, de l'existence de tels rapports et qui affaiblissent singulièrement la portée des faits précités.

C'est ainsi, par exemple, que les deux témoignages de Las Casas et de Fernand Colomb n'en font, en réalité, qu'un seul. Si Las Casas a copié ce dernier, ce qui n'est guère probable puisqu'il ne le dit pas, alors que son habitude est de constater les emprunts qu'il lui fait, c'est du fils de Colomb seul que viennent les pièces suspectes. Si, au contraire, comme cela est vraisemblable, ce sont les manipulateurs des *Historie* qui ont copié Las Casas, c'est celui-ci qui est seul responsable de la production de ces pièces. Dans l'un, comme dans l'autre cas, l'affirmation de l'existence de cette correspondance ne repose que sur un témoignage unique, dépourvu de toute sanction, que rien ne confirme ou corrobore et que tout, au contraire, semble infirmer.

On doit aussi faire remarquer qu'il n'est pas du tout démontré que la transcription de la lettre à Martins sur une feuille du Pie II de la Colombine, soit de la main de Colomb. Ce n'est là qu'une supposition dont il est impossible de faire la preuve et qu'aucune autre considération ne confirme, tandis que diverses circonstances, très significatives, plaident en faveur de l'hypothèse contraire : le silence complet de Colomb sur l'existence de ces pièces, le fait qu'il n'en a jamais fait usage ou tenté d'en faire usage, et la difficulté de distinguer son écriture de celle de son frère Barthélemy.

Si en dépit de tous les motifs qu'il y a de douter de l'authenticité de ces rapports entre Colomb et Toscanelli dont personne, hormis Las Casas, n'a jamais entendu parler, on croit pouvoir tenir pour réelle la correspondance produite, il faut aussi accepter toutes les conséquences de cette admission et prendre pour vraies nombre de choses dont l'invraisemblance est patente. Si, au contraire, on tient cette correspondance pour apocryphe, ces invraisemblances s'expliquent, mais alors on se demande pourquoi elle a été fabriquée, puisque ni Colomb ni ses héritiers n'en ont fait usage, et qu'on ne l'a produite que bien longtemps après la mort du grand homme ?

5. **Points à élucider.** — Dans une hypothèse, comme dans l'autre, on se trouve donc en présence de difficultés que la critique n'a pas encore résolues et qui doivent nous faire hésiter à trancher la question. Les probabilités sont assurément du côté de la dernière opinion qui s'appuie sur tant de raisons vraisemblables ; mais ces raisons, si plausibles qu'elles soient,

peuvent ne pas paraître concluantes ; elles laissent peut-être place au doute et justifient une hésitation qu'un examen critique plus approfondi ferait sans doute disparaître. Les objections qui s'élèvent contre l'authenticité des lettres attribuées à Toscanelli doivent donc être mûrement pesées et contrôlées avant qu'on puisse asseoir sur elles un jugement définitif. Il faut s'assurer si quelque autre circonstance, non relevée, ne vient pas les confirmer ou les infirmer. Il conviendrait surtout d'instituer une étude comparative entre les formes de langage de la lettre du 25 juin 1474 et celles en usage à Florence à la même époque, plus complète et plus approfondie que celle qui suit ce mémoire. Un examen de ce genre ferait voir si nous sommes réellement en présence d'un document appartenant à la plus brillante époque de la latinité florentine et trancherait la question [206]. Tant que cela n'aura point été fait, la critique a le droit et le devoir

206. La lacune qui est ici indiquée dans les études nécessaires pour fixer définitivement la critique sur l'authenticité de la correspondance Toscanello-Colombienne sera comblée, je l'espère, par mon ami M. G. de La Rosa qui, mieux que personne, est préparé à un pareil travail. M. de la Rosa a sur cette question des vues qui lui sont particulières et qui diffèrent essentiellement de celles présentées dans cette étude. Quand il les fera connaître, ce qui, nous l'espérons, ne tardera pas, elles causeront quelque surprise ; mais on peut être certain qu'elles obtiendront toute l'attention de la critique sérieuse. En attendant ce travail, celui que M. Sumien a bien voulu me communiquer et que je donne en appendice, fera réfléchir ceux qui tiennent pour certain que la lettre à Martins a été écrite par un florentin éminent à l'époque même ou le culte des lettres anciennes était à son apogée en Italie.

de dire que l'authenticité de la lettre de Toscanelli à Fernam Martins — aussi bien que celle des lettres à Colomb — ne s'impose pas et que tout indique, au contraire, que ces pièces sont apocryphes.

6. Le rôle de Colomb dans la supercherie. — En ce qui concerne le rôle personnel de Colomb dans cette machination, il semble que l'analyse critique que nous avons faite conduit à poser la question de la manière suivante :

Ou Colomb a réellement été en relations avec Toscanelli et il a caché le fait, pour ne pas divulguer l'étendue des obligations qu'il lui devait;

Ou ces relations n'ont jamais existé et il n'a pas su qu'on les lui avait attribuées;

Ou, enfin, il a connu le fait et s'est abstenu d'y faire aucune allusion.

La première et la seconde proposition ne peuvent se soutenir. Trop de raisons montrent que Toscanelli n'a pu écrire les pièces en question pour qu'on puisse les croire authentiques, et il n'est pas possible d'admettre non plus, que Colomb soit resté ignorant de la fraude que l'on tentait dans son intérêt : On a prononcé le nom de Toscanelli en 1494, cela n'est pas douteux, et les pièces qui témoignent du délit sont là. Il serait contraire à la logique des choses de croire que le premier intéressé n'a connu ni cette mention du nom de Toscanelli, ni le fait qu'on avait fabriqué ou qu'on se proposait de fabriquer des pièces que ce savant lui aurait adressées. Il faut donc admettre, de toute nécessité, que Colomb s'est intentionnellement abstenu de faire aucune mention des rapports que l'on supposait qu'il avait eus avec le savant Florentin.

Mais pourquoi? Quelle est la raison de ce silence obstiné, aussi extraordinaire dans le cas où les pièces seraient authentiques, puisque Colomb ne leur doit rien, que dans le cas où il aurait participé à leur fabrication, puisqu'alors il les aurait utilisées. Voulait-il profiter de la fraude sans paraître y avoir trempé?

En fait, cependant, il n'en a jamais profité ni tenté d'en profiter, et il semble que s'il avait eu quelque intention de ce genre, cela aurait transpiré d'une façon ou d'une autre; qu'un homme aussi prolixe que lui, dans ses paroles et dans ses écrits, aussi exubérant, aurait laissé échapper son désir secret et que nous pourrions surprendre sa main dans cette machination, ce qui n'est pas le cas, puisque tant qu'il a vécu le faux est resté, pour lui, ainsi que pour tous les siens, exactement comme s'il n'existait pas.

Si nous écartons cette supposition et si, cependant, il faut reconnaître que Colomb n'a pu ignorer la fraude, nous nous trouvons en présence de l'alternative suivante :

Ou Colomb s'est d'abord associé à la supercherie, soit tacitement, soit directement, et y a ensuite renoncé; ou il n'a jamais voulu y prêter la main.

S'il était demontré qu'il est réellement l'auteur de la transcription du texte latin que porte le volume de Pie II, de la Colombine, la preuve de sa complicité serait acquise et il ne faudrait pas hésiter à dire que non seulement il a connu la fraude, mais encore qu'il y a participé. Mais cette preuve n'est pas faite et tant qu'on ne pourra l'établir que sur une de ces ressemblances d'écriture qui ont donné lieu à tant de méprises et qui, par leur nature même, sont si peu concluantes, elle restera à faire. Jusque-là, la critique est en droit de dire que la supposition qui exonère le découvreur de l'Amérique de toute participation à la supercherie que nous cherchons à démasquer, est la seule qui concorde avec tous les faits, tels que nous les connaissons.

Effectivement, au fait matériel, d'une si grande portée, que Colomb s'est toujours comporté comme s'il ignorait qu'on lui eût attribué des rapports avec Toscanelli, il faut ajouter que cette attitude était logique, de sa part, et qu'elle s'explique par une excellente raison, qui est que la fraude, imaginée dans son intérêt, était à la fois inutile et dangereuse pour lui. Elle était inutile, parce qu'on pouvait facilement prévoir que l'histoire du Pilote indicateur, qui ne reposait sur aucun fondement, finirait, avec le temps, par être oubliée, ou par perdre toute son importance — ce qui est précisément arrivé — et que, dès lors, il n'y avait pas lieu de se préoccuper outre mesure de l'impression fâcheuse qu'elle avait produite.

La fraude était dangereuse pour Colomb, parce qu'à des propos qui, si vraisemblables qu'ils fussent, pour un certain nombre de personnes initiées à l'histoire secrète de la découverte, ne reposaient, cependant, sur aucune preuve, on substituait des pièces, en apparence authentiques et d'un grand poids, qui enlevaient à un pilote sans nom, pour le reporter à un savant dont l'autorité et la compétence s'imposaient, le mérite auquel Colomb tenait essentiellement, d'avoir trouvé lui-même les raisons qui démontraient la possibilité du passage aux Indes par l'Ouest.

Remarquons, et la remarque a ici un singulier à propos, que l'invention de cette prétendue correspondance avec Toscanelli est précisément ce qui a appelé l'attention de la critique sur l'histoire oubliée ou dédaignée, que Colomb avait reçu des indications et ce qui en a motivé un examen qui a permis d'établir que cette histoire devait être vraie, dans ce qu'elle a d'essentiel. Si l'on n'avait jamais produit la lettre à Martins, l'aventure du pilote sans nom serait encore généralement considérée, comme une légende n'ayant aucune consistance. Ce sont les raisons mêmes qui militent contre l'authenticité de la fameuse lettre qui révèlent que cette légende a tous les caractères de la vraisemblance. Ainsi, Colomb avait pour s'abstenir de toute ingérence dans cette affaire, une raison excellente, autre que la crainte de se compromettre.

Cette raison n'explique pas tout, cependant. Dans une histoire aussi ancienne que celle-ci, que la discussion n'a point encore élucidée, il reste toujours quelques points obscurs dont il est difficile, sinon impossible, de se rendre compte. L'époque à laquelle Colomb a été amené à prendre l'attitude qu'il a prise et la date tardive de la rédaction de la lettre sont de ceux-là. Sur le premier point nous pouvons imaginer que les choses se sont passées à peu près de la manière suivante :

Le faussaire — on a vu que tout désigne Barthélemy — le faussaire, après avoir parlé, en 1494, des rapports de Toscanelli avec son frère, qu'il n'avait pas vu depuis plusieurs années et qui accomplissait à ce moment sa seconde expédition, rejoignit celui-ci à Hispaniola au mois d'avril de cette année; c'est alors, seulement, que les deux frères purent conférer sur la suite qu'il y avait à donner à la campagne commencée par Barthélemy, et nous supposons que c'est à ce moment que Colomb prit la décision de dégager sa personnalité d'une intrigue si imprudemment nouée et de refuser de permettre que les choses aillent plus loin. Ce qui est bien certain, c'est qu'à partir de 1494, le silence, un silence complet, se fait du côté de Colomb et des siens sur la correspondance avec Toscanellli et sur les indications qui étaient supposées venir de lui.

Sur le second point nous n'avons aucun indice. La lettre à Martins porte en elle-même la preuve d'une rédaction postérieure aux découvertes de Colomb; mais on ne s'explique pas pourquoi elle a été écrite à une époque aussi tardive, puisqu'on ne devait pas en faire usage, et qu'en fait, on ne s'en est jamais servi. Barthélemy, qui était un homme très entier, a-t-il voulu, quand même, donner suite à son projet dans la pensée que, plus tard, il y aurait peut-être lieu de le mettre à profit? Est-ce avant ou après la mort de Colomb, qu'il aurait confectionné cette pièce, avec sa carte, qui seraient restées dans ses papiers où on les aurait trouvées? Est-ce ainsi que nous l'avons supposé, Luis Colon qui les livra à Las Casas, ou est-ce Las Casas lui-même qui les rapporta d'Haity où Barthélemy mourut?

Ce sont là des questions auxquelles il est encore impossible de répondre; mais sur lesquelles la discussion fera peut-être la lumière. Elles sont, d'ailleurs, secondaires. Le fait essentiel, le fait nouveau, que cette étude a pour objet d'établir, c'est que tout indique que la lettre à Martins est apocryphe et qu'elle a été fabriquée pour faire croire que la découverte de l'Amérique était le résultat de l'application d'une théorie scientifique appartenant à Colomb et sanctionnée par un grand savant, alors qu'elle est uniquement due à des indications pratiques dont Colomb et les siens n'ont jamais dit un mot. Nous n'hésitons pas à dire que, pour nous, la fraude est évidente et que toutes les circonstances de la cause désignent Barthélemy comme en ayant été l'âme et l'instrument. Nous ne croyons pas qu'on puisse montrer que Colomb lui-même y ait participé à aucun degré et nous avouons que c'est sans regret que nous trouvons cette preuve impossible à faire. Si d'autres la produisent nous nous soumettrons à l'évidence; mais jusque là nous voulons conserver l'illusion que le découvreur du Nouveau Monde ne s'est pas abaissé aux misérables pratiques auxquelles, malheureusement, il semble qu'on puisse l'associer, et que le grand caractère qu'il a si souvent montré ne sera pas terni par la constatation de la preuve qui, jusqu'à présent, nous échappe.

Quant à Toscanelli, il est évidemment étranger à toute cette intrigue et, quel que soit le résultat auquel l'enquête que nous avons instituée aboutira tôt ou tard, sa valeur morale ne sera pas diminuée. On reconnaîtra sans doute qu'il n'est pour rien dans la découverte de l'Amérique, mais il a d'autres titres de gloire et la découverte de la vérité ne le rendra pas moins digne des monuments qu'on lui a élevés et des respects de l'histoire.

7. **Conclusions suggérées.** — Ces remarques faites, nous soumettons à la critique les conclusions formulées ci-après. Nous les présentons sous toute réserve, et sans prétendre leur donner d'autre valeur que leur parfaite concordance avec les faits qui les suggèrent. Si logiques et si probantes qu'elles soient, elles ne peuvent avoir qu'un caractère hypothétique.

Toscanelli n'a jamais correspondu avec Martins et avec Colomb et le découvreur du Nouveau-Monde n'a jamais connu les lettres et la carte attribuées à l'astronome Florentin, ou, s'il les a connues, il n'a jamais voulu en faire usage, ce qui explique son silence sur ces pièces, silence autrement inexplicable, puisque, si elles avaient été fabriquées avec sa complicité et pour lui être utiles, il les aurait naturellement mentionnées.

Colomb ne doit absolument rien à ces pièces ; ce ne peut donc être pour dissimuler ce qu'il leur aurait emprunté qu'il n'en parle pas. Ses idées cosmographiques sont bien celles que l'on trouve exprimées dans la correspondauce attribuée à Toscanelli ; mais elles lui appartiennent en propre et nous savons comment il les a acquises ; elles sont postérieures, chez lui, à ses découvertes et elles lui ont été suggérées, principalement, par la lecture de l'*Imago Mundi*.

L'histoire du pilote sans nom qui découvrit par hasard, ou qui crut avoir découvert les Antilles et qui renseigna Colomb sur sa découverte, est vraie. Le témoignage de Las Casas ne peut laisser aucun doute à cet égard. Comme on le disait alors, ce sont les indications communiquées à Colomb par ce pilote qui furent la cause déterminante de son entreprise et de sa réussite.

Au moment de sa découverte il n'avait aucun système cosmographique et son projet était vraisemblablement tout récent.

La lettre à Martins, ainsi que la carte qui lui fait suite, ont été fabriquées pour montrer que, contrairement à ce que l'on prétendait à l'époque, Colomb ne devait pas sa découverte à des renseignements qui lui avaient été communiqués, mais à une théorie scientifique approuvée et suggérée par un grand savant et, comme ces documents étaient donnés pour être ceux mêmes qui éclairèrent Colomb, on y introduisit les idées cosmographiques fondamentales qu'il a exprimées et qu'il était sensé leur avoir empruntées.

La carte qui servit de guide à Colomb a été dressée

par Colomb lui-même; elle indiquait, d'après les renseignements donnés par le pilote dont il avait reçu les confidences, l'emplacement des îles que ce pilote avait ou croyait avoir découvertes, et ce sont ces îles que Colomb et Pinzon cherchèrent inutilement; mais à l'existence desquelles Colomb continua à croire.

L'auteur de ces pièces ne doit pas être Colomb qui ne peut les avoir fabriquées pour les cacher, et qui n'en a jamais dit un mot. Ce faux, à bien voir les choses, lui était, d'ailleurs, inutile et pouvait être dangereux. Inutile parce que l'histoire du pilote sans nom devait tomber d'elle-même, ce qui est précisément arrivé; dangereux, parce que la lettre à Martins diminuait le rôle de Colomb encore plus que la légende du pilote et qu'on pourrait rapporter entièrement à Toscanelli l'honneur et le mérite de sa découverte, — ce qu'on n'a pas manqué de faire.

L'auteur du faux n'est pas, non plus, Fernand Colomb, parce que Las Casas ne dit pas que les pièces viennent de lui, alors qu'il avait tout intérêt à le dire; parce que le fils de Colomb était trop lettré et trop érudit pour faire une lettre comme celle à Martins; parce que — pour la même raison — il n'aurait pas commis la sottise de faire écrire à Toscanelli deux lettres pour dire exactement la même chose et dans des termes à peu près identiques.

Cet auteur est, vraisemblablement, Barthélemy Colomb qui était bon cosmographe, mais mauvais latiniste, et très dévoué à son frère. La copie insérée au volume de Pie II est d'une écriture qui ressemble autant à la sienne qu'à celle de son frère. Comme ce dernier, il a aussi annoté l'*Imago mundi* et l'*Historia Rerum* de Pie II.

L'invention de l'histoire des rapports que Colomb aurait eus avec Toscanelli date, probablement, de l'arrivée de Barthélemy en Espagne, époque où l'on racontait que son frère avait été renseigné par un pilote; mais les pièces elles-mêmes n'ont été écrites que plus tard. Ainsi s'explique que le duc Hercule ait entendu parler, en 1494, de rapports entre Colomb et Toscanelli.

Ces pièces, composées avec les idées de Colomb ont dû être fabriquées après la mort du découvreur; si elles sont antérieures, on les a soigneusement cachées. Elles ont été produites pour la première fois de 1547 à 1552, époque à laquelle Las Casas, qui le premier les enregistra, révisait son livre et où on le mit en possession de tous les papiers de la famille de Colomb. C'est également l'époque où l'histoire du pilote, qui renseigna Colomb, était rappelée par les publications d'Oviedo et de Gomora.

L'auteur de cette communication à Las Casas ne peut être que celui qui lui livra les papiers de la famille de Colomb. A l'époque indiquée Luis Colon, troisième amiral des Indes, disposait seul de tous ces papiers. C'était un personnage aventureux et sans scrupules; il s'occupa de la publication d'un manuscrit de Colomb et il trempa dans la fabrication des

Historie : seul il devait alors posséder ces pièces et seul il pouvait en disposer.

La soit disant seconde lettre de Toscanelli à Colomb n'est qu'une première rédaction de celle à Martins. Celà résulte clairement de l'identité des idées et même des termes. L'auteur de la supercherie a évidemment commencé par faire Toscanelli correspondre directement avec Colomb ; puis il a substitué à ce dernier l'introuvable Martins.

Cette lettre aura été trouvée, dans les papiers de la famille, par Luis Colon qui l'aura remise à Las Casas, avec la rédaction définitive, sans s'apercevoir que la ressemblance des deux textes était une indication de fraude. Cette lettre, d'ailleurs, ne pourrait avoir été écrite après 1481, puisque Toscanelli mourut au commencement de l'année suivante. Or, à cette date, Colomb ne pouvait parler de son dessein comme d'un projet arrêté ; il est même plus que probable, qu'à ce moment, il n'avait aucune idée d'aller aux Indes par l'ouest.

En résumé, ces lettres et la carte attribuées à Toscanelli, ces documents dont personne n'a jamais fait usage, et que personne n'a jamais connus, excepté celui qui les a produites 70 ans après leur date, n'ont jamais servi qu'à créer l'impression que Colomb avait une idée scientifique et que c'est cette idée qui le conduisit à sa grande découverte.

Il faut le répéter : ces conclusions sont en grande partie hypothétiques. Quelques-unes, comme celle qui attribue la supercherie à Barthélemy Colomb, ne reposent que sur des présomptions; d'autres sont au contraire suggérées par des indications qui semblent suffisamment claires pour entraîner la conviction. Celle qui dégage Colomb de toute complicité morale ou matérielle dans la perpétration d'un faux qui paraît, d'ailleurs, être postérieur à sa mort et dont, en tous cas, il n'a jamais ni profité ni tenté de profiter, est de ce nombre. Quant au faux même, s'il n'est pas rigoureusement démontré, tant de circonstances invraisemblables entourent la production des pièces suspectes, tant de raisons diverses et probantes concourent à montrer qu'elles ne peuvent être authentiques, qu'il semble bien difficile de conserver aucun doute à cet égard. On pourra dire que la supercherie, dont il y a tant de traces indéniables, n'est pas prouvée; on ne pourra plus prétendre que Toscanelli a réellement été en correspondance avec Martins et avec Colomb sans être tenu de justifier cette assertion, ce qui est une entreprise dont toute la difficulté ne paraîtra qu'à celui qui la tentera.

Si l'on échoue dans cette tâche, on sera forcé de reconnaître que la vieille légende du pilote qui renseigna Colomb devient tout à fait vraisemblable et on pourra avancer, sans encourir les dédains de la critique sérieuse, que le véritable initiateur de la découverte du Nouveau Monde pourrait bien être, non le célèbre astronome dont le nom remplit des volumes et auquel on a élevé des monuments, mais un pauvre marin qui mourut obscurément, sans même laisser son nom à la postérité.

APPENDICES

APPENDICE A

LETTRE DE TOSCANELLI A FERNAM MARTINS

25 JUIN 1474

Traduction Française faite sur la photographie et les transcriptions du texte latin unique de la Colombine, données par **M.** Harrisse et par la *Raccolta Colombiana ;* accompagnée de notes critiques, historiques et géographiques [1].

COPIE ENVOYÉE A CHRISTOFARO COLONBO [2] (sic) PAR PAUL, PHYSICIEN (MÉDECIN) [3], ACCOMPAGNÉE D'UNE CARTE NAUTIQUE.

A Fernam Martins, chanoine de Lisbonne, Paul, médecin, envoie ses salutations.

1. On s'est proposé, dans cette traduction, de rendre avec autant d'exactitude que possible le sens aussi bien que le langage du document qui est donné comme étant l'original. Les variantes de la version italienne des *Historie* et des traductions espagnoles de Las Casas et de Barcia sont indiquées en notes.

2. Le texte latin, qui est supposé avoir été transcrit par Colomb lui-même, porte Christofaro Colonbo. Il faut remarquer, cependant, que la ligne où se trouve ce nom, ligne qui forme le titre du docu-

Il m'a été très agréable d'apprendre que tu te portes bien [4], et que tu jouis de la faveur et de l'intimité de ton roi, prince

ment, est d'une écriture plus régulière que celle de la lettre même, ce qui autorise la supposition que cette ligne n'est pas de la main de celui qui a transcrit le corps de la lettre ; on remarque encore que cette ligne est placée tout au bord de la marge supérieure de la lettre, ce qui est une indication qu'elle a été écrite après coup. Voy. ci-dessus. Note 148.

3. *Phisicus-Médecin*. — Dans ce titre le latin porte *Phixicus* ; dans la ligne au-dessous, le mot est écrit *Phisicus*. Les deux formes étaient admises ; mais il est singulier de trouver le même mot, écrit différemment, dans les trois premières lignes du document. On voit là une autre indication que le titre de la lettre n'est pas de la même main que le reste.

L'expression de *Phisicus* qui se traduit littéralement par *Physicien* avait, au xvᵉ siècle, la signification de Médecin. En anglais elle a conservé ce sens ; cependant, comme on appelait aussi, au moyen âge, un médecin *medicus*, on a pu se demander si Toscanelli était réellement médecin (*Bossi : Vita*, Note I de l'Appendice). Le fait est aujourd'hui bien établi. Toscanelli était médecin, comme son frère et comme son neveu Ludovico. Il était médecin de son ami le cardinal Cusa, des Médicis et de bien d'autres ; mais à cette époque la médecine se confondait un peu avec l'astrologie par laquelle on étudiait les pronostics de la naissance, de la vie et de la mort. Toscanelli était donc aussi astrologue, c'est-à-dire astronome et M. Uzielli nous apprend, qu'avec cette science, la médecine et la dévotion occupaient tout son temps.

Ni Las Casas ni Fernand Colomb ne connaissent le nom de Toscanelli. Fernand Colomb le désigne de la manière suivante : *Maestro Paolo fisico di maestro Domenico Florentino* (Maître Paul, médecin, fils de maître Dominique, Florentin). Las Casas l'appelle à deux reprises différentes : Marco Polo (*Historia*, Vol. I, p. 96 et p. 360). Mais il ajoute : « médecin de Florence, » ce qui indique qu'il ne le confond pas avec le célèbre voyageur, mort cent cinquante ans avant Toscanelli. Mariana l'appelle aussi Marcus Paulus, dans son édition latine, et Marco Polo, dans son édition espagnole (Liv. xxvi). Lelewell le désigne également sous le nom de Marc Paul et écrit, entre

très généreux et très magnifique. Comme je t'ai entretenu,
autrefois [5], d'une route pour aller au pays des aromates [6], par

parenthèse (Toscanelli). L'erreur ne porte donc que sur la manière
d'écrire le nom et pas sur la personne. M. Uzielli croit qu'elle vient
de ce qu'on a traduit M. Paulus — M. pour magister, ou maestro,
par Marcus, Marco, Marc. Celà paraît évident. Voir sur cette question le petit mémoire de M. Uzielli : *Ricerche intorno a 'Paolo dal
Pozzo Toscanelli Ricerca I : — Della confusione di nomi fra Marco
Polo e Paolo Toscanelli* (Bollet. della societa Geo. Italiana. Maggio,
1873 Roma.

4. Ou : « Par ce que tu me dis de ta santé il m'a été agréable
etc. » L'auteur de la lettre semble faire allusion à quelque chose que
contenait la lettre à laquelle il est censé répondre. Il est singulier
que le texte espagnol supprime ce membre de phrase qui, naturellement, ne se trouve pas non plus dans l'italien.

5. Ou : « Je t'ai déjà entretenu ». On a conclu de cette phrase
que Toscanelli et Martins avaient eu des relations personnelles ; mais
elle peut aussi s'entendre de relations épistolaires. Les éditeurs des
Historie ont, évidemment, voulu faire croire à des relations personnelles car, au dernier paragraphe de la version italienne, on a inter-
calé une phrase mentionnant des rapports de « vive voix ».
M. Uzielli croit que les relations de Toscanelli avec Martins ont été
à la fois personnelles et épistolaires(*Toscanelli,* n° 1, p. 147). Voyez
XIMENES, *Del vecchio,* note, C. III.

6. *L'Inde des épices.* — Dans la version italienne il y a : *A l'Inde.*
Dans l'espagnole : *Aux Indes où poussent les épices.* Au xv⁽ᵉ⁾ siècle les
Indes orientales étaient généralement appelées Indes des épices,
dénomination qui se trouve déjà dans Marco Polo.

Ainsi, d'après l'auteur de cette lettre, les Portugais pensaient à
aller aux contrées qui produisent les épices, même avant 1474, puisqu'en écrivant cette lettre il rappelle à Martins qu'il l'a précédemment entretenu de cette question. On a déjà fait remarquer qu'en
1474 la question des épices n'existait pas encore au Portugal. (Voy.
1ʳᵉ partie, ch. III, §§ 1, 2 et 6 ainsi, que les notes 56 et 64).
Ximenès, qui n'était pas renseigné à cet égard, a cru, comme l'auteur
de la lettre, que les Portugais avaient, dès cette époque, un intérêt
commercial à aller chercher les épices aux lieux de leur production.

la voie de mer, plus courte que celle que vous ouvrez par la
Guinée 7, le sérénissime roi désire de moi, maintenant,
quelques éclaircissements à ce sujet, ou plutôt une démonstration qui montre, en quelque sorte, cette route aux yeux, afin
que même les gens peu instruits 8, puissent, au besoin, la voir
et la comprendre.

Il donne d'ailleurs de curieux renseignements sur ce commerce dans
l'antiquité (*Del vecchio e nuovo Gnomone,* etc., p. LXXXI).

7. *Par la Guinée.* — Le texte latin porte : *quam facitis per
Guineam.* L'espagnol dit : Que vous faites pour la Guinée (*que vosotros
haceis para Guinea*) ce qui n'est pas la même chose et ce qui n'a pas
de sens. L'italien a traduit : Que vous faites par la Guinée (*che voi
fate per Guinea*), ce qui est plus exact mais ce qui ne donne pas encore
le sens de la phrase. Toscanelli, ou l'auteur de la lettre quel qu'il soit,
n'a pu vouloir dire qu'en 1474 les Portugais allaient aux Indes en
prenant par la voie de la Guinée. Ce qu'il a voulu dire, c'est qu'ils
cherchaient à y aller par cette voie. Il faut donc traduire : « Que
vous ouvrez » ou « Que vous prenez par la Guinée ». Ximénès, qui
ne connaissait pas le texte latin, a été fort embarrassé par cette phrase
qu'il a cherché à expliquer en imaginant que les Portugais étaient
allés aux Indes Orientales par la voie du Sud-Est avant l'expédition
de Vasco da Gama et que, par craintes des rivalités, par jalousie, on
avait tenu ces voyages secrets. Ximénès trouve une confirmation
de cette singulière hypothèse dans une assertion de la relation du
gentilhomme de Florence (Sernigi) donnée par Ramusio (Vol. I,
2e édit., p. 130) que Vasco da Gama découvrit 13 lieues au-delà du
cap de Bonne Espérance. Vasco da Gama, s'écrie-t-il, n'a donc pas
découvert le cap de Bonne Espérance ! (*loc. cit.,* note IV). L'ana-
chronisme, incompréhensible à Ximénès, existe, mais il n'est pas où
Ximénès le voyait : il consiste à prêter aux Portugais, en 1474,
l'intention d'aller aux Indes Orientales. A cette époque ils n'avaient
aucune idée de ce genre : c'était l'Inde du prêtre Jean qu'ils
cherchaient. (Voyez pour la preuve de cette assertion le texte
ci-dessus.)

8. Dans l'espagnol et dans l'italien ce membre de phrase est
supprimé.

Quoique je sache [9] que cela puisse se démontrer à l'aide d'une sphère, qui est la forme du monde, j'ai décidé, pour plus de clarté et en même temps pour plus de facilité [10], d'indiquer cette route au moyen d'une carte nautique. J'envoie, en conséquence, à Sa Majesté une carte, faite de mes mains, sur laquelle sont dessinées vos côtes [11], avec les îles d'où vous devrez partir [12], en faisant toujours route vers l'Ouest [13]; ainsi que les

9. L'espagnol ajoute ici : par expérience.

10. M. Harrisse a traduit : « Pour être mieux compris et pour faciliter l'entreprise ». Il a sans doute pensé que Toscanelli avait en vue le voyage pour lequel on le consultait. La comparaison des trois textes latin, espagnol et italien ne confirme pas cette interprétation.

11. *Vos côtes.* Par cette expression il faut entendre les côtes occidentales du Portugal et celles de l'Afrique, redécouvertes et explorées par les Portugais qui en revendiquaient la possession, possession que les papes leur avaient d'ailleurs reconnue. La phrase suivante que l'on trouve dans le texte espagnol à la place de ces deux mots : « Toute la fin du Couchant, depuis l'Irlande, en allant vers le sud, jusqu'aux limites de la Guinée », montre que c'est ainsi que le premier traducteur du document les entendait. On ne peut leur donner un autre sens.

12. Il s'agit évidemment des Canaries. Il n'y a pas d'autres îles d'où l'on pouvait partir pour un long voyage, soit au sud, soit à l'ouest et c'est effectivement aux Canaries que les navigateurs Portugais qui partaient de Lagos, au-dessous du cap Saint-Vincent, pour aller à la Guinée, prenaient leur route. Toscanelli, si c'est lui qui a écrit la lettre, connaissait cette particularité.

13. *Vers l'Ouest :* — Ou, plus littéralement : « D'où vous devez commencer à faire route en allant toujours vers l'Ouest » (*ex quibus incipiatis iter facere versus occasum semper*). D'après le texte latin la route à prendre pour aller aux Indes, c'est, non pas le parallèle de Lisbonne, comme quelques-uns l'ont cru, mais celui des Canaries que Colomb a effectivement pris.

La version espagnole et, par suite, la version italienne, change complètement tout ce passage. Au lieu de dire que la carte montre : « Vos côtes avec les îles d'où vous devez partir en faisant route vers

lieux [14] auxquels vous devrez arriver ; elle indique aussi les
distances dont vous aurez à vous écarter, soit du Pôle soit de
la ligne Equinoxiale [15], et au bout de combien d'espaces ou

l'Ouest » elle dit qu'on y voit : « Toute la fin du Couchant depuis
l'Irlande, en allant vers le Sud jusqu'aux limites de la Guinée, avec
toutes les îles que l'on trouve le long de la route et, en face d'elles,
tout droit vers l'Occident, on voit figurer le commencement des
Indes ».

Nous sommes ici en présence d'une modification du texte latin
par omission et par addition. L'indication importante qu'il faudra
partir des îles et faire route toujours droit à l'Ouest est supprimée et,
à la place, on donne celle qu'en face de ces îles, au bout de la route,
se trouve le commencement des Indes, qui manque au latin. Ce
changement qui est évidemment du fait du traducteur espagnol est
difficile à expliquer. Ce traducteur travaillait-il sur un texte latin
différent de celui que nous possédons ou, comme le suppose
M. Harrisse, a-t-il ajouté à sa version une indication que lui fournissait la carte qui accompagnait la lettre ? Les deux hypothèses sont
plausibles ; mais il y en a une troisième qui l'est également. Si
l'auteur inconnu de cette version espagnole était aussi l'auteur du
texte latin, qu'il y a tant de motifs de croire apocryphe, il pouvait
bien y apporter les changements qu'il croyait utiles à son objet et il
le pouvait d'autant plus aisément que le texte latin était caché, tellement caché que l'auteur de la traduction des *Historie* n'a pu y avoir
accès et que c'est seulement trois siècles plus tard, et par hasard,
qu'on l'a découvert. Évidemment la supposition est un peu hasardée
et il faut, pour la prendre en considération, ne pas perdre de vue les
raisons qui donnent lieu de croire que ni la lettre à Martins, ni la
fameuse carte qui l'accompagnait, ne venaient de Toscanelli. Toujours est-il que c'est le texte latin qui, ici, donne la pensée de l'auteur de la lettre.

14. L'espagnol ajoute : et les îles. L'italien copie l'addition.

15. La traduction espagnole dit : « Avec les îles et les lieux d'où
vous pouvez devier pour la ligne équinoxiale » ; l'italien dit : « Avec
les îles et les lieux où vous pouvez aller et de combien vous pouvez
vous écarter du pôle *arctique pour* la ligne équinoxiale ». Le sens est
ici bien différent de celui que donne le latin ; mais il en est plus rap-

de milles, vous parviendrez à ces contrées si fertiles en toutes
sortes d'épices et en pierres précieuses.

Et ne vous étonnez pas de m'entendre appeler : contrées Occidentales celles où sont les épices, alors qu'on les appelle communément Orientales ; c'est que, pour les navigateurs qui
prendraient par l'hémisphère inférieur du globe [16], ces contrées
se trouveront toujours à l'Occident, tandis que si l'on prend
par terre et par l'hémisphère supérieur [17], on les trouvera toujours à l'Orient. Par conséquent les lignes droites tracées
dans le sens de la longueur — *in longitudine* — de la carte,
désignent la distance de l'Est à l'Ouest, tandis que les transversales indiquent les espaces du Nord au Sud [18].

proché que la version espagnole. L'addition du mot *pôle* qui n'est
pas dans l'espagnol, quoiqu'il se trouve dans le latin, est une des
rares circonstances qui pourraient donner à penser que le traducteur
italien connaissait aussi le texte latin de la lettre. Nous croyons plutôt, cependant, à une interpolation de la phrase entière, car les deux
mots *arctique* et *pour* ne sont pas dans le latin. Ximénès infère de ce
passage que la carte de Toscanelli était graduée en longitudes et en
latitudes (*Loc. cit.*, note F. VI).

16. Le latin dit : *per subterraneas navigationes* (par navigation sou-
terraine), qui peut aussi se traduire par : « l'hémisphère inférieur »,
ou par « l'hémisphère qui est opposé au nôtre », c'est-à-dire par le
Couchant, ainsi que portent les deux anciennes versions espagnole
et italienne qui ne tiennent pas compte de cette expression extraordinaire de *subterraneas navigationes*. Fiske et Markham ont traduit :
« on the other side of the earth ». M. Harrisse écrit : « in the
hemisphère which is opposite to ours » et M. Payne dit « beneath
the globe ».

17. *Per terram et per superiora itinera*, c'est-à-dire la route ordinaire par le levant. L'espagnol et l'italien rendent cette expression
latine, assez bizarre d'ailleurs, en disant simplement : par le Levant.
Markham dit : the « upper side » (de la terre), Harrisse dit : the
« higher hemisphère ». Payne : « above the globe ».

18. *Lignes droites et transversales.* Ces deux expressions de lignes
droites et de lignes *transversales* ont donné lieu à bien des commen-

J'ai aussi marqué sur la carte, pour mieux renseigner ceux qui feront le voyage, divers ports où ils pourraient mouiller [19], si les vents, ou tout autre cas fortuit, les éloignaient du but proposé, et aussi pour qu'ils fassent voir aux indigènes qu'ils ont quelques notions de leurs pays, ce qui ne peut que leur être très agréable [20]. On assure qu'il n'y a d'établi dans ces îles que

taires ; elles sont généralement interprétées comme correspondant, la première aux parallèles, la seconde aux longitudes. C'est le sens que leur donne M. Uzielli qui dit : « Toscanelli entend par *lignes transversales*, les arcs des méridiens représentés par des lignes droites, tracées dans les cartes, perpendiculairement aux *lignes droites* représentant les parallèles ». (*Toscanelli* no 1, p. 12.) Cette opinion semble trouver sa justification dans la phrase de l'auteur de la lettre que les lignes droites sont tracées dans le sens longitudinal de la carte ; mais cette phrase ambigue perd toute sa portée devant l'expression très nette qui suit, à savoir que les lignes droites montrent la distance de l'Est à l'Ouest et les lignes transversales la distance du Nord au Sud. Si les lignes droites étaient des parallèles elles ne pourraient indiquer la distance de l'Est à l'Ouest et si les lignes transversales étaient des méridiens, elles n'indiqueraient rien relativement aux distances entre le Nord et le Sud. Nous tenons donc pour acquis que l'auteur de la lettre a entendu par lignes droites des lignes perpendiculaires, c'est-à-dire les méridiens, et par lignes transversales les latitudes.

C'est d'ailleurs l'opinion de Wagner. Dans l'italien les lignes transversales deviennent des lignes obliques et montrent la distance qu'il y a de « l'étoile polaire au midi ».

19. L'espagnol dit : « Beaucoup de lieux des parages de l'Inde ». L'italien répète.

20. Dans l'espagnol et dans l'italien cette phrase a un tout autre sens. La première version porte : « Et aussi pour qu'on connaisse bien toutes ces contrées, ce dont vous serez bien contents. » L'italien dit : « Et ensuite pour vous donner pleine information sur tous ces lieux que vous désirez tant connaître. »

Ce passage n'est pas très clair dans le latin. M. Sumien, qui l'a étudié particulièrement, croit que le manuscrit original était dété-

des marchands. Il y a là une si grande affluence de navigateurs et de marchandises qu'on n'en voit pas autant dans le reste du monde [21], que dans le seul fameux port de Zayton [22]. On dit,

rioré et que le premier traducteur ou le premier copiste l'a reconstitué de son mieux. Il explique de cette manière comment l'ancienne traduction présente avec le texte que nous possédons des différences énormes dont, selon lui, on ne peut se rendre compte autrement.

21. L'italien met : « Que dans toute autre partie du monde. »

22. *Zayton*. — Zaitem (M. Polo éd. So. Geo.), Cayton (Ed. Pauthier), Zayton (Yule et Cordier). Aujourd'hui Tchang-Tcheou, (Phillips, Cordier), ville importante de la province de Fou Kian. par le 24° 31′ 12″ de lat. N. Klaproth, Yule, Pauthier et quelques autres ont cru qu'il fallait plutôt reconnaître Zayton dans Tsiouen-Tcheou et c'est sous ce nom qu'on la trouve dans le grand dictionnaire de Vivien de Saint Martin. M. Cordier avait aussi partagé cette opinion qu'il a défendue dans une longue note de son édition d'*Odoric de Pordenone*, pp. 268-281. Mais depuis il est revenu sur ce point et a reconnu que Zayton devait être identifiée avec Tchang-Tcheou (*L'Extrême Orient dans l'atlas Catalan*. Paris, 1895, pp. 32-33).

Ce nom vient, d'après la géographie impériale chinoise, d'une espèce d'arbre à graines oléagineuses appelé *Thoung*, que l'on fit planter tout autour de la ville. Thoung-Tching veut dire ville des Thoung ou des Arbres (PAUTHIER, p. 528, note). Les auteurs arabes n'ont fait que traduire cette dénomination en disant : *Zaitoun*.

Tout ce que dit la lettre à Martins de cette ville vient de Marco Polo (chap. CLVI, éd. Pauthier, p. 527 ; Liv. II, ch. LXXXII, éd. Yule, vol. II, p. 218), qui n'a pas exagéré l'importance qu'elle avait de son temps. Ibn Batoutah qui la visita, vers la même époque, mentionne aussi le grand mouvement commercial de son port (*Voyages d'Ibn Batoutah*. Paris, 4 vol. in-4°, vol. IV, p. 269). Odoric qui y alla assez longtemps après (vers 1325), en parle de la même manière (*Odoric*, édit. Cordier, pp. 263-265). Conti, dont le voyage est du commencement du XVᵉ siècle et qui passa par Zaiton, n'en dit rien, ce qui indique que déjà à cette époque elle avait perdu son ancienne importance. (Éd. Major dans *India in the 15th century*,

en effet, que tous les ans il entre dans ce port cent gros navires chargés de poivres, sans parler d'autres vaisseaux qui portent bien d'autres aromates.

Ce pays est très peuplé et très riche, comprenant une multitude de provinces, de royaumes et de villes innombrables, toutes soumises au même prince appelé le Grand Kan (*sic*), ce qui signifie, en latin *Rex regum* (Roi des rois) [23], et dont le

p. 15). Ximénès a consacré à cette ville une longue note qui n'a guère d'intérêt aujourd'hui (*Loc. cit.*, note G, VII).

23. *Grand Kaan.* — Le Grand Kaan, dit Marco Polo, était le seigneur de tous les Tartares du Monde (Édit. Pauthier, p. 9 et p. 185), et les indications qu'il donne, à diverses reprises, montrent bien que ce potentat avait sous sa dépendance un grand nombre d'autres princes. Conti dit que l'équivalent du mot est « Empereur » (Édit. Major, p. 14).

Il faut distinguer entre *Khan* et *Kaan*, comme écrit Marco Polo. Khan, quelquefois Han, est un terme turco-tartare (Mongol), qui veut dire chef, prince (ruler). Les Mongols lui donnèrent une grande extension et, avec le temps, particulièrement en Perse et dans les contrées de l'Asie, il a fini par perdre son sens originel et ne plus signifier que seigneur. (LACOUPERIE. — *Khan, Khahan and other Tartar titles.* London : *Babylonian and oriental record.* Décembre 1888, in-8°, p. 2.)

Khakan ou *Khagan*, composé de *Kha* qui veut dire premier, grand, puissant, et de Khan ou Han qui désigne un prince, un souverain, est l'équivalent de grand Khan ou grand prince. C'est le titre de la souveraineté suprême chez les Tartares, en usage depuis le VIe siècle (*ibid.*, p. 4). *Djingghis Kan* veut dire très puissant Khan (*ibid.* p. 6).

Kaan est le titre que prit Ogotaï, le successeur de Djinghis, élu en 1229. Mangu élu en 1251 et Kublai en 1258, le conservèrent; ce dernier qui conquit la Chine et fonda la Dynastie des Yuen en fit le titre des souverains mongols de la Chine (*ibid.* p. 10). Après la chute de la puissance mongolienne et l'avènement des Mings, le titre de Kaan perdit une partie de son importance et finit par n'en plus avoir aucune, quand les Mandchoux, qui gouvernent

siège et la résidence se trouvent, la plupart du temps, dans la province de Katayo [24]. Ses prédécesseurs tâchèrent d'entrer en relation avec les chrétiens; il y a deux cents ans ils envoyèrent une mission [25] au Pape, pour lui demander un certain nombre d'hommes versés dans les choses de la foi, qui devaient les instruire; mais les personnes chargées de cette mission trouvèrent des obstacles en route et rebroussèrent chemin. Au temps d'Eugène [26], il en vint un autre (ambassadeur) lequel lui donna l'assurance de la vive affection que ceux qui l'envoyaient portaient aux chrétiens. Pour ma part, je me suis longuement entretenu avec ce personnage d'une foule de choses : de la grandeur des édifices royaux, de la grosseur des fleuves et de leur étonnante longueur et largeur [27], du grand nombre de villes bâties sur leurs rives; sur un seul de ces

aujourd'hui la Chine, eurent renversé les Mings en 1634 et achevé la destruction des Mongols. (Voyez aussi sur ces dénominations : YULE, *The Book of ser Marco Polo*, 1875, vol. I, p. 9, note.)

24. Voir première partie, note 6.

25. Cette ambassade est celle que Kublai-Khan envoya en 1267 avec Nicolo et Maffeo Polo, le père et l'oncle de Marco. L'ambassadeur nommé Khogatal tomba malade et rebroussa chemin. Les Polo continuèrent leur voyage et arrivèrent à Venise en 1269 ; mais le pape Clément IV, qui était mort en 1268, n'avait pas encore était remplacé et les Polo, las d'attendre la nomination de son successeur, repartirent pour l'Orient avec Marco en 1271. En route, ils apprirent l'élection de Grégoire X, revinrent sur leurs pas et purent remplir leur mission. Voyez le Prologue de la *Relation de Marco Polo* et l'introduction de Yule, pp. 15-19.

26. Eugène est nommé deux fois dans la même phrase, sans autre indication, et la version espagnole porte simplement Eugène, comme le latin; mais l'italien dit : Eugène IV. Ce pape était, en effet, contemporain de Toscanelli et occupa le Saint-Siège de 1431 à 1447.

27. Entre cette phrase et la suivante l'italien ajoute : « Et il me raconta mille choses merveilleuses de... »

fleuves il y aurait environ deux cents villes, avec des ponts en marbre, très longs et très larges, ornés de colonnes [28].

28. *L'ambassadeur qui aurait renseigné Toscanelli.* Ce passage a embarrassé la critique. On ne connaît, en effet, aucune autre ambassade orientale au pape Eugène IV que celle des Coptes d'Éthiopie (l'Abyssinie), dont le souverain passait pour être le Prêtre Jean et dont on plaçait, alors encore, la domination dans l'Inde. Cette ambassade, dont les deux membres principaux étaient Andréa d'Éthiopia et Alberto de Sarteano, se composait d'une quarantaine de personnes. Elle était envoyée, dit le célèbre historien de Florence, Scipione Ammirato, mort en 1601, par « Jean ou Ciriaque, roi des Éthiopiens, dit vulgairement *Prete Janni* (*Istorie*, Florence, 1828, t. VII, p. 324). Baronius qui fixe l'arrivée de ces ambassadeurs à Rome au 9 octobre 1441, dit aussi qu'ils étaient envoyés par le Prêtre Jean, lequel est, ajoute-t-il, seigneur de l'Inde (*il quale è signore d'India. Annales*, t. XXVIII, p. 366). Ils se rendirent à Florence, où se tenait le concile, en février 1442 (*ibid.*) et nous savons, par Landino, que Toscanelli les interrogea soigneusement (*Georgicon*, éd. LANDINUS, Venet. 1520, p. 48). Mais, à moins de supposer qu'il leur a prêté un langage qu'ils ne pouvaient tenir, ce ne sont pas ces Coptes qui lui parlèrent de leurs fleuves immenses, sur les bords desquels s'élevaient deux cents villes magnifiques, et qui coulaient sous des ponts de marbres.

Ximénés, qui sentit toute la portée de cette objection, supposa que l'ambassadeur dont parlait Toscanelli était Nicolo di Conti, qui arriva à Florence en 1444, après avoir voyagé pendant vingt-cinq ans dans les contrées de l'Extrême Orient (XIMÉNÈS, *Del Vecchio...* note K. X). Le père et l'oncle de Marco Polo ayant été chargés, jadis, d'une sorte de mission diplomatique auprès du pape par le Grand Khan, on pouvait supposer que Nicolo di Conti avait reçu une mission semblable. Mais outre que du temps de ce voyageur il n'y avait plus de Grand Khan en Chine, Nicolo rentrait en Italie pour y rester et non pour retourner en Orient, comme les Polo ; de plus, il avait été obligé, au cours de ses voyages, d'abjurer sa foi et cette circonstance ne le mettait pas en situation d'exercer quelque influence sur le pape. Il n'y a donc pas à s'arrêter à cette hypothèse

Ce pays est bien digne d'être recherché par les Latins [29], non seulement parce qu'on pourrait en tirer des profits considérables, en or, en argent, en pierres précieuses et toutes sortes d'épices qui n'arrivent jamais chez nous ; mais aussi à cause des hommes savants, des philosophes et astrologues remarquables qui y vivent et dont le génie et le savoir gouvernent cette puissante et magnifique province, et dirigent même les choses de la guerre.

que, d'ailleurs, Humboldt a montré être inadmissible (*Examen crit.*, vol. I, pp. 220-223).

Si l'on ne pouvait suggérer aucune autre explication de ce passage de la lettre de 1474, on serait autorisé à y voir une nouvelle indication que cette lettre est apocryphe. Mais dans la version portugaise de la Relation de Conti, publiée à Lisbonne en 1502 par Valentin Fernandez, à la suite de son Marco Polo, ainsi, d'ailleurs, que dans le texte latin publié à Paris en 1723 par l'abbé Oliva, on trouve un paragraphe, jusqu'ici peu remarqué, qui donne peut-être la clef de cette difficulté. Dans ce paragraphe, Poggio, l'auteur de la relation de Conti, dit que pendant qu'il préparait ce travail il arriva à Florence un autre personnage, venant de « l'Inde supérieure qui est du côté du Nord », lequel affirma être envoyé auprès du Saint Père pour se renseigner sur les choses de l'Occident, et qui parla d'un royaume chrétien situé près de Catayo et sous la puissance du Grand Khan (*Marco Polo*, de Valentin, fol. xciii verso. P. 33 de la version anglaise de Conti, de Major. Hakluyt Socy.) Ne serait-ce pas là l'ambassadeur qui donna les détails rapportés dans la lettre de 1474 ? Cela semble extrêmement probable, et si on n'était arrêté par cette difficulté qu'à l'époque à laquelle ces faits nous reportent, la Chine depuis bien longtemps n'était plus gouvernée par un Grand Khan, on n'hésiterait pas à affirmer que cela n'est pas douteux. Il faut observer, d'ailleurs, que l'interlocuteur de Poggio ne semble pas parler de la Chine, mais d'un royaume à vingt journées de Cathay.

29. Ici une légère variante dans les anciennes traductions. L'espagnole : « Ce pays mérite autant que jamais d'être découvert ». L'italienne : « Ce pays est digne autant qu'un autre de... »

Voilà, brièvement, ce que je puis dire pour satisfaire au désir de Sa Majesté, dans le peu de temps que me laissent mes occupations, bien qu'à l'avenir je me tienne toujours prêt à répondre plus en détail à toutes les demandes de Sa Majesté.

Fait à Florence le 25 juin 1474 [30].

Allant de la ville de Lisbonne en droite ligne vers l'Ouest [31],

30. *Le post-scriptum.* Cette ligne et tout le paragraphe précédent sont transportés, dans les versions espagnole et italienne, à la fin de la lettre, de sorte que le paragraphe suivant qui forme un P. S. dans le latin fait corps avec la lettre même dans ces deux anciennes versions. On s'est demandé si ce P. S. appartenait réellement à la lettre à Martins, ou si ce ne serait pas Toscanelli qui l'aurait ajouté à la copie de cette lettre qu'il est supposé avoir envoyée à Colomb (FISKE : *The Discovery of America*, vol. I, p. 360). Cependant, comme le copiste de cette lettre a supprimé dans sa transcription les quelques lignes d'envoi à Colomb, on ne voit pas pourquoi il aurait gardé ce P. S. s'il lui était exclusivement destiné. Le premier traducteur espagnol de la lettre qui devait être renseigné sur son origine, a jugé que ce paragraphe qui, d'ailleurs, forme la partie essentielle de la lettre à Martins, lui était également destiné, puisqu'il ne l'a pas distingué du reste du document.

M. Sumien, dans une note qu'il me communique à ce sujet, avance une autre hypothèse. Il croit que tout ce paragraphe est emprunté à des légendes ou notes de la carte qui accompagnait la lettre à Martins. Ces légendes ayant un grand intérêt pour l'intelligence du projet que recommandait la lettre, le copiste du texte latin n'aura pas voulu les omettre et les aura ajoutées à sa copie, la seule que nous ayons, sans remarquer qu'elles n'étaient guère là à leur place. Mais cette ingénieuse supposition n'est acceptable qu'à la condition d'admettre tout d'abord l'authenticité de la lettre et de la carte en question, contre laquelle militent tant de raisons. C'est une hypothèse greffée sur une autre hypothèse.

31. *Per occidentem in directo*, signifie, évidemment, en droite ligne vers l'Occident. Mais l'auteur de la lettre n'indique pas par là la route à prendre pour faire la traversée projetée ; il donne simplement la distance en droite ligne de Lisbonne à Quinsay. La route a

il y a, marqués sur la carte 26 espaces de 250 milles [32] chacun,
jusqu'à la très illustre et très grande cité de Quinsay, dont
l'enceinte mesure cent milles [33]. Elle a dix ponts [34] et son nom :

suivre, pour faire cette traversée, est indiquée au commencement de
la lettre dans le passage expliqué à la note 13. Tous ceux qui, comme
Humbold (*Cosmos*, vol. II, pp. 317-318) n'ont pas connu le texte latin
et ceux qui ne l'ont pas consulté, ont cru que la route recommandée
par Toscanelli était celle du parallèle de Lisbonne.

32. Les trois textes latin, italien et espagnol disent la même
chose. Mais Barcia qui traduisit le texte italien en espagnol avant
que l'on eut découvert le texte latin, change ce chiffre de 250 milles
en celui de 150 milles et Navarrete qui a reproduit la version de
Barcia dans sa collection de *Viages* a maintenu ce changement. Barcia et Navarrete étaient, cependant, des érudits très éclairés et le dernier connaissait certainement la traduction espagnole des manuscrits
de Las Casas qui est, sur ce point, conforme au latin. S'ils ont fait
ce changement c'est qu'ils ont cru, sans doute, que la version des
Historie était fautive, au moins pour ce passage. Mais pourquoi ? On
ne se l'explique pas. Humboldt qui ne connaissait ni le texte latin ni
même le texte des *Historie* qu'il n'avait pu se procurer (*Ex. critiq.*,
V. I, pp. 209 et 237) a cru que le chiffre de 150 milles était exact et
s'est livré à ce sujet à une laborieuse discussion critique dont toutes
les conclusions sont naturellement erronées (*Loc. cit.*, I, pp. 234 et
289).

33. L'espagnol et l'italien ajoutent, l'un : qui font 25 lieues,
l'autre : qui font 35 lieues. Le chiffre 3 du texte italien est évidemment une erreur typographique, car 100 milles italiens font bien
25 lieues. Humboldt dit que le circuit de 100 milles donné à Quinsay est emprunté à Conti (*Loc. cit.*, v. I, p. 216), en quoi il se
trompe. C'est bien Marco Polo qui donne 100 milles de circuit à
Quinsay (Édit. Pauthier, p. 493), Conti ne lui en donne que 30
(Édit. Major, p. 15).

34. L'espagnol ajoute : de marbre ; l'italien répète. Marco Polo
dit 12,000 ponts (*Loc. cit.*), Odoric dit la même chose. Conti ne
parle pas des ponts. La réduction des 12,000 ponts de Marco Polo à
10 seulement est évidemment une erreur de copiste, car toutes les

« *cita del cielo* » [35] (*sic*) veut dire, ville du ciel; on raconte mille choses merveilleuses de ses fabriques [36], ainsi que de ses ressources. (Cet espace est presque égal au tiers de toute la sphère [37]). La dite ville est située dans la province de Man-

autres particularités mentionnées de Quinsay, dans cette lettre, viennent de Marco Polo.

35. La noble cité de Quinsay qui vault à dire en français la Cité du Ciel (Édit. Pauthier, pp. 491-492). Sur l'exemplaire de l'édition latine de Marco Polo qu'il possédait, Colomb note cette particularité en marge, ainsi que celles relatives au circuit de la ville et à ses ponts. Voyez les notes 238 et 240, reproduites dans la *Raccolta*, volume *Scritti di Colombo*. Le Marco Polo, annoté par Colomb, est de la première édition latine imprimée à Anvers vers 1485 (Brunet).

Quinsay vient de King-sse qui, en chinois, veut dire capitale. Aujourd'hui c'est Hang-Tchéoufou (V. de Saint-Martin).

36. Au lieu de fabriques on pourrait dire : « œuvres ou objets d'art, » l'expression latine ayant aussi ce sens ; mais la mention de « revenus » qui vient immédiatement après donne plutôt l'idée d'établissements industriels. Le premier traducteur espagnol a ainsi compris le mot qu'il rend par *artificios ;* le traducteur italien précise encore davantage en disant « fabriche ».

37. *Le tiers de la sphère.* Il y a là certainement une transposition. Cette phrase, qui n'a ici aucun sens, trouve logiquement sa place après la description de Cipangu et immédiatement avant la phrase : Ainsi donc, etc. Ce n'est pas la province de Quinsay qui forme le tiers de la sphère, c'est l'espace maritime qui sépare les deux extrémités du globe.

Il n'est pas sans intérêt de remarquer ici que cette phrase, qui donne en deux lignes, tout le système cosmographique sur lequel Colomb basa l'opinion qu'on devait arriver aux côtes Orientales de l'Asie en prenant par l'ouest, ne fait que traduire les idées particulières à Marin de Tyr sur la grande extension vers l'Est du Continent asiatique. On a vu à la 1re partie, chap. iv, § 4, que, dans ses éléments essentiels, la carte qui accompagnait la lettre à Martins, n'était autre chose qu'une réduction à la forme graphique de ces idées de Marin de Tyr. Mais, ce qui est curieux à observer, c'est que bien que l'auteur de la lettre ne nomme pas ce cosmographe, et

gi [38], voisine de celle de Katay [39], contrée où se trouve la rési-

semble tirer de son propre fond tout ce qu'il dit, Colomb, lui, le connaît parfaitement et n'hésite pas à lui attribuer les vues mêmes que la lettre à Martins expose. Las Casas, dans son chapitre v, liv. I, qui forme le chapitre vi des *Historie,* de Fernand Colomb, chapitre ayant pour objet de donner les raisons scientifiques qui déterminèrent Colomb, développe les deux arguments fondamentaux de son système à savoir : la sphéricité du Globe, d'où résulte la possibilité d'en faire le pourtour, et le peu d'étendue de l'espace qu'il restait à franchir pour achever ce périple. Colomb, dit Las Casas, comprenait que l'espace qui séparait la fin de l'Orient des îles du Cap Vert ne pouvait pas être plus grand que le tiers de la sphère, parce que Marin (de Tyr) avait déjà décrit les contrées de l'Orient qui s'étendent jusqu'à la quinzième heure sur les vingt-quatre de la révolution diurne du Globe. Plus loin, Las Casas, continuant à exposer les raisons de Colomb, dit que celui-ci pensait que Marin n'avait peut-être pas connu l'extrémité de la terre orientale et qu'il était raisonnable de supposer que cette extrémité se trouvait plus loin encore vers l'Orient, ce qui la rapprochait d'autant de notre Occident (LAS CASAS, *Historia.* Liv. i, ch. v, vol. I, p. 56. *Historie,* tout le commencement du chap. vi). Ainsi, Colomb connaissait Marin de Tyr auquel Toscanelli, ou l'auteur quel qu'il soit de la lettre à Martins, avait emprunté ses données numériques, — les seules qui eussent quelque intérêt dans cette lettre — sur la distance qu'il y avait à franchir pour atteindre les côtes d'Asie en faisant voile à l'Occident (Voyez sur ce point le § 4 du ch. iv première partie, et le § 11 du ch. i, de la deuxième partie.)

38. Mangi ou Mangy (Pauthier) ou Mazi (Yule). C'est la Chine méridionale. Elle contenait, dit Marco Polo, neuf royaumes dont Quinsay était l'un. (Pauthier, p. 533.) C'est de Marco Polo que vient la division de la Chine en Cathay, ou Chine septentrionale et Manzi, ou Chine méridionale. Cette dernière dénomination est une corruption de celle de *Man-Tseu :* les barbares ; nom que les Chinois du Nord donnèrent à ceux du Sud. M. Cordier a cité un grand nombre de textes qui établissent cette dérivation (*Oderic,* p. 248, note 2).

39. La version espagnole porte « ville de Katay ». La version italienne rétablit le mot province.

dence Royale. Mais, depuis l'île Antilia, qui vous est
connue [40], jusqu'à la fameuse île de Cippangu [41], il y a dix

40. *Antilia*. Le texte latin dit simplement : que vous connaissez
(*vobis nota*). La version espagnole change cela de la manière suivante : « Que vous appelez île des sept cités et dont nous avons
connaissance » (*Que vosotros llamais de siete ciudades, de la cual
tenemos noticia*). La version italienne maintient l'interpolation, mais
se rapproche davantage du texte latin en disant : « Que vous appelez île des sept cités et que vous connaissez » (*Che voi chiamate di
sette citta, della quale havete noticia*). Barcia supprime la phrase.

Ainsi, Toscanelli est supposé avoir su et avoir écrit que les Portugais connaissaient l'île Antilia, et son traducteur espagnol prend sur
lui de préciser et de compléter cette assertion en faisant dire au
savant florentin que ces mêmes Portugais donnaient à cette île un
nom particulier ! Comment Toscanelli, qui n'avait jamais voyagé et
dont on rapporte que tout le temps était pris par l'exercice de son
art et les pratiques de la dévotion, connaissait-il ces choses spé-
ciales aux Portugais ? On ne se l'explique guère ; mais il est
curieux de noter que Colomb les connaissait, car Las Casas nous
dit avoir relevé, dans ses propres écrits, que les cartes nautiques
anciennes plaçaient Antilia à 200 lieues à l'Ouest des Canaries et
des Açores et que les Portugais identifiaient cette île avec celle des
sept cités. (*Historia,* liv. I, ch. XIII, vol. I, p. 99.) Le prétendu
traducteur de cette lettre en serait-il l'auteur ?

41. *Sypangu*. Orthographe du *Marco Polo* de PAUTHIER ;
Chipangu dans l'édition de YULE ; corruption de l'expression :
Ji-pen-koue ou *Zhi-pan-kwe* : le royaume du Soleil levant, nom
chinois du Japon. Les Japonais appellent ainsi eux-mêmes leur
pays, mais écrivent et prononcent le nom différemment. Dans les
deux premières syllabes de ce nom on trouve celui de Nipon
ou Niphon usité au Japon. Voy. le *Marco Polo* de PAUTHIER,
p. 537, note 1 et celui de YULE, vol. II, p. 238.

« Sypangu, dit Marco Polo, est une isle en Levant qui est en la
haulte mer loings de la terre ferme mille cinq cens milles ; et est
moult grandisme ile » (Éd. PAUTHIER, ch. CLVIII, p. 537). Cette
indication, ainsi que les détails que Marco Polo donne sur l'expédition de Kublai Kaan contre cette île, et l'étymologie du nom ne

espaces. [42] La dite île est effectivement très abondante en or, perles et pierres précieuses, et les temples, ainsi que les palais royaux y sont couverts de plaques d'or massif. Ainsi donc, l'espace de mer à franchir à travers les parages inconnus n'est pas très grand [43]. Il y aurait bien d'autres choses à expliquer ici plus en détail, mais l'observateur attentif saura les déduire lui-même de ce qui précède [44]. Reçois, cher ami, mes salutations.

permettent pas de douter qu'il s'agit du Japon. On a cependant contesté cette identification, si évidente par elle-même, et on a dit à ce sujet des choses assez curieuses, mais qui, examinées de près, manquent de consistance. Voy. le Mémoire de M. Geo Collingride : *The early cartography of Japan* dans le *Geograp. Journal* de mai 1894. Dans le numéro de septembre du même journal, on trouve une note de M. Kramp et une lettre de M. Yule Oldham ou cette opinion est réfutée.

Ximénès croit que les indications de la lettre à Martins, jointes à celles fournies par Marco Polo et par Conti, ont conduit les Portugais à la découverte du Japon en 1542. « Toscanelli, ajoute-t-il, aurait ainsi contribué non seulement à la découverte de l'Amérique, mais encore à celle du Japon » (*Loc. cit.*, note Y, XXII). Cette assertion n'a aucune espèce de fondement ; les Portugais, comme tout le monde, n'ont connu la lettre dite de Toscanelli que par sa publication dans les *Historie*, en 1571.

42. Les versions espagnole et italienne ajoutent « qui font 2,500 milles ou 225 lieues. » Ici encore on doit admettre une erreur de copiste et lire 625 lieues qui font réellement 2,500 milles.

43. Le texte espagnol rend cette phrase de la manière suivante : « Ainsi, faute de connaître le chemin, toutes ces choses restent cachées et l'on peut y aller sûrement. » L'italien dit la même chose. Cette traduction diffère tellement du texte latin que nous possédons, qu'on a peine à croire que c'est celui sur lequel travaillait le traducteur espagnol.

44. Toute la phrase qui précède est modifiée de la manière suivante, dans l'espagnol et dans l'italien : « Bien d'autres choses pourraient être ajoutées ici, mais vous ayant déjà entretenu ver-

balement de cette question et comptant sur votre clairvoyance, je suis sûr que vous m'avez parfaitement compris ; c'est pourquoi je me crois dispensé d'entrer dans de plus longs détails. » Vient ensuite le paragraphe : « Voici brièvement, etc. », mentionné à la note 30.

APPENDICE B

MÊME LETTRE

Texte latin de la Colombine avec un texte corrigé en regard et un commentaire philologique : communication de M. Norbert Sumien.

Il suffit de jeter un simple coup d'œil sur le texte de la lettre à Martins, tel que nous le possédons, pour voir qu'il est incorrect. Ou celui qui l'a écrit connaissait mal le latin, ou celui qui l'a transcrit l'a étrangement défiguré. Nous ne chercherons pas à faire le départ des responsabilités dans les fautes et les incorrections que nous allons avoir à relever, car nous n'avons nullement la prétention de donner ici une restitution du texte original. Pour mener à bien un travail de cette nature, il eût été indispensable d'avoir pour terme de comparaison un texte latin quelconque de Toscanelli ; or, malgré nos recherches, il nous a été impossible de trouver dans nos bibliothèques publiques aucune lettre, aucun opuscule qui soit sorti de la plume du savant florentin. Nous nous bornerons donc à corriger le texte, à le débarrasser des expressions amphibologiques, des solécismes qui le déparent et l'obscurcissent, sans nous préoccuper, en général, s'ils sont le fait de l'auteur de l'original ou du copiste. Il était à craindre que cette lettre ne sortît défigurée d'un travail de correction trop scrupuleux, aussi avons-nous cru devoir fermer les yeux sur certaines négligences de style, sur certaines expressions

barbares dont la suppression lui aurait fait perdre la physio-
nomie qui lui est propre, sans profit pour l'intelligence du
texte. Quant aux passages corrompus, nous avons tâché de
les rétablir en prenant pour guide le bon sens, la grammaire
et, toutes les fois que nous avons cru pouvoir le faire sans
danger, les deux traductions anciennes que nous possédons.

<table>
<tr><td>

Texte de la Colombine.

Copia misa christofaro colonbo
per paulum fixicum cum una carta
nauigacionis [1].

Ferdinando martini canonico vli-
xiponensi paulus phisicus salutem.
de tua valitudine de gratia et fami-
liaritate cum rege vestro generosis-
simo magnificentissimo principe
iocundum mihi fuit intelligere.

Cum tecum allias locutus sum
de breviori via ad loca aromatum
per maritimam nauigacionem quam
sit [2] ea quam facitis [3] per guineam
querit nunc serenissimus rex a me
quandam declaracionem ymo potius

</td><td>

Texte corrigé.

Copia missa Christophoro Co-
lombo a Paulo, physico, cum charta
navigationis.

Ferdinando Martini, canonico
Ulyssiponensi, Paulus, physicus,
salutem. De tua valetudine, de gra-
tia et familiaritate cum rege vestro,
generosissimo et magnificentissimo
principe, jucundum mihi fuit intel-
ligere.

Cum tecum alias locutus sum de
breviori via ad loca aromatum, per
maritimam navigationem, quam sit
ea quam facitis per Guineam, quærit
nunc Serenissimus rex a me quam-
dam declarationem, imo potius ad

</td></tr>
</table>

1. Ce titre, qui a dû être écrit après coup et d'une autre main que la lettre, est
français, italien, espagnol, tout ce qu'on voudra, excepté latin. *Copia* est un mot
étranger, il est vrai, mais que l'on peut garder, car il est impossible de se méprendre
sur sa signification. Il n'en est pas de même de *per paulum*. Malgré l'emploi que
la Vulgate et certains auteurs ecclésiastiques ont fait de la préposition *per* comme
complément du verbe passif, *per paulum* ne signifie pas *par Paul*, mais *par le moyen
de, par l'intermédiaire de Paul*. Enfin, *unus* n'est employé chez les Latins, comme il
l'est ici dans *una carta*, qu'avec une idée de qualification le plus souvent prise en
mauvaise part ; *cum una carta* signifierait *avec une méchante carte*. Ce n'est pas ce qu'a
voulu dire l'auteur du titre.

Fixicum est pour *physicum*. Nous avons fait disparaître toutes les formes archaïques
et avons substitué partout l'orthographe moderne à l'orthographe ancienne. La raison en est tellement évidente que nous ne croyons pas devoir y insister autrement.

2. Quam sit). — C'est-à-dire, *quam fieri potest ut sit*.

3. Quam facitis). — Non pas précisément *que vous faites*, mais *que vous préparez,
que vous travaillez à ouvrir*.

Texte de la Colombine.

ad occulum ostensionem vt etiam mediocriter doti illam viam caperent et intelligerent [4].

Ego autem quamvis cognoscam posse hoc ostendi per formam spericam vt est mundus tamen determinaui pro faciliori intelligencia ac etiam pro faciliori opere ostendere viam illam [5] per quam carte nauigacionis fiunt illud declarare.

Mito ergo sue Majestati cartam manibus meis factam in qua designantur litora vestra et insule ex quibus incipiatis [6] iterfacere versus occasum senper et loca ad que debeatis pervenire et quantum a polo vel a linea equinotiali debeatis declinare et per quantum spacium scilicet per quot miliaria debeatis peruenire ad loca fertilissima omnium aroma-

Texte corrigé.

oculum ostensionem, ut etiam mediocriter docti illam viam caperent et intelligerent.

Ego autem quamvis cognoscam posse hoc ostendi per formam sphæricam, ut est mundus, tamen determinavi, pro faciliori intelligentia ac etiam pro faciliori opera, via illa per quam chartæ navigationis fiunt illud declarare.

Mitto ergo Suæ Majestati chartam, manibus meis factam, in qua designantur littora vestra et insulæ ex quibus vobis incipiendum erit iter facere versus occasum semper, et loca ad quæ vobis perveniendum, et quantum a polo vel a linea æquinoctiali vobis declinandum sit, et per quantum spatium, scilicet, per quot milliaria perventuri sitis ad loca ferti-

---

4. Caperent et intelligerent). — Pour comprendre ces imparfaits du subjonctif, il est nécessaire de sous-entendre *si res postularet, si occasio se daret*.

5. Ostendere viam illam). — *Ostendere viam illam* et *illud declarare* signifient la même chose ; ils font par conséquent double emploi. L'une de ces expressions doit disparaitre. L'exclusion doit porter, selon nous, sur *ostendere viam illam*. *Ostendere* nous parait être une interpolation, introduite dans le texte pour expliquer l'accusatif *viam illam*. Mais y avait-il bien *viam illam* dans le manuscrit original ? pour notre part, nous en doutons. Les manuscrits marquent généralement l'accusatif par un trait horizontal placé au-dessus de la voyelle. Mais ce trait, dans les mots de la première déclinaison, comme *viam illam*, pourrait à la rigueur n'indiquer que la longueur de la voyelle et par conséquent l'ablatif, que certains éditeurs écrivent encore *vià illà*. Avec l'ablatif *vià illà* et en supprimant *ostendere* la phrase est régulière au point de vue grammatical et le sens devient clair. *Vià illà* ne signifie plus alors *cette route*, mais *par le procédé, par la méthode*. Ce qui rend cette correction très plausible, c'est que l'idée de route est exprimée au commencement de la phrase par le pronom neutre *hoc, hoc ostendi*, qui appelle naturellement *illud* de la fin, *illud declarare*.

6. Incipiatis, etc.). Tous ces subjonctifs *incipiatis, debeatis pervenire*, sont employés à contre temps et doivent être corrigés ; il en est de même des expressions *debeatis declinare* et *debeatis pervenire* qui viennent après, qui sont faibles et ne rendent pas la pensée de l'auteur.

Texte de la Colombine.	*Texte corrigé.*
tum et gemarum. et non miremini si voco occidentales partes vbi sunt aromata cum communiter dicantur orientales quia nauigantibus ad occidentem semper ille partes inueniuntur per subterraneas nauigaciones [7]. Si enim per terram et per superiora itinera ad orientem senper reperirentur [8].	lissima omnium aromatum et gemmarum. Et non miremini, si voco occidentales partes ubi sunt aromata, cum communiter dicantur orientales, quia navigantibus per subterraneas navigationes ad occidentem semper illæ partes inveniuntur; si, enim, per terram et per superiora itinera, ad orientem semper reperientur.
linee ergo recte in longitudine carte signate ostendunt distanciam ab orientem [9] versus occidens [10] que autem transverse sunt ostendunt spacia a meridie versus septentrionem.	Lineæ ergo rectæ, in longitudine chartæ signatæ, ostendunt distantiam ab oriente versus occidentem, quæ autem transversæ sunt ostendunt spatia a meridie versus septentrionem.
notavi autem in carta diversa loca [11] ad que peruenire potestis [12] pro majori noticia nauigancium scilicet [13] ventis vel casu aliquo	Notavi autem in charta diversa loca ad quæ pervenire possetis; et hæc quidem pro majori notitia navigantium, si, ventis vel casu aliquo.

---

7. Per subterraneas navigationes). — Ce complément est placé en dépit du bon sens. Il a été mis là par une personne évidemment étrangère à la construction latine. Sa place logique est immédiatement après *navigantibus*.

8. Reperirentur). — Harrisse corrige, avec raison, cet imparfait du subjonctif par le futur *reperientur*, qui forme, en effet, un sens beaucoup plus naturel.

9. Ab orientem). — C'est *ab oriente* qu'il faut. Harrisse a déjà fait cette correction.

10. Versus occidens). — L'analogie demande qu'on écrive ici *occidentem*. Les mots *oriens* et *occidens* ont été faits partout du masculin.

11. Diversa loca). — C'est-à-dire *des lieux écartés*.

12. Potestis). — Cet indicatif n'a rien à faire ici, toute cette phrase étant hypothétique. C'est *possetis* qu'il faut. C'est d'ailleurs ainsi qu'ont lu les deux traductions anciennes de Las Casas et d'Ulloa.

13. Pro majori notitia navigantium scilicet). — Ces quelques mots, qui sont jetés là comme une parenthèse maladroite, ne peuvent être que le tronçon d'un membre de phrase dont le commencement a disparu. D'abord l'adverbe *scilicet* n'en fait pas partie. Ce mot, qui est représenté dans le manuscrit de Colomb par une simple *s* entre deux points, est évidemment une mauvaise leçon que le copiste a substituée au *si* conditionnel qui devait se trouver là et dont la présence est absolument nécessaire pour l'intelligence du reste de la phrase. Nous devons donc le rétablir. *Scilicet* disparaissant, le membre de phrase *pro majori notitia navigantium* reste seul, désemparé, et semble complètement étranger au texte. Cependant il en fait incontestablement partie, car il est le premier terme d'une coordination de raisons dont *partim*

<table>
<tr><td>Texte de la Colombine.</td><td>Texte corrigé.</td></tr>
<tr><td>

alibi [14] quam existimarent venirent partin autem vt ostendant incolis ipsos habere noticiam aliquam patrie illius quod debebit esse iocundum satis. non considant [15] autem in insulis nisi mercatores.

aserit [15] ibi enim tanta copia nauigancium est cum mercimoniis vt in toto reliquo orbe non sint sicuti in

</td><td>

alio quam existimarent venirent; partim autem ut ostendant incolis ipsos habere notitiam aliquam patriæ illius, quod debebit esse jucundum satis.

Non considere autem in insulis nisi mercatores, asseritur.

Ibi enim tanta copia navigantium

</td></tr>
</table>

autem, qui vient après, est le second. Or, de deux choses l'une, ou ces mots ne sont pas à leur place et ils attendent qu'un déplacement leur fasse reprendre leurs relations avec le reste de la phrase, ou ils sont tronqués, c'est-à-dire qu'ils ont perdu les éléments qui les fixaient grammaticalement à la place qu'ils occupent. La logique semblerait les appeler entre *charta* et *diversa*, c'est-à-dire aussi près que possible du verbe *notavi* auquel ils se rapportent logiquement; mais la différence de personnes des verbes *possetis* d'une part et *existimarent, venirent* d'autre part, exclut la possibilité d'un pareil déplacement. Les mots *pro majori notitia navigantium* sont donc à leur place, mais ils ne peuvent être là que parce qu'ils devaient être primitivement précédés d'une locution rappelant à la fois le verbe *notavi* et marquant l'opposition qui existe entre eux et le membre de phrase *partim autem*. Cette locution devait être ou *et hæc quidem* ou *et ita quidem* ou tout autre expression analogue. Grâce à ces corrections le sens devient clair, la grammaire est satisfaite et tout cet alinéa prend une allure des plus naturelles.

14. Alibi). — Avec un verbe marquant le mouvement comme *venirent*, c'est le corrélatif *alio* qui doit être employé.

15. Non considant autem in insulis nisi mercatores asserit). — Le copiste n'a pas compris ce passage, car il rejette *asserit* à la phrase suivante dont ce verbe ne saurait faire partie. *Asserit ibi enim* n'est pas latin, *enim* devant toujours venir après le premier mot de la phrase. *Ibi enim*, voilà le commencement de la phrase suivante. *Asserit* doit donc rebrousser chemin et se rattacher à la phrase précédente dont il forme la fin. Mais tel qu'il est là, *asserit* ne signifie rien. Harrisse le corrige en *asseritur;* nous souscrivons des deux mains à cette correction. Celle qu'il fait de *considant* en *considunt* est moins heureuse et, pour notre part, nous ne saurions l'approuver. Ce qui l'y a déterminé, c'est que ce subjonctif lui a paru d'une latinité douteuse. C'est aussi notre avis, nous n'en croyons pas moins qu'il doit appartenir au texte original, car il a un parfum italien qui a parfaitement pu donner le change à l'auteur de la lettre. Les Italiens disent couramment : *che non vi sieno pero stabiliti nell' isole se non mercanti, si dice.* La phrase *non considant autem in insulis nisi mercatores, asseritur* est la traduction littérale de la phrase italienne. Pour la rendre latine il eût suffi de mettre *non considant* à l'infinitf *non considere.* On est d'autant plus surpris de cette faute que la même expression revient quelques lignes plus bas et cette fois sous sa forme régulière : *asserunt enim centum naves... deferri.*

Texte de la Colombine.

Texte corrigé.

uno portu nobilisimo vocato zaiton. aserunt enim centum naues piperis magne [16] in eo portu [17] singulis annis deferri, sine aliis nauibus portantibus allia aromata.

patria illa est populatisima ditisima multitudine prouinciarum et regnorum et ciuitatum sine numero. sub uno principe qui dicitur magnus kan quod nomen significat in latino rex regum. cujus sedes et residencia est vt plurimum in prouincia katay.

antiqui sui [18] dèsiderabant consorcium christianorum iam sunt 200 anni miscerunt [19] ad papam et postulabant plurimos dotos in fide vt illuminarentur. sed qui missi sunt inpediti in itinere redierunt.

etiam tempore Eugenii venit unus ad eugenium qui de beniuolentia magna erga christianos afirmabat et ego secum [20] longo sermone locutus sum de multis, de magnitudine edificiorum regalium et de magnitudine fluvium [21] in [22] latitudine et longi-

est cum mercimoniis, ut, in toto reliquo orbe, non sint sicuti in uno portu nobilissimo vocato Zaiton. Asserunt enim centum naves piperis magnas in eum portum singulis annis deferri, sine aliis navibus portantibus alia aromata.

Patria illa est populatissima, ditissima multitudine provinciarum et regnorum et civitatum sine numero, sub uno principe qui dicitur Magnus Kan, quod nomen significat in latino rex regum; cujus sedes et residentia sunt ut plurimum in provincia Katay.

Ejus antiqui desiderabant consortium christianorum. Jam sunt 200 anni miserunt ad papam et postulabant plurimos doctos in fide ut illuminarentur; sed qui missi sunt, impediti in itinere, redierunt.

Etiam tempore Eugenii venit unus ad Eugenium, qui de benevolentia magna erga Christianos affirmabat. Et ego cum eo longo sermone locutus sum de multis, de magnitudine ædificiorum regalium et de magnitudine fluviorum, latitudine et lon-

---

16. Magnæ). — Un nominatif dans une proposition infinitive, cela ne s'est jamais vu, c'est *magnas* qu'il faut.

17. In eo portu). — *In* et l'ablatif avec un verbe de mouvement n'est pas non plus admissible; c'est *in eum portum* qu'il faut.

18. Antiqui sui). — Les Latins n'employaient l'adjectif possessif *suus, sua, suum* que lorsque le possesseur et l'objet possédé se trouvaient dans la même proposition. Ici c'est *ejus* qu'il faut.

19. Miscerunt). — Est un mot corrompu pour *miserunt*. Harrisse avait déjà fait cette correction.

20. Secum). — Ce pronom réfléchi n'a rien à faire ici; c'est *cum eo* qu'il faut dire.

21. Fluvium). — Harrisse a vu dans *fluvium* une corruption de *fluminum*. Nous ne sommes pas de son avis. Nous croyons plutôt à une abréviation maladroite de *fluviorum*. Nous allons voir d'ailleurs plus bas *artificium* pour *artificiorum*.

Texte de la Colombine.   *Texte corrigé.*

tudine mirabili et de multidine ciuitatum in ripis fluuium [21] vt in vno
flumine 200 e [23]. ciuitates sint cons-
titute et pontes marmorei magne
latitudinis et longitudinis vndique
colonpnis [24] ornati.

hec patria digna est vt per latinos [25] queratur non solum quia lucra
ingencia ex ea capi posunt auri et
argenti gemarum omnis generis et
aromatum que nunquam ad nos
deferuntur. Verum propter doctos
viros philosofos et astrologos peritos et quibus [26] ingeniis et artibus

gitudine mirabili, et de multitudine
civitatum in ripis fluviorum, ut in
uno flumine 200 circiter civitates
sint constitutæ, et pontes marmorei,
magnæ latitudinis et longitudinis
undique columnis ornati.

Hæc patria digna est ut a Latinis
quæratur non solum quia lucra in-
gentia ex ea capi possunt auri et
argenti, gemmarum omnis generis et
aromatum quæ nunquam ad nos
deferuntur, verum propter doctos
viros, philosophos et astrologos peritos, et quorum ingeniis et artibus illa

22. In latitudine). — Cet *in* est contraire au génie de la langue latine. En latin
la grandeur en largeur et longueur, c'est la largeur et la longueur. *In* doit être supprimé et *latitudine et longitudine mirabili* deviennent un simple complément laudatif.

23. e). — Le manuscrit de Colomb donne ici un *e* que les auteurs de la Raccolta
Colombiana ont été impuissants à transcrire en clair. Harrisse y a vu une corruption
du *c* qu'il a traduit par *circiter*. Dans l'impossibilité où nous sommes de proposer
quelque chose de mieux nous adoptons cette conjecture.

24. Colonpnis). — Mot corrompu pour *Columnis*.

25. Per latinos). — Voir note 1.

26. Et quibus ingeniis et artibus etc.). — Harrisse donne à tout ce passage un
sens restreint que nous ne saurions approuver. Partant des subjonctifs *gubernentur*
et *conducant*, qu'il cherche à expliquer, il suppose une phrase principale que rien
ne permet d'admettre et sous la dépendance de laquelle il met ces subjonctifs.
D'après lui, le texte dirait qu'il est désirable de se mettre en rapport avec les savants,
les philosophes, parce *qu'ils pourront nous apprendre* par quels moyens on gouverne
une si puissante province etc. Il est évident que quand on cherche à entrer en
relation avec des savants, quels qu'ils soient, c'est dans l'espoir de profiter de leurs
lumières, quelles qu'elles soient, mais non pour leur demander la solution d'une
question précise à laquelle ils seront peut-être impuissants à répondre. Harrisse a
eu le tort de prendre pour base de son interprétation deux mots évidemment fautifs, puisque l'un *gubernentur* est au pluriel, tandis que son sujet est au singulier,
et l'autre est à l'actif tandis que le premier est au passif, bien qu'il soit grammaticalement coordonné avec lui. Si ces deux verbes sont fautifs sous un rapport, il
n'y a pas de raison pour qu'ils ne le soient pas en même temps sous un autre ;
et, pour notre part, nous inclinons fortement à croire que non seulement il faut
mettre *gubernentur* au singulier, comme le corrige Harrisse, mais encore qu'il le
faut aussi à l'indicatif *gubernatur*, que non seulement *conducant* doit être mis au
passif, mais encore qu'il le faut en outre, comme *gubernatur*, à l'indicatif, *condu-*

Texte de la Colombine.

Texte corrigé.

ita[27] potens et magnifica prouincia gubernentur ac etiam bella conducant.

Hæc pro aliquantula satisfa[cione] ad tuam [28] peticionem quantum brevitas temporis dedit et occupaciones mce concepscerunt [29] paratus in futurum regie maiestati quantum [30] volet latius satisfacere. Data florencie 25 iunii 1474.

A ciuitate vlixiponis [31] per occidentem in directo sunt 26 spacia in carta signita quorum quodlibet habet miliaria 250 usque ad nobilisim[am] et maximam ciuitatem quinsay circuit enim centum miliaria et habet pontes decem et nomen eius sonat

potens et magnifica provincia gubernatur ac etiam bella conducuntur.

Hæc pro aliquantula satisfactione ad tuam petitionem, quantum brevitas temporis dedit et occupationes meæ concesserunt, paratus in futurum regiæ Majestati, quanto voluerit latius, satisfacere. Data Florentiæ 25 junii 1474.

A civitate Ulyssipone per occidentem in directo sunt 26 spatia in charta signata, quorum quodlibet habet milliaria 250 usque ad nobilissimam et maximam civitatem Quinsay. Circuit enim centum milliaria, et habet pontes decem, et nomen

cuntur. Ces deux corrections entraînent nécessairement après elles celle de *quibus* en *quorum* et les deux propositions formées par *gubernatur* et *conducuntur* deviennent de simples compléments attributifs au même titre que *peritos.* Le sens qu'on obtient ainsi est beaucoup plus naturel, beaucoup plus logique, beaucoup plus clair que celui que propose Harrisse. Il est d'ailleurs conforme, à peu de choses près, à celui des deux traductions anciennes de Las Casas et des *Istorie.*

27. Ita). — Les deux traductions anciennes ont lu *illa* au lieu de *ita.* Ces deux mots ont entre eux tant d'analogie qu'ils ont bien pu être pris l'un pour l'autre. D'ailleurs le changement de *ita* en *illa* est devenu nécessaire à la suite des corrections que nous avons faites dans ce passage.

28. Tuam). — Harrisse a lu ici *suam ;* il n'a pas remarqué dans le manuscrit que le copiste lui-même a corrigé en *t* le *s* qu'il avait fait tout d'abord. D'ailleurs la leçon qu'Harrisse adopte est inadmissible pour deux raisons : d'abord, il est grammaticalement impossible de mettre ainsi sans préparation un adjectif possessif se rapportant à un sujet, comme ici roi, qu'on a forcément perdu de vue, puisqu'il n'en a plus été question depuis le commencement de la lettre. Mais de plus, l'excuse qu'allègue ici celui qui écrit, tout au plus admissible, si elle s'adresse à un ami, à un égal, deviendrait tout bonnement impertinente si elle s'adressait directement au roi. Aussi écrivons-nous *tuam.*

29. Concepscerunt). — C'est un mot corrompu que nous corrigerons avec Harrisse en *concesserunt.*

30. Quantum). — Devant le comparatif *latius,* ce mot doit se changer en *quanto.*

31. Ulixiponis). — Un usage constant veut que le nom propre qui est placé comme ici sous la dépendance d'un nom commun se mette au même cas que lui.

Texte de la Colombine.   *Texte corrigé.*

cita del cielo ciuitas celi et multa miranda de ea narrantur de multitu-dine artificium [32] et de reditibus. hoc spacium est fere tercia pars tocius spere, que ciuitas est in prouincia mangi scilicet vicina prouincie katay in qua residencia terre regia est.

Sed ab insula antilia vobis nota ad insulam nobilisimam cippangu sunt decem spacia est enim illa insula fertilisima aur[o]. margaritis et gem-mis, et auro solido cooperiunt tem-pla et domos regias itaquod [33] per ygnota itinera non magn[a] maris spacia transeundum. multa fortasse essent aperitus [34] declaranda sed di-ligens considerator per hec poteri[t] ex se ipso reliqua prospicere. vale dilectisime.

ejus sonat *citta del cielo*, civitas cæli, et multa miranda de ea narrantur, de multitudine artificiorum et de reditibus. (Hoc spatium est fere tertia pars totius sphæræ.) Quæ civitas est in provincia Mangi, scilicet, vi-cina provinciæ Katay in qua resi-dentia terræ regia est.

Sed ab insula Antilia, vobis nota, ad insulam nobilissiman Cippangu sunt decem spatia. Est enim illa insula fertilissima auro, margaritis et gemmis, et auro solido cooperiunt templa et domos regias. Itaque per ignota itinera non magna maris spa-tia transeundum ; multa fortasse essent apertius declaranda, sed dili-gens considerator per hæc poterit ex se ipso reliqua prospicere. Vale di-lectissime.

32. Artificium). — Est pour *artificiorum*. C'est la même abréviation que nous avons signalée. Note 21.

33. Itaquod). — Mot corrompu pour *itaque*.

34. Aperitus). — C'est également un mot corrompu pour *apertius*, ainsi que l'a déjà fait remarquer Harrisse.

APPENDICE C

MÊME LETTRE

Version espagnole de Las Casas (*Historia de las Indias*, vol. Ier, L. I, chap. 12, page 93), avec traduction française.

Espagnol.   *Français.*

Les mots soulignés indiquent les différences avec le texte italien.

Espagnol.	*Français.*
Mucho placer hobe de saber la privanza y familiaridad que tienes con vuestro generosisimo y magnificentisimo Rey, y bien que otras muchas veces tenga dicho del muy breve camino que hay de aqui a las Indias, adonde nace la especieria, por el camino de la mar mas corto que aquel que vosotros haceis para Guinea, dicesme que quiere agora S. A. de mi alguna declaracion y á ojo demonstracion, porque se entienda y se pueda tomar el dicho camino ; y aunque conozco de mi que se lo puedo monstrar en forma de esfera como está el mundo, determiné por mas fácil obra y mayor inteligencia monstrar el dicho ca-	J'ai eu beaucoup de plaisir à *apprendre* l'intimité et la familiarité dans laquelle tu vis avec votre très généreux et très magnifique Roi, et bien que j'aie parlé beaucoup d'autres fois du très court chemin qu'il y a, par la voie de la mer, d'ici aux Indes où naissent les épices, chemin plus court que celui que vous faites *pour la Guinée,* tu me dis que son Altesse me demande maintenant que je fasse une déclaration et une *démonstration pour les yeux,* afin que l'on comprenne ce chemin et qu'on puisse le prendre; et, bien que je sache, par *expérience,* que je puis le lui montrer *sous la forme* d'une sphère, *comme est le monde,* j'ai résolu pour plus de faci-

Espagnol.

mino por una carta semejante à aquellas que se hacen para navegar, y ansi la invio a S. M. hecha y debujada de mi mano; en la cual está pintado todo el fin del Poniente, tomando desde Irlanda al Austro hasta el fin de Guinea, con todas las islas que en este camino son, en frente de las cuales derecho por Poniente está pintado el comienzo de las Indias con las islas y los lugares adonde podeis desviar para la linea equinoccial, y por cuánto espacio, es à saber, en cuántas leguas podeis llegar a aquellos lugares fertilisimos y de toda manera de especieria y de joyas y piedras preciosas; y no tengais a maravilla si yo llamo Poniente adonde nace la especieria, porque en comun se dice que nace en Levante, mas quien navegáre al Poniente siempre hallará las dichas partidas en Poniente, é quien fuere por tierra en Levante siempre hallara las mismas partidas en Levante.

Las rayas derechas que estan en luengo en la dicha carta amuestran la distancia que es de Poniente á Levante; las otras que son de través amuestran la distancia que es de septentrion en Austro. Tambien yo pinté en la dicha carta muchos lugares en las partes de India, adonde se podria ir aconteciendo algun caso de tormenta o de vientos contrarios o cualquier otro caso que no se esperase acaecer y tambien porque se sepa bien de todas aquellas par-

Français.

lité et pour plus de clarté de montrer le dit chemin à l'aide d'une carte pareille à celles que l'on fait pour naviguer, et ainsi je l'envoie à Sa Majesté faite et dessinée de ma main; sur cette carte se trouve marquée toute la fin du couchant, à partir de l'Irlande en allant vers le sud jusqu'à l'extrémité de la Guinée, avec toutes les îles qui sont sur ce chemin, en face desquelles, droit du côté du couchant, se trouve dessiné le commencement des Indes avec les îles et les *lieux d'où vous pouvez dévier pour la ligne équinoxiale,* et par quelle distance, c'est-à-dire par combien de lieues vous pouvez arriver à ces lieux très abondants et en toute sorte d'épices et en joyaux et en pierres précieuses; et ne soyez point surpris si j'appelle Couchant là où naissent les épices parce que communément on dit qu'elles naissent au Levant; mais celui qui naviguera vers le Couchant trouvera toujours les dites contrées au Couchant et celui qui ira par terre vers le Levant, trouvera toujours ces contrées au Levant.

Les lignes droites qui sont dans le sens de la longueur de la carte montrent la distance qu'il y a du Couchant au Levant; les autres *qui sont à travers* montrent la distance qu'il y a du *septentrion* au Sud. J'ai dessiné aussi, dans la dite carte, beaucoup de lieux des parages de l'Inde, où l'on pourrait aller s'il survenait quelque tempête ou des vents contraires ou tout autre accident auquel on ne se serait pas attendu et aussi pour qu'on connaisse bien

Espagnol.

tidas, de que debeis holgar mucho.

Y sabed que en todas aquellas islas no viven ni tractan sino mercaderes, avisandoos que alli hay tan gran cantidad de naos, marineros, mercaderes con mercaderias, como en todo lo otro del mundo, y en especial en un puerto nobilisimo llamado Zaiton, do cargan y descargan cada año 100 naos grandes de pimienta, allende las otras muchas naos que cargan las otras especierias.

Esta patria es populatisima, y en ella hay muchas provincias y muchos reinos y ciudades sin cuento debajo del Señorio de un Principe que se llama Gran Khan, el cual nombre quiere decir en nuestro romance, Rey de los Reyes, el asiento del cual es lo mas del tiempo en la provincia de Catayo. Sus antecesores desearon mucho de haber platica è conversacion con cristianos, y habiá doscientos años que enviaron al Sancto Padre para que enviase muchos sabios é doctores que les enseñasen nuestra fe, mas aquellos que el invió, por impedimento, se volvieron del camino ; y tambien al Papa Eugenio vino un embajador que le contaba la grande amistad que ellos tienen con cristianos, è yo hablé mucho con él é de muchas cosas é de las grandezas de los edificios reales, y de la grandeza de los rios en ancho y en largo, cosa maravillosa, é de la muchedumbre de las ciudades que son allá à la orilla dellos, é como

Français.

toute ces contrées, *ce dont vous devez être bien aise.*

Et sachez que, dans toutes ces îles, il ne vit et il ne vient que des marchands, vous prévenant qu'il y a là une aussi grande quantité de navires, de marins, de marchands avec des marchandises que *dans tout le reste* du monde ; plus particulièrement dans un port très fameux appelé Zaiton où, chaque année, 100 gros navires chargent et déchargent du poivre, indépendamment d'autres navires nombreux qui chargent les autres épices.

Ce pays est très peuplé et renferme beaucoup de provinces, de royaumes et de villes innombrables, sous la souveraineté *d'un Prince* qui s'appelle le Grand Khan, nom qui *veut dire,* en notre *langue,* le Roi des Rois. Sa résidence est la plupart du temps dans la province de Catay. Ses prédécesseurs désirèrent beaucoup entrer en relation et *échanger leurs idées,* avec les chrétiens ; il y a près de deux cents ans qu'ils envoyèrent des députés au saint Père pour qu'il leur envoyât beaucoup de sages et de docteurs qui les instruisissent dans notre foi ; mais ceux qu'il envoya, à cause des *empêchements,* rebroussèrent chemin ; vers le *Pape Eugène* aussi il vint un ambassadeur qui lui manifesta la grande amitié *qu'ils ont pour les chrétiens.* J'ai moi-même parlé longuement avec lui et d'une foule de choses, de la grandeur des édifices royaux, de la grosseur des fleuves en largeur et en longueur, que c'est *chose merveilleuse,* de la mul-

Espagnol.

solamente en un rio son doscientas ciudades, y hay puentes de piedra mármol muy anchas y muy largas adornadas de muchas columnas de piedra marmol. Esta patria es digna cuanto nunca se haya hallado, é no solamente se puede haber en ella grandisimas ganancias é muchas cosas, mas aún se puede haber oro é plata é piedras preciosas é de todas maneras de especieria, en gran suma, de la cual nunca se trae a estas nuestras partes; y es verdad que hombres sabios y doctos, filosofos y astrólogos, y otros grandes sabios, en todas artes de grande ingenio, gobiernan la magnifica provincia è ordenan las batallas.

Y de la ciudad de Lisboa, en derecho por el Poniente, son en la dicha carta 26 espacios, y en cada uno dellos hay 250 millas hasta la nobilisima y gran ciudad de Quisay, la cual tiene al cerco 100 millas que son 25 leguas, en la cual son 10 puentes de piedra mármol. El nombre de la cual ciudad en nuestro romance, quiere decir ciudad del cielo; de la cual se cuentan cosas maravillosas de la grandeza de los artificios y de las rentas (este espacio es cuasi la tercera parte de la esfera,) la cual ciudad es, en la provincia de Mango, vecina de la ciudad del Catayo, en la cual està lo mas del tiempo el Rey, é de la isla de Antil, la que vosotros llamais de Siete Ciudades, de la cual tenemos noticia, hasta la nobilisima isla de

Français.

titude des villes qui se trouvent sur leurs rives; et comment sur un seul de ces fleuves, il y a deux cents villes et il y a des ponts en marbre très larges et très longs ornés de beaucoup de *colonnes de marbre.* Ce pays mérite *plus que jamais* d'être découvert, car non seulement on peut y faire de très grands profits et *beaucoup de choses,* mais même on peut en tirer de l'or, de l'argent, des pierres précieuses et toutes sortes d'épices en grande quantité et qu'on n'apporte jamais dans nos contrées; et il est vrai que des hommes sages et instruits, philosophes, astrologues et autres grands savants en tous les arts et de grand génie gouvernent la magnifique province et dirigent les batailles.

Et de la ville de Lisbonne, en droite ligne vers le couchant, il y a, dans la dite carte, 26 espaces et, dans chacun de ces espaces, il y a 250 milles, jusqu'à la très fameuse et très grande ville de Quinsay, qui a 100 milles de circuit qui font 25 lieues et où il y a dix ponts de marbre. Le nom de *cette ville en notre langue veut dire Ville du ciel.* On en raconte des choses merveilleuses, de la *grandeur des fabriques* et des revenus. (Cet espace est presque le tiers de la sphère) laquelle ville est située dans la province de Mango, voisine de *la ville* de Catay, dans laquelle le Roi habite la plupart du temps. Et de l'île Antille, que vous appelez *île des sept cités* et dont *nous avons connaissance,* jusqu'à la très fameuse île de Cipangu, il y a 10 espaces qui font

Espagnol.

Cipango hay 10 espacios que son 2500 millas, es a saber 625 leguas, la cual isla es fertilisima de oro y de perlas y piedras preciosas.

Sabed que de oro puro cobijan los templos y las casas reales ; asi que por no ser conocido el camino estàn todas estas cosas encubiertas, y a ella se puede ir muy seguramente. Muchas otras cosas se podrian decir, mas como os tenga ya dicho por palabra y sois de buena consideracion, sé que no vos queda por entender, y por tanto no me alargo mas, y esto sea por satisfaccion de tus demandas cuanto la brevedad del tiempo y mis occupaciones me han dado lugar ; y ansi quedo muy presto a satisfacer y servir a S. A. cuanto mandare muy largamente.

Fecha en la ciudad de Florencia a 25 de Junio de 1474 años.

Français.

2,500 milles, c'est-à-dire 625 lieues, laquelle île est très fertile en or, en perles et en pierres précieuses.

Sachez qu'on y couvre en or par les temples et les maisons royales. Ainsi, faute de connaître le chemin, *toutes ces choses* restent cachées, et l'on peut y aller très sûrement. On pourrait dire encore bien d'autres choses, mais comme je vous en ai déjà parlé de vive voix et que vous êtes hommes de *bonne considération* (attentifs, réfléchis) je pense qu'il ne vous reste plus rien à apprendre et par suite je ne m'étendrai pas davantage ; et cela pour satisfaire à ta demande, autant que la briéveté du temps et mes occupations me l'ont permis, et aussi je reste tout prêt à satisfaire et à servir Son Altesse aussi longuement qu'elle commanderait :

Fait en la ville de Florence le 25 juin de l'an 1474.

APPENDICE D

MÊME LETTRE

Version italienne des *Historie*, fol. 16-18, avec traduction française.

<table>
<tr><td align="center">Italien.</td><td align="center">Traduction.</td></tr>
</table>

Les mots soulignés sont différents ou n'existent pas dans la version espagnole.

A Fernando Martinez canonico di Lisbona Paolo Fisico Salute.

Molto mi piacque intendere la domestichezza, che tu hai col tuo Serenissimo & Magnificentis. Rè, & quantunque molte altre volte io habbia ragionato del brevissimo camino, che è di quà all'Indie, dove nascono le specierie, per la via del mare, il quale io tengo piu breve di quel, che voi fate per Guinea, tu mi dici, che Sua Altezza vorrebbe hora da me alcuna dichiaratione, o dimostratione, accioche s'intenda, & si possa prendere detto camino.

La onde, come ch'io sappia di poter ciò mostrarle con la sfera in mano, & farle veder, come sta il

Paul Médecin à Fernand Martinez, chanoine de Lisbonne, salut.

J'ai eu beaucoup de plaisir à *comprendre* l'intimité dans laquelle tu vis avec ton sérénissime et très magnifique Roi, et bien que j'aie parlé bien des fois du très court chemin qu'il y a d'ici aux Indes, où naissent les épices, par la voie de la mer, chemin *que j'estime* plus court que celui que vous faites, *par la* Guinée tu me dis que Son Altesse me demande maintenant que je fasse une déclaration *ou démonstration* afin qu'on puisse comprendre le dit chemin et le prendre.

C'est pourquoi, bien que je sache que je puis lui montrer cela la *sphère en main* et lui faire voir comme est

Italien.

mondo ; nondimeno ho deliberato per piu facilità, & per maggiore intelligenza dimonstrar detto camino per una carta, simile a quelle, che si fanno per navigare.

E cosi la mando a sua Maestà, fatta e disegnata di mia mano nella quale è dipinto tutto il fine del Ponente, pigliando da Irlanda all' Austro infino al fin di Guinea con tutte le Isole, che in tutto questo camino giacciono ; per fronte alle quali dritto per Ponente giace dipinto il principio dell' Indie con le Isole, e luoghi, dove potete andare : e quanto dal Polo Artico vi potete discostare per la linea Equinoctiale, e per quanto spatio, cioé in quante leghe potete giungere a quei luoghi fertilissimi d'ogni sorte di specieria, e di gemme, e pietre pretiose.

E non habbiate a maraviglia, se io chiamo Ponente il paese, ove nasce la specieria, la qual communemente dicesi che nasce in Levante : percioche coloro, che navigheranno al Ponente, sempre troveranno detti luoghi in Ponente ; e quelli, che anderanno per terra al Levante, sempre troveranno detti luoghi in Levante.

Le linee dritte, che giacciono al lungo in detta carta, dismostrano la distanza, che è dal Ponente al Levante ; le altre, che sono per obliquo, dimostrano la distanza, che è dalla Tramontana al Mezzogiorno.

Ancora io dipinsi in detta carta

Traduction.

le monde ; néanmoins pour plus de facilité et pour plus de clarté j'ai résolu de montrer ce chemin par une carte semblable à celles que l'on fait pour naviguer.

Et ainsi je l'envoie à sa Majesté, faite et dessinée de ma main. Sur cette carte se trouve tracée toute la fin du couchant à partir de l'Irlande en allant vers le sud jusqu'à la Guinée, avec toutes les îles qui se trouvent sur ce chemin, en face desquelles, tout droit du côté du couchant, se trouve marqué le commencement des Indes, avec les Iles et les lieux *où vous pouvez aller et de combien vous pouvez vous écarter du pôle arctique pour la ligne équinoxiale* et par quelle distance, c'est-à-dire par combien de lieues vous pouvez arriver à ces lieux, très fertiles en toutes sortes d'épices, de gemmes et de pierres précieuses.

Et ne soyez point surpris si j'appelle couchant le pays ou naissent les épices, lesquelles sont dites communément naître dans le Levant. C'est parce que ceux qui navigueront du côté du couchant trouveront toujours les dits lieux du côté du couchant et ceux qui iront par terre vers le levant trouveront toujours les dits lieux au Levant.

Les lignes droites qui sont dans le sens de la longueur de la carte montrent la distance qu'il y a du Couchant au Levant ; les autres qui sont dans *le sens oblique*, montrent la distance qu'il y a *de l'étoile Polaire* au midi.

J'ai indiqué aussi sur la dite carte

Italien.	*Traduction.*

molti luoghi nelle parti dell' India, dove si potrebbe andare, avvenendo alcun caso di fortuna, o di venti contrarii, o qualunque altro caso, che non si aspettasse, che dovesse avvenire.

Ed appresso, per darvi piena informatione di tutti quei luoghi, i quali desiderate molto conoscere, sappiate, che in tutte quelle isole non habitano, ne pratticano altri, che mercatanti ; avvertendovi, quivi essere cosi gran quantità di navi, e di marinari con mercatantie, come in ogni altra parte del mondo, specialmente in un porto nobilissimo, chiamato zaiton, dove caricano, e discaricano ogni anno cento navi grosse di pepe, oltre alle molte altre navi, che caricano altre specierie.

Questo paese è popolatisimo, e sono molte provincie, e molti regni, e città senza numero sotto il dominio di un Principe chiamato il Gran Cane, il qual nome vuol dire Rè de, Rè, la residenza del quale la maggior parte del tempo è nella provincia del Cataio.

I suoi antecessori desiderarono molto haver prattica e amicitia con Christiani, e gia dugento anni mandarono Ambasciatori al sommo Pontefice, supplicandolo, che gli mandasse molti savii e dottori, che gl'insegnassero la nostra fede, ma per gl'impedimenti, ch'ebbero detti Ambasciatori, tornanoro a dietro senza arrivare a Roma.

---

beaucoup de lieux des parages de l'Inde où l'on pourrait aller s'il survenait quelque tempête ou des vents contraires ou tout autre accident auquel on ne se serait pas attendu.

Et ensuite pour vous donner pleine information de tous ces lieux *que vous désirez beaucoup connaître*, sachez que dans toutes ces îles il n'habite et il ne vient que des marchands, vous prévenant qu'il y a là une aussi grande quantité de navires, de marins avec des marchandises que *dans toute autre partie du monde*, plus particulièrement dans un port très fameux appelé Zaiton où chaque année cent gros navires chargent et déchargeut du poivre, indépendamment des autres navires nombreux qui chargent d'autres épices.

Ce pays est très peuplé et il y a beaucoup de provinces, beaucoup de royaumes et des villes sans nombre, sous la souveraineté d'un Prince appelé le Grand Khan, nom qui veut dire le roi des rois ; sa résidence est la plupart du temps dans la province de Catay.

Ses prédécesseurs désirèrent beaucoup entrer en relation *et en amitié* avec les chrétiens et, il y a deux cents ans, ils envoyèrent des ambassadeurs au souverain Pontife le suppliant de leur envoyer beaucoup de sages et docteurs qui les instruisissent dans notre foi ; mais par suite des empêchements, que ces ambassadeurs *rencontrèrent en route* ils rebroussèrent chemin *et ne vinrent pas à Rome.*

Italien.	*Traduction.*

E ancora a Papa Eugenio IV venne uno Ambasciatore, il quale gli raccontò la grande amicitia, che quei Principi, e i loro popoli hanno co' christiani : E io parlai lungamente con lui di molte cose, e della grandezza delle fabriche regali, e della grossezza dei fiumi in larghezza, e in lunghezza, e ei mi disse molte cose maravigliose della moltitudine delle città, e luoghi, che son fondatti nelle rive loro, e che solamente in un fiume si trovano dugento città edificate con ponti di pietra di marmo, molto larghi, e lunghi adornati di molte colonne.

Questo paese è degno tanto, quanto ogni altro, che si habbia trovato ; e non solamente vi si può trovar grandissimo guadagno, e molte cose ricche ; ma ancora oro e argento, e pietre pretiose, e di ogni sorte di specieria in grande quantità, della quale mai non si porta in queste nostre parti.

Ed è il vero, che molti huomini dotti, Filosofi, e Astrologi, e altri grandi savii in tutte le Arti, e di grande ingegno governano quella gran provincia, e ordinano le battaglie.

Dalla città di Lisbona per dritto verso Ponente sono in detta carta ventisei spatii, ciascun de' quali contien dugento e cinquanta miglia, fino alla nobilissima, e gran città di Quisai, la quale gira cento miglia, che sono trentacinque leghe ; ove sono dieci ponti di pietra di marmo.

Il nome di questa città significa

Et encore vers le pape Eugène IV il vint un ambassadeur qui lui raconta la grande amitié que ces princes *et leurs peuples* ont pour les chrétiens. Et j'ai parlé longuement avec lui de beaucoup de choses, de la grandeur des édifices royaux, de la grosseur des fleuves en largeur et en longueur et il me raconta *mille* choses *merveilleuses* de la multitude des villes et lieux qui sont bâtis sur leurs rives, et que sur un seul fleuve se trouvaient deux cents villes bâties, avec des ponts de marbre très larges et très longs ornés de beaucoup de colonnes.

Ce pays est digne autant *qu'aucun autre* d'être trouvé et non seulement on y peut faire de très grands profits et y trouver beaucoup de choses riches, mais encore de l'or, de l'argent et des pierres précieuses et toutes sortes d'épices en grande quantité desquelles on ne nous apporte jamais dans nos pays.

Et il est vrai que beaucoup d'hommes sages, philosophes et astrologues et autres grands savants dans tous les arts et de grand génie gouvernent *cette* province et dirigent les batailles.

De la ville de Lisbonne, en droite ligne vers le couchant, il y a dans la dite carte 26 espaces, chacun desquels contient deux cent cinquante milles, jusqu'à la très fameuse et très grande ville de Quinsay, laquelle a cent milles de circuit, ce qui fait *35* lieues, et il y a dix ponts de marbre.

Le nom de cette ville signifie Ville

Italien.

Città del cielo, della qual si narrano cose maravigliose intorno alla grandezza de gl'ingegni, e fabriche, e renditi. Questo spatio è quasi la terza parte della sfera. Giace questa città nella provincia di Mango, vicina alla provincia del Cataio, nella quale sta la maggior parte del tempo il Rè.

E dall' isola di Antilia, che voi chiamate di sette città, della quale havete noticia, fino alla nobilissima isola di Cipango sono dieci spatii che fanno due mila e cinquecento miglia, cioè dugento e venticinque leghe : la quale Isola è fertilissima d'oro, di perle, e di pietre pretiose.

E sappiate, che con piastre d'oro fino coprono i Tempii, e le case regali. Di modo che, per non esser conosciuto il camino, tutte queste cose si ritrovano nascoste, e coperte ; e ad esse si può andar sicuramente.

Molte altre cose si potrebbono dire ; ma, come io vi ho gia detto à bocca, e voi siete prudente, e di buon giudicio, mi rendo certo, che non vi resta cosa alcuna da intendere : e però non sarò più lungo.

E questo sia per sodisfactione delle vostre richieste, quanto la brevità del tempo e le mie occupationi mi hanno concesso.

E cosi io resto prontissimo à sodisfare, e servir sua Altezza compiutamente in tutto quello, che mi commanderà.

Da Fiorenza, à xxv Giugno, dell' anno MCCCCLXXIIII.

Traduction.

du ciel ; on en raconte des choses merveilleuses au sujet de la grandeur des fabriques, des *édifices* et des revenus. Cet espace est presque le tiers de la sphère. Cette ville est située dans la province de Mango, voisine de la *province* de Catay, dans laquelle le roi habite la plupart du temps.

Et de l'île Antilia, que vous appelez île des sept villes et *que vous connaissez*, jusqu'à l'île fameuse de Cippangu, il y a dix espaces, qui font 2,500 milles soit 225 lieues, laquelle île est très fertile en or, en perles et en pierres précieuses.

Et sachez qu'on y couvre les temples et les maisons royales en *plaques d'or fin*. De sorte que, faute de connaître le chemin, toutes ces choses se trouvent cachées *et couvertes* et l'on peut y aller surement.

On pourrait dire encore beaucoup d'autres choses, mais, comme je vous en ai déjà parlé de vive voix et que vous êtes prudent et de bon jugement, je suis certain qu'il ne vous reste plus rien à *comprendre*, aussi je ne m'étendrai pas davantage.

Et cela pour satisfaire à votre demande autant que la brièveté du temps et mes occupations me l'ont permis.

Et ainsi je reste prêt à satisfaire et à servir son altesse entièrement dans tout ce qu'elle me commandera.

De Florence le 25 juin de l'an 1474.

APPENDICE E

LETTRES DE TOSCANELLI A COLOMB

Textes et Traductions.

PREMIÈRE LETTRE

Billet d'envoi d'une copie de la lettre a Martins

(sans date).

SOURCES

Colomb est supposé avoir appris que Toscanelli s'était occupé de la route des Indes et lui avoir demandé des indications à ce sujet. Toscanelli lui aurait alors envoyé une copie de sa lettre à Martins, précédée de quelques lignes; celles qui suivent (Voir ci-dessus, première partie, chap. I. S. 5).

Texte original que l'on suppose avoir été écrit en latin, perdu. Version espagnole du temps, donnée comme ayant été faite sur le latin : dans Las Casas *Historia.* Vol. I, chap. XII, p. 92. Version italienne, également du temps, mais faite, probablement, sur la traduction espagnole précitée : *Historie,* et chap. VIII.

TRADUCTIONS FRANÇAISES

Cotolendy. — 1681. — *La vie de Chris. Colomb* (Traduction des *Historie*). Tome I, p. Trad. du texte italien.

Urano. — 1824. — *Hist. de Chris. Colomb*, de Bossi. Trad. française, pp. 194-95. Trad. du texte italien.

Muller. — 18. — *Hist. de la vie, etc. de Ch. Colomb*. Édition corrigée de la version de Cotolendy des *Historie*, p. 26, trad. du texte italien.

Gaffarel. — 1892. — *Hist. de la découverte de l'Amérique*. Vol. I, p. 34. Trad. du texte espagnol.

TRADUCTIONS ANGLAISES

The History of the life etc. — 1746. — Trad. des *Historie*, dans la Collection of Voyages de Churchill. T. II, p. 567. Trad. du texte italien.

Fiske. — 1892. — *The Discovery*, etc. Vol. I, p. 356. Trad. du texte italien.

Markham. — 1893. — *The Journal of Columbus* etc. P. 3-4. Trad. du texte espagnol.

TRADUCTIONS ESPAGNOLES

Celles copiées dans Las Casas viennent directement du latin. Barcia, qui a compris les *Historie* dans sa collection (*Historiadores*), a retraduit les lettres de Toscanelli de l'italien en espagnol. Navarrete, qui avait cependant à sa disposition le texte de Las Casas, a inséré dans sa collection (*Viages*) la traduction de Barcia. Vol. I.

VERSION ESPAGNOLE DE LAS CASAS

(*Historia*. Liv. I, chap. XII, vol. I, p. 92) et traduction française.

Espagnol.

A Cristobal Columbo, Paulo, fisico, salud :

Yo veo el magnifico y grande tu deseo para haber de pasar adonde nace la especeria, y por respuesta de tu carta te invio el traslado de otra carta que ha dias yo escribí a un amigo y familiar del Serenisimo Rey de Portugal, ántes de las guerras de Castilla, a respuesta de otra que por comision de S. A. me escribió sobre el dicho caso, y te invio otra tal carta de marear, como es la que yo le invié, por la cual serás satisfecho de tus demandas; cuyo treslado es el que sigue.

Français.

A Christophe Colomb, Paul médecin, salut.

Je vois le magnifique et grand désir que tu as d'aller dans les contrées où naissent les épices et, en réponse à ta lettre, je t'envoie la copie d'une autre lettre que, il y a quelque temps, j'écrivis à un ami et familier du sérénissime roi de Portugal, avant les guerres de Castille, en réponse à une autre que par commission de Son Altesse il m'avait écrite sur ledit sujet, et je t'envoie aussi une carte marine semblable à celle que je lui ai envoyée, ce qui donnera satisfaction à tes demandes; la copie de la lettre est la suivante.

VERSION ITALIENNE DES HISTORIE

Historie, fol. 16 recto, et traduction française.

Italien.

A Christoforo Colombo Paolo fisico, salute.

Io veggo il nobile, e gran desiderio tuo di voler passar là, dove nascono le specierie.

Onde per risposta d'una tua lettera ti mando la copia d'un' altra lettera,

Français.

A Christophe Colomb, Paul, médecin, salut.

Je vois le noble et grand désir que tu as d'aller là où naissent les épices.

Aussi en réponse à une de tes lettres je t'envoie la copie d'une autre lettre que, il y a un certain

<table>
<tr><td>Italien.</td><td>Français.</td></tr>
<tr><td>

che alquanti giorni fa io scrissi ad un mio amico, domestico del sereniss. Ré di Portogallo, avanti le guerre di Castiglia, in risposta d'un' altra, che per commissione di sua Altezza egli mi scrisse sopra detto caso : e ti mando un'altra carta navigatoria, simile a quella, ch'io mandai a lui, per la quel resteran sodisfatte le tue demande. La copia di quella mia lettera è questa :

</td><td>

nombre de jours, j'ai écrite à un de mes amis, familier du sérénissime roi de Portugal, avant les guerres de Castille, en réponse à une autre que, par commission de Son Altesse, il m'a écrite sur ledit sujet : et je t'envoie une autre carte marine, semblable à celle que je lui ai envoyée et par là tes demandes seront satisfaites. La copie de ma lettre est la suivante :

</td></tr>
</table>

DEUXIÈME LETTRE

Réponse à plusieurs lettres de Colomb qui n'existent plus. Sans date, mais nécessairement antérieure à mai 1482, époque de la mort de Toscanelli.

Sources. — Texte original, supposé avoir été écrit en latin, perdu. Version espagnole du temps faite sur le latin (Las Casas, *Historia*, v. I, p. 95-96). Version italienne moins ancienne, faite probablement sur le texte espagnol. (*Historie,* fol. 18 verso et 19 recto.)

Traductions françaises, anglaises et espagnoles à la suite de la première lettre. Voir les indications bibliographiques ci-dessus.

On appelle l'attention de la critique sur cette singulière lettre qui n'est qu'un abrégé de celle à Martins, dont elle semble n'être qu'un brouillon ou une première rédaction.

VERSION ESPAGNOLE DE LAS CASAS

Et traduction française.

Espagnol.	*Français.*

A Cristobal Columbo, Paulo, fisico, salud :

Yo rescibi tus cartas con las cosas que me enviaste, y con ellas rescibi gran merced. Yo veo el tu deseo magnifico y grande a navegar en las partes de Levante por las de Poniente, como por la carta que yo te invio se amuestra, la cual se amostrara mejor en forma de esfera redonda, . pláceme mucho sea bien entendida; y que es el dicho viaje no solamente posible, mas que es verdadero y cierto è de honra è ganancia inestimable y de grandisima fama entre todos los cristianos.

Mas vos no lo podreis bien conoscer perfectamente, salvo con la experiencia ò con la platica, como yo la he tenido copiosisima, è buena è verdadera informacion de hombres magnificos y de grande saber, que son venidos de las dichas partidas aqui en corte de Roma, y de otros mercaderes que han tractado mucho tiempo en aquellas partes, hombres de mucha auctoridad.

Asi que cuando se hara el dicho viaje serà à reinos poderosos è ciudades e provincias nobilisimas, riquisimas de todas maneras de cosas

---

A Christophe Colomb Paul, médecin, salut.

Je suis en possession de tes lettres et des choses que tu m'as envoyées· Je les ai reçues comme une grande faveur. Je vois que tu as conçu le magnifique et grand désir d'aller par mer dans les contrées du Levant par celles du Ponant, comme l'indique la carte que je t'envoie, ce qui pourrait mieux se montrer sous la forme d'une sphère ronde. J'aime à croire qu'elle sera bien comprise et qu'on verra que ledit voyage est non seulement possible, mais qu'il est vrai et certain, capable de donner honneur et un profit inestimable et une très grande réputation parmi tous les chrétiens.

Mais vous ne pourrez parfaitement le connaître que par l'expérience et la pratique, comme moi qui l'ai faite très abondamment, en ayant eu bonne et véritable information d'hommes considérables et de grand savoir qui sont venus des dites contrées, ici, en cour de Rome, et d'autres commerçants qui ont vécu longtemps dans ces parages, hommes de beaucoup d'autorité.

Ainsi quand on fera ledit voyage on ira dans des royaumes puissants, dans des villes et des provinces fameuses, très riches en toutes sortes

Espagnol.

en grande abundancia y a nosotros mucho necesarias, ansi como de todas maneras de especieria en gran suma y de joyas en grandisima abundancia.

Tambien se irà à los dichos Reyes y Principes que estan muy ganosos, mas que nos, de haber tracto è lengua con cristianos destas nuestras partes, porque grande parte dellos son cristianos, y tambien por haber lengua y tracto con los hombres sabios y de ingenio de aca, ansi en la religion como en todas las otras ciencias, por la gran fama de los imperios y regimientos que han destas nuestras partes; por las cuales cosas todas y otras muchas que se podrian decir, no me maravillo que tu que eres de grande corazon, y toda la nacion de portugueses, que han seido siempre hombres generosos en todas grandes empresas, te vea con el corazon encendido y gran deseo de poner en obra el dicho viaje.

Français.

de produits en grande abondance et qui nous sont très nécessaires, et aussi en toutes sortes d'épices en grande quantité et de bijoux en très grande abondance.

On ira aussi vers les rois et les princes desdites contrées, lesquels sont très désireux, plus que nous, d'entrer en relation et de s'entretenir avec les chrétiens de nos contrées, car la plupart d'entre eux sont chrétiens, et aussi d'entrer en relation et de s'entretenir avec nos savants et nos artistes, sur la religion ainsi que sur toutes les autres sciences, à cause de la grande réputation dont nos empires et nos gouvernements jouissent auprès d'eux. Eu égard à toutes ces choses et à beaucoup d'autres que l'on pourrait dire, je ne suis nullement surpris, connaissant ton grand cœur, et sachant que la nation portugaise a toujours été fertile en hommes généreux disposés aux grandes entreprises, de te voir le cœur enflammé du grand désir de mettre ledit voyage à exécution.

VERSION ITALIENNE DES HISTORIE.

Et traduction française.

Italien.

A Christoforo Colombo, Paolo, fisico, salute.

Io ho ricevuto le tue lettere con le cose, che mi mandasti, le quali io hebbi per gran favore : e estimai il tuo desiderio nobile, e grande, bra-

Français.

A Christophe Colomb, Paul, médecin, salut.

Je suis en possession de tes lettres et des choses que tu m'as envoyées ; je les ai reçues comme une grande faveur. J'ai apprécié le noble et grand

Italien.

mando tu di navigar del Levante al Ponente, come per la carta, ch'io ti mandai, si dimostra : la quale si dimostrera meglio in forma di sfera rotonda. Mi piace molto, che ella sia bene intesa, e che detto viaggio non sol sia possibile, ma vero, e certo, e di honore, e guadagno inestimabile, e di grandissima fama appresso tutti i christiani.

Voi non lo potete conoscere perfettamente, se non con la esperientia, ò con la prattica, come io l'ho havuta copiosissimamente, e con buona, e vera informatione di huomini illustri, e di gran sapere, che son venuti di detti luoghi in questa corte di Roma ; e di altri mercatanti, che hanno traficato lungo tempo in quelle parti, persone di grande auttorità.

Di modo che, quando si fara detto viaggio, sara in Regni potenti, e in città, e provincie nobilissime, ricchissime, e di ogni sorte di cose, a noi molto necessarie, abondanti ; cioè di ogni qualità di specierie in gran somma, e di gioie in gran copia.

Ciò sara caro etiandio a quei Ré, e principi, che sono desiderosissimi di pratticare e contrattar con christiani di questi nostri paesi, si per esser parte di lor christiani, e si ancora per haver lingua, e prattica con gli huomini savij e d'ingegno di questi luoghi, cosi nella religione, come in tutte le altre scientie, per la gran

Français.

désir que tu as d'aller par mer du Levant au Ponant, comme l'indique la carte que je t'*ai envoyée*, ce qui se démontrera mieux sous la forme d'une sphère ronde. J'aime à croire qu'elle sera bien comprise et que l'on verra que ledit voyage est non seulement possible, mais qu'il est vrai et certain, capable de procurer honneur et un profit inestimable et une très grande réputation parmi tous les chrétiens.

Vous ne pourrez le connaître parfaitement que par l'expérience, et par la pratique, comme moi qui l'ai eue très abondamment et avec bonne et véritable information d'hommes illustres et de grand savoir, qui sont venus desdits lieux à la cour de Rome ; et de la part d'autres marchands, qui ont vécu longtemps dans ces contrées, gens de grande autorité.

De sorte que lorsqu'on fera ledit voyage ce sera pour aller dans des royaumes puissants, dans des villes et dans des provinces fameuses, très riches, et abondantes en toutes sortes de produits, qui nous sont très nécessaires, c'est-à-dire en toutes sortes d'épices en grande quantité et des bijoux en grande abondance.

Cela fera plaisir aussi aux rois et princes de ces contrées, lesquels sont très désireux d'entrer en relation et de trafiquer avec les chrétiens de nos pays, parce que, certains d'entre eux sont chrétiens et ensuite pour entrer en relation et s'entretenir avec les hommes savants et les artistes de nos contrées, sur la religion ainsi que sur

Italien.

fama degl'imperij, e reggimenti, che hanno di queste parti. Per le quali cose, e per molte altre, che si potrebbono dire, non mi maraviglio, che tu, che sei di gran cuore, e tutta la natione Portoghese, la quale ha havuto sempre huomini segnalati in tutte le imprese, sij col cuore acceso, e in gran desiderio di eseguir detto viaggio.

Français.

toutes les autres sciences, à cause de la grande réputation dont nos empires et nos gouvernements jouissent chez eux. Pour ces choses et pour beaucoup d'autres que l'on pourrait dire, je ne suis nullement surpris, connaissant ton grand cœur et sachant que la nation portugaise a toujours eu des hommes qui se sont signalés dans toutes les entreprises, que tu sois enflammé du grand désir d'exécuter le dit voyage.

ADDENDA ET CORRIGENDA

I

Dans la dédicace de ce livre, ainsi que dans plusieurs passages des premiers chapitres, j'ai exprimé l'opinion que la preuve du caractère apocryphe de la lettre à Martins n'était pas complètement établie et, dans les conclusions de l'ouvrage, je dis que pour moi cette preuve est faite. Cette contradiction apparente vient de ce que le livre a grandi sous ma plume et que ma conviction s'est modifiée à mesure que je pénétrais plus avant dans le sujet. Je n'hésite plus à dire que les preuves que j'ai données de la supercherie sont, pour moi, absolument concluantes et qu'il n'est pas possible de croire que la lettre au chanoine Martins a été écrite en 1474 par Toscanelli.

II

Pages 84, 100, 105.

C'est par erreur que j'ai indiqué l'*Imago Mundi* comme la source à laquelle Colomb devait la connaissance du système de Marin de Tyr, auquel il attachait une si grande importance. Dans ses notes à l'ouvrage du cardinal d'Ailly, Colomb nomme bien Marin, mais on doit croire que c'est par Ptolémée même, qui seul a parlé de ce géographe, qu'il a connu son système, puisqu'il mentionne, pour le rejeter d'ailleurs, — ce qui ne fait honneur ni à son savoir ni à son sens critique, — la rectification que Ptolémée avait apportée aux calculs de Marin.

Colomb, dont tout le bagage scientifique et littéraire semble avoir été emprunté aux seuls ouvrages des auteurs qu'il a annotées : Pie II, d'Ailly, Pline, Marco-Polo, Plutarque et Ptolémée, s'est cependant borné à mettre sa signature et un verset biblique à la géographie de ce dernier, alors qu'il a couvert de notes les cinq autres ouvrages. Mais comme aucun de ceux-là ne rapporte la rectification de Ptolémée qu'il a connue, on est fondé à croire que, bien qu'il n'ait pas annoté le volume du géographe Alexandrin, c'est là qu'il a trouvé la notion que l'Asie s'étendait jusqu'au 225e méridien, notion qui, avec la mesure d'Alfragan, forme les deux bases de sa conception cosmographique : La petitesse du Globe et le peu d'étendue de l'espace maritime resté inconnu.

La source à laquelle Colomb a emprunté la conception fondamentale de Marin de Tyr importe peu, d'ailleurs. Ce qui est essentiel, c'est qu'il n'en doit pas la connaissance à Toscanelli, et cela ne peut faire l'objet d'un doute, parce qu'un ignorant en mathématiques pouvait seul adopter cette conception, dont Ptolémée a demontré l'erreur là même où il l'a fait connaître. Nous n'ignorons pas qu'il y a des raisons de croire que la signature de Colomb que porte l'exemplaire du Ptolémée de 1478 dont il est ici question est apocryphe. Mais cela ne détruit pas le fait que ce que dit Colomb du système de Marin ne peut avoir été emprunté qu'à Ptolémée lui-même, quelle que soit l'édition consultée.

III

Page 225.

Le titre du § 8 du chapitre II, deuxième partie, porte : *La carte routière de Colomb montrait les découvertes du Pilote anonyme et traduisait les idées cosmographiques de Colomb.*

L'expression, ici, a un peu dépassé ma pensée qui est, comme je crois l'avoir montré, que Colomb ne forma son système cosmographique qu'après ses découvertes. J'ai voulu simplement dire que Colomb n'a pu entreprendre son grand voyage sans s'être fait une idée quelconque de l'espace qu'il devait franchir et qu'en dressant son routier, d'après les indications qu'il utilisait, il avait dû, nécessairement, le faire concorder avec les notions de géographie générale qu'il avait alors, qui étaient loin cependant de celles exposées dans la lettre à Martins où l'on doit chercher l'expression de ses dernières conceptions cosmographiques, moins celles relatives à la situation du Paradis terrestre et à la fin du monde.

IV

Pages 235 et 236.

Substituez ce qui suit, aux douze lignes commençant par « *ainsi* » et finissant par « *découvertes* ».

Comme l'auteur de la lettre à Martins, Colomb a adopté le système de Marin de Tyr, mais il ne l'a pas pris à cette lettre. C'est par Ptolémée même qu'il l'a connu ; ce qu'il dit de la rectification faite par ce géographe le prouve.

La mesure d'Alfragan et l'idée d'Esdras sur le peu d'étendue des eaux que l'auteur de la lettre à Martins avait présentes à l'esprit, sont des choses sur lesquelles Colomb insiste tout particulièrement ; mais, ici encore, la source où il a puisé n'est pas cette fameuse lettre : c'est l'*Imago Mundi* ; ses nombreuses annotations à cet ouvrage le prouvent également. Nous ne connaissons pas la date exacte de l'impression de l'*Imago Mundi* — vers 1490 probablement — mais nous savons que Colomb n'a exprimé les idées d'Alfragan et d'Esdras empruntées à ce livre, ainsi que celles de Marin de Tyr, empruntées à Ptolémée, que dans des écrits postérieurs à ses découvertes.

Pages.	Lignes.	
5	6	Lisez : récrire.
10	8-10	— de la lettre de 1474 à Martins que Toscanelli aurait envoyée à Colomb, lettre dont etc.
16	16	— *del Real Archivo de las Indias.*
17	28	— Cristofle.
19	1	— savants.
19	19	— letteratura.
21	4	— Toscanelli.
24	25	— Corte-Real.
26	25	— qu'une, au lieu d'aucune.
28 note	7	— Marco Polo de Yule, ch. 71, 72. Éd. Pauthier, p. 530.
30	28	— terres transatlantique.
32	17	— letteratura et spagnuola.
32	20	— letteratura.
39	4	— Joao.
43	14	— 1506 au lieu de 1606.
49	20	Mettez une virgule après : porte.
59	31	lisez : 1757, p. xcviii.
52	25 et 26	— mineure.
62	21	— ch. liii.
68	24	Lisez : Manoel.
72	22	— *e nuevo* au lieu de *e del nuevo.*
72	22	— *fiorentino.*
77	36	— p. 8, au lieu de p. 168.

Pages.	Lignes.	
79	21	Lisez : Indus.
80	2	Mettez un point après : Stade.
80	21	Le mot « un » est répété.
89	31 et 32	Lisez : 7 stades 1/2 par mille.
95	9	— *Raccolta.*
101	4	Mettre une virgule après « cosmographie. »
101	26	Lisez : les principaux éléments, au lieu de tous les éléments.
105	4 et 5	Supprimez Marin de Tyr et mettez « a » à la place de « ont ».
122	27	Lisez : 1892, au lieu de 1492.
137	7	— quatre-vingts.
140	26	— « nom du », au lieu de « num des ».
146	28	— révisa.
148	29	— 1559 au lieu de 1459.
164	15	— 1547 à 1552.
165	20	— quatrième, au lieu de troisième.
169	32	— Luis Colon.
192	14	— Ptolémée au lieu de Marin de Tyr.
196	8	— plusieurs millions.
196	19	— les prolongeait.
198	28	— possibilité.
199	21	— . devaient au lieu de devait.
205		Tableau colonne : nombre de milles, lisez 56 2/3 au lieu de 56,23.
205		Tableau colonne : espace maritime ajoutez : « mètres » au chiffre « 185 ».
216	12	Lisez : 25 septembre.
223	5	— Oviedo.
248	21	— sur une allégation difficile à prouver, au lieu de « aucun fondement ».
261	18	— transcrit, au lieu de trauscrit.
278	37	— Khan.
279	11	— Collingridge.
291	18	— « llamo » au lieu de « llamoo ».
291	35	— tormenta á.
292	33	— habra.
294	2	Le texte porte « 225 lieues » ; mais comme c'est là, évidemment, une faute d'impression ou de copiste, nous avons rétabli le chiffre véritable : 625. Voyez note 42.

TABLE ALPHABÉTIQUE

DES MATIÈRES

Fac-similé agranci du double, du texte latin, de la lettre de 1474, attribuée à Toscanelli.

Copie que l'on suppose être de la main de Colomb, ou de celle de son frère Barthélemy.

Fac-similé agrandi d'une note manuscrite attribuée à Barthélemy Colomb (*Imago Mundi* de la Colombine).

Reproduction partielle, pour comparaison, de la lettre de 1474.

Fac-similé d'une note autographe de Christophe Colomb (*Le Pline* de la Colombine).

RECUEIL DE VOYAGES ET DE DOCUMENTS

POUR SERVIR A L'HISTOIRE DE LA GÉOGRAPHIE

Depuis le XIIIe jusqu'à la fin du XVIe siècle.

Publié sous la direction de MM. Ch. SCHEFER, de l'Institut, et H. CORDIER